Reproductive Health Education
for College Students

大学生
生殖健康教育

主编 / 潘 峰

华中科技大学出版社
http://www.hustp.com
中国·武汉

内 容 简 介

《大学生生殖健康教育》共9章,内容包括概论,性生理学和生殖生理学基础,性心理学,性观念、性道德与性文化,男性生殖系统疾病,女性生殖系统疾病,生殖健康保健,性传播疾病,性违法与性犯罪。

本书旨在普及生殖健康知识,引导大学生树立正确的性观念,增强生殖健康意识和自我保护能力,阻止艾滋病等性传播疾病在大学生中的传播和蔓延。

图书在版编目(CIP)数据

大学生生殖健康教育/潘峰主编. —武汉:华中科技大学出版社,2020.9(2024.7重印)
ISBN 978-7-5680-6512-2

Ⅰ.①大… Ⅱ.①潘… Ⅲ.①大学生-健康教育-高等学校-教材 Ⅳ.①G647.9

中国版本图书馆 CIP 数据核字(2020)第 149654 号

大学生生殖健康教育 潘 峰 主编
Daxuesheng Shengzhi Jiankang Jiaoyu

策划编辑:居 颖	
责任编辑:居 颖	
封面设计:刘 婷	
责任校对:阮 敏	
责任监印:周治超	
出版发行:华中科技大学出版社(中国·武汉)	电话:(027)81321913
武汉市东湖新技术开发区华工科技园	邮编:430223
录 排:华中科技大学惠友文印中心	
印 刷:武汉邮科印务有限公司	
开 本:787mm×1092mm 1/16	
印 张:10.75	
字 数:269千字	
版 次:2024年7月第1版第2次印刷	
定 价:39.80元	

本书若有印装质量问题,请向出版社营销中心调换
全国免费服务热线:400-6679-118 竭诚为您服务
版权所有 侵权必究

前言

1994年世界卫生组织(WHO)全球政策委员会正式通过了生殖健康的定义。这一概念的提出，将生殖问题从医学领域扩展到了经济、社会等更加广阔的领域，并与社会均衡发展、人口素质提升、全人类共同进步等问题紧密联系在一起。

目前中国有各类高校约3000所，在校大学生约4000万，大学生对生殖健康知识相关内容了解不多，尤其是新入学的大学生刚刚脱离家庭，缺乏全面的、必要的引导和监督，生殖健康方面的问题逐渐暴露出来，最直接的表现是生殖健康知识的缺乏，使得大学校园里性传播疾病、意外妊娠等事件发生率逐年攀升，严重影响大学生的身心健康。造成这一情况的主要原因是高校缺少这门课程，大学生缺少获取相关知识的正规渠道。此外，能讲授这门课程的教师严重不足及教材的缺乏也是其原因。

有鉴于此，笔者在临床工作之余完成了《大学生生殖健康教育》教材的编写。全书共9章，20余万字，有针对性地对在校大学生进行生殖生理、生殖保健、生殖器官疾病、艾滋病等性病的防治及有关性文化、性道德、性法制等方面知识的系统教育，旨在普及生殖健康知识，引导大学生树立正确的性观念，增强生殖健康意识和自我保护能力，帮助大学生在面临各种生殖健康问题时做出正确的选择和积极的应对，减少婚前性行为，降低意外妊娠和人工流产率，阻止艾滋病等性传播疾病在大学生中的发生和蔓延。

本书的编写得到了华中科技大学出版社的大力支持，在此表示衷心感谢！由于时间紧，经验不足，本人水平有限，书中存在的不足之处，敬请广大读者批评指正，以便再版时修正。

目录

第一章 概论 / 1
- 第一节 生殖健康教育概述 / 1
- 第二节 大学生生殖健康教育的必要性、目的和意义 / 3
- 第三节 大学生生殖健康教育的原则和性心理健康的标准 / 5
- 第四节 大学生生殖健康教育的内容、方法和途径 / 6

第二章 性生理学和生殖生理学基础 / 8
- 第一节 生殖系统解剖、发育和成熟 / 8
- 第二节 性反应周期的生理和心理变化 / 17
- 第三节 生殖生理 / 21

第三章 性心理学 / 34
- 第一节 性心理概述 / 34
- 第二节 青春期性心理 / 34
- 第三节 大学生性心理 / 37
- 第四节 大学生恋爱及婚姻 / 43
- 第五节 性心理障碍与调适 / 44

第四章 性观念、性道德与性文化 / 50
- 第一节 性观念 / 50
- 第二节 性道德 / 54
- 第三节 大学生性道德 / 56
- 第四节 性文化 / 60
- 第五节 中国性文化变迁 / 63
- 第六节 发展看性文化 / 64

第五章 男性生殖系统疾病 / 65
- 第一节 男性性功能障碍 / 65
- 第二节 男性不育症 / 69
- 第三节 前列腺疾病 / 79
- 第四节 男性泌尿生殖系统感染 / 86

第六章 女性生殖系统疾病 / 91
- 第一节 女性性功能障碍 / 91
- 第二节 女性不孕症 / 93
- 第三节 女性生殖系统感染 / 95

第四节　女性生殖内分泌疾病　　　　　　　　　　　　　　/ 104
第七章　生殖健康保健　　　　　　　　　　　　　　　　　　/ 109
　　第一节　概述　　　　　　　　　　　　　　　　　　　　/ 109
　　第二节　青春期生殖健康保健　　　　　　　　　　　　　/ 110
　　第三节　大学生生殖健康保健　　　　　　　　　　　　　/ 113
　　第四节　婚前生殖健康保健　　　　　　　　　　　　　　/ 115
　　第五节　围生期保健　　　　　　　　　　　　　　　　　/ 117
　　第六节　避孕与节育　　　　　　　　　　　　　　　　　/ 120
第八章　性传播疾病　　　　　　　　　　　　　　　　　　　/ 123
　　第一节　性传播疾病概述　　　　　　　　　　　　　　　/ 123
　　第二节　获得性免疫缺陷综合征　　　　　　　　　　　　/ 127
　　第三节　淋病　　　　　　　　　　　　　　　　　　　　/ 133
　　第四节　梅毒　　　　　　　　　　　　　　　　　　　　/ 135
　　第五节　尖锐湿疣　　　　　　　　　　　　　　　　　　/ 138
　　第六节　其他性传播疾病　　　　　　　　　　　　　　　/ 141
第九章　性违法与性犯罪　　　　　　　　　　　　　　　　　/ 144
　　第一节　性违法与性犯罪行为　　　　　　　　　　　　　/ 144
　　第二节　性越轨行为　　　　　　　　　　　　　　　　　/ 148
　　第三节　性骚扰及其防范　　　　　　　　　　　　　　　/ 150
　　第四节　大学生性侵害的自我防护　　　　　　　　　　　/ 159
主要参考文献　　　　　　　　　　　　　　　　　　　　　/ 163

第一章 概　　论

第一节　生殖健康教育概述

长期以来,高校青年学生的生殖健康教育工作没有引起人们的足够重视,大学生生殖健康方面的问题逐渐暴露出来,最直接的表现是大学生生殖健康知识缺乏,使得性传播疾病发病率逐年攀升,严重影响大学生的身心健康。近年来,国际上提出的生殖健康的概念正在被人们日益重视和接受。开罗国际人口与发展会议通过的相关行动纲领对生殖健康的定义、内涵、实现生殖健康的目标和措施都做了详尽论述。不难看出,生殖健康包含了优生优育、妇幼保健、防止性病传播等多方面内容。

大学生是国家的未来和民族的希望,其生殖健康不仅关系到个体发展,还涉及民族的兴旺和国家的强盛。随着社会的发展,大学生同居及婚前性行为发生率升高已是一个不争的事实和不能回避的问题。高校是生殖健康教育的重要平台,这不仅关系大学生的健康成长,也关系全民族素质的提高。为提高大学生这一特殊群体对性与生殖健康知识的认识,帮助大学生走出性迷茫与性困惑的误区,引导其逐步建立良好的行为习惯,促进其生理和心理健康,促进和谐校园的建设,高校应高度重视大学生生殖健康教育,不断加大对健康教育工作的投入,重点建立"1+2+3"健康教育工作新模式。其具体内容如下:①一个宗旨:普及性教育、提倡性道德、弘扬性文明、促进性健康。②两条渠道:以课堂教学和课外教育为主要渠道。③三位一体体系:形成课内与课外、教育与辅导、咨询与自助紧密结合的健康教育体系,采取多项措施加强宣传教育和咨询服务。

一、生殖健康概述

20世纪90年代初世界卫生组织(WHO)政策和协调委员会开始关注人类生殖健康的问题,着手起草一份WHO关于生殖健康的说明,提出了生殖健康的初步定义,后来几经修改,于1994年9月被开罗国际人口与发展会议(International Conference on Population and Development,ICPD)接受并采纳,列入其《行动纲领》的第七章"生殖权利和生殖健康"中。《行动纲领》中的相关定义如下:生殖健康是指生殖系统及生殖功能和生殖过程所涉及的一切身体、精神和社会方面的健康状态,而不仅指没有疾病或不虚弱。因此,生殖健康是指生命周期的各个阶段处于一种生理、心理和社会适应的完好状态,意味着人们能够进行满意且安全的性生活,有生育能力,可以自由决定是否和何时生育及生育几个孩子。男女双方均有权获知并能实际获取他们所选定的安全、有效、可负担和可接受的计划生育方法(不违反法律的生育调节方法),有权获得适当的保健服务。女性能够安全地妊娠和分娩。向夫妇提供生育健康婴儿的最佳机会。2019年7月国务院出台《健康中国行动(2019—2030)》,指出将促进"以治病为中心"向"以人民健康为中心"转变,努力使群众不生病,少生病。

然而,目前全球生殖健康状况不容乐观,不孕不育、孕产妇死亡率、新生儿死亡率、性传播疾病发病率、生殖系统肿瘤发生率等居高不下,同时性暴力、性侵犯等问题亦十分严重。如何实现生殖健康,已经成为一项亟待解决的全球性问题。随着人们对性生活认知的转变,重复流产的发生率呈逐渐升高趋势,对生殖健康具有较大的危害,可能会引发月经不调、子宫内膜异位症等,严重者可造成不孕或复发性流产,严重影响女性心理及家庭。

二、生殖健康教育的发展和评价

人类发展已进入21世纪,科学技术突飞猛进,世界经济秩序和经济格局剧烈变化,人口与发展进一步成为国际社会广泛关注的重大问题。人口和经济、社会、资源、环境相互协调的可持续发展道路,正成为世界各国的共同选择,生殖健康是人类健康的核心,对我国人口质量提高有着深远影响。我国生殖健康水平较上世纪已有很大的提高,但仍存在一些严峻问题。女性生殖道感染和性传播疾病的发病率不断上升,性病发病率自20世纪90年代起,每年以70%高速增长。婚前性行为发生率高,尤其是青少年性行为更易导致性传播疾病、少女怀孕和流产等不良后果。中国出生缺陷发生率上升,据《中国出生缺陷防治报告(2012)》报道,目前我国出生缺陷发生率在5.6%左右。围产期保健差异较大,经济发达地区孕期检查率、检查次数显著高于经济落后地区。我国男性生殖健康情况也不容乐观,睾丸位置异常(隐睾)、睾丸扭转、肿瘤、精索静脉曲张等疾病的发生率较高,人民群众对这些疾病的基本知识了解不多、医疗机构的宣传力度不够等多种原因,使很多患者延误了最佳治疗时机。澳大利亚的一项研究显示,男性不育症患者精子中DNA氧化损伤的高发生率对体外辅助生殖的儿童健康也有可能会产生影响。阴茎和尿道先天性疾病及男性泌尿生殖系统感染的发生率有不断增加趋势,我国众多的临床研究表明不育症发生率平均为10%~15%。现阶段,由于国家生育政策的开放,高龄孕产妇的比例不断增多,该人群孕期、产后并发症及婴儿先天愚型、畸形的发生率要高于一般人群。

生殖健康有广义和狭义之分。狭义的生殖健康是指人们能够有满意而且安全的性生活,有生育能力,可以自由决定何时生育及生育几个孩子。广义的生殖健康,一是生育调节,其中可细分为计划生育、避孕节育和不孕不育;二是优生优育;三是生殖保健。生殖保健对育龄期女性尤为重要。重复流产者可能会产生一系列的心理生理变化,诸如思想忧虑、精神紧张、躯体不适等。其产生心理压力的原因包括未婚先孕者的社会舆论压力、妊娠对性生活的影响等。有研究表明,中期妊娠引产者中,多数人有抑郁和焦虑等心理障碍。由乙型肝炎病毒(HBV)引起肝脏炎性损害是最广泛、危害最严重的一种传染病。若女性在孕期时携带HBV(尤其是大、小三阳者),可能加重肝脏的负荷,肝脏会遭受更大、更重的损伤。相对于正常人群,可致早孕反应加重及发生中晚期妊娠高血压。携带HBV的孕妇,其凝血、免疫系统机能受到影响,容易出现产后出血、切口与宫内感染;亦可引起胎盘、绒毛膜及胎膜炎,诱发胎膜早破。育龄女性生殖健康状况关系生育及自身健康,也关系到家庭、社会的长远发展。

综上所述,目前国内生殖健康服务远远满足不了人们的实际需求。现阶段,应加强以在校大学生为宣教对象的生殖健康教育。大学生生殖健康教育是大学生素质教育的必要组成部分,根据大学生特定年龄和特定环境开展相关的生殖健康教育活动,提高大学生生殖健康知识水平和技能,才能从根本上保护青少年身心健康发展。大学生生殖健康教育与服务之路任重而道远,应积极探索教育与服务的创新理念及工作的新模式,全方位地关注学生的心理动态,切实提高大学生生殖健康教育与咨询服务工作的针对性、实效性,有力推进健康教育与咨询服务工作向专业化、科学化、规范化方向发展。

第二节 大学生生殖健康教育的必要性、目的和意义

二十一世纪的竞争是高素质人才的竞争,大学生思想健康教育是实现这一竞争的基础和前提,但作为大学生人生的必修课程——生殖健康教育,在我国高校尚未引起足够重视。据我国疾病预防控制中心统计,大学生艾滋病感染病例近年来快速增多,大学生正成为受艾滋病影响的重点人群,高校已成为艾滋病频发的重灾区。造成这一严峻后果的根本原因是大学生性观念、性心理、性行为日趋开放,可是对于性传播疾病知识的认识及预防能力却极度滞后。与国外从小普及性知识不同,受我国传统思想的束缚,性问题一直是不能触及的雷池,使得高校忽视大学生的生殖健康教育问题。目前仅有1.0%的学生了解我国重点防治的性病,然而却有69.9%的学生赞同婚前性行为,21.1%的学生发生过婚前性行为。如果大学防艾知识课堂持续缺失,学生们得不到专业、健康、正确的教育和引导,很可能误入歧途甚至给他人造成伤害,因此,由专业教师在大学生中开展生殖健康教育教学与实践,补充和完善大学生思想健康教育体系刻不容缓。

一、大学生生殖健康教育的必要性

1. 有效降低未婚妊娠的发生 加强大学生生殖健康方面的教育,一直都是我国教育部积极倡导并坚持做好大学生身心健康教育的重大举措。WHO将青春期的年龄界定为10~19岁,青春期的大学生正处于性生理发育基本成熟、性心理发展正趋激烈的时期。随着社会科技的进步及网络的普及,越来越多的在校大学生开始受到社会不良风气以及不良网络文化影响,在自身生殖健康方面出现严重问题。相关研究调查发现,目前我国青年女性中,未婚怀孕者占比4.1%。通过加强在校大学生对生殖健康教育的认识,可以有效减少未婚妊娠的发生。具体措施如下:在大学生的成长发展阶段,学校方面可积极为大学生编写适合的性健康教育教材,正视青春期学生对性知识的好奇;在生殖健康教学中,选用专业教师对学生进行有关生殖健康教育方面知识的讲解,提高青少年对性知识的了解,从而有效降低未婚妊娠的发生率。

2. 有效提高大学生对医疗卫生知识的了解 对医疗卫生知识的缺乏,导致大部分学生在面对生殖健康问题的时候,普遍缺乏自我保健意识。通过做好大学生生殖健康教育的普及工作,可以有效提高大学生对卫生知识的了解,从而减少大学生生殖健康疾病如泌尿系统感染、性传播疾病等的发生。

二、大学生生殖健康教育的目的和意义

大学生生殖健康教育的目的是通过有规划的、有组织的系统教育,协助大学生掌握生殖保健的知识和技能,促使大学生自觉接纳有益于健康的生活方式和行为,消除或减轻影响生殖健康的危险因素,预防生殖系统疾病,促进身心健康,提高生活质量。

近半个世纪以来,中国人口数量发生了巨大变化,由当初的6亿到现在的14亿,增长超

一倍。然而长期以来高校青年学生的生殖健康工作没有引起人们足够的重视,目前高校在校本科生人数约4000万,在校研究生近300万,这一庞大的群体在生殖健康方面暴露出来的问题日趋严重,近年来已引起社会和政府的高度重视,在高校开展大学生生殖健康教育具有以下意义。

1. 为提高人口素质打好基础　在欧美等发达国家,在中学阶段的学生就已接受了良好的生殖健康和避孕知识的教育,在读大学生基本掌握6种避孕方法。尽管如此,在美国,每年约有90万青春期的女性遭受意外妊娠,其中近半数要采取人工方法终止妊娠。国外的青年学生接受性知识较早,性观念开放,安全的性生活意识较强,但这种只注重单纯的性知识教育不一定符合国情。

尽管1988年国家教委就决定在中学开展青春期教育,但实际上仅有少数中学开设了学时极少的《生理卫生》课程,绝大多数学校因考虑升学率或缺少相应师资未开设此课,对学生的生殖保健教育基本处于缺失状态,学生相关生理保健知识十分匮乏。即使有教师讲授这门课程,当讲到相关内容时也刻意回避。不少教师自身对这方面知识知之甚少,也不知该如何讲授,又因学时短,内容少,学生无法从课本中获得基础的生理卫生知识。

原本应在中学完成的内容带到了大学,然而在大学的教育中,高校并没有开设生殖健康相关课程,只是在20世纪90年代以后,部分高校开始开设性教育相关课程,供大学生选修,讲授的内容主要以性社会、性人文的内容为主,性医学的内容较少,有关生殖健康的知识更少,大学生获取生殖健康知识的主要渠道来自报刊和网络,其知识不够准确,有时甚至是错误的。有学者对武汉市3所高校学生进行调查,结果显示半数以上的学生仅知道避孕套、安全期避孕、体外射精,但几乎都不能正确说出避孕套的用法和不知道如何推算安全期。

生殖健康与人类性关系十分密切,通过对大学生性知识的调查发现大学生关注两性活动、自己的身体和外表,对异性产生好感和兴趣,容易被异性吸引并喜交异性朋友。有调查表明61%的学生有性梦,42%的学生有手淫,46%的大学生与异性相处有性冲动。当代大学生的性知识贫乏,对性知识知之甚少,多数是通过"自学",89%的大学生渴望了解更多的性知识,希望能配备专业的指导教师,希望学校和教师能给予更多指导。由此可见,高校学生生殖健康知识较为缺乏,同时学生渴望获取专业的生殖健康知识,因此在高校开设生殖健康教育课程势在必行,意义深远。

目前在校的本科生大多数是本世纪初出生的孩子,他们陆续进入成年期,事实上高校学生是一个被忽视又不断更新的人群,加强生殖健康、国情的教育,树立正确的婚恋观、道德观和生育观,提前对这类人群进行生殖健康的全面教育极其重要,对稳定生育水平,提高人口素质具有长远的意义。

2. 促进大学生的身心健康,有利于加强大学生的素质教育　青少年发生性行为的现象呈现日益增加的趋势。据媒体报道,每逢五一、国庆等长假后不久,在一些大城市就会出现少女流产高峰,令人吃惊的是其中一半以上是在校高校女生。这种情况对大学生特别是高校女生的身心产生了严重的不良影响。此外,全国高校曾发生多起宿舍留宿异性的事件,恋人在校外租房共筑"爱的小窝",一边求学,一边过起"夫妻"生活,更呈扩大态势。令人担忧的是大学生的生殖健康知识缺乏,对意外妊娠、不安全人工流产、继发性生殖道感染等严重并发症的后果认识不足。常丽军等对230例自愿要求终止妊娠的高校学生进行分析发现,有32.2%的学生未选择避孕措施,更多的学生不知道选择何种避孕方法,更为严重的是230名学生中近半数学生有两次以上流产史,其身心健康因人工流产造成了极大的影响。大学生们渴望性爱但缺乏性知识。生殖健康是大健康的一部分,引导大学生树立正确健康的性观念,帮助大学生掌握生殖健康知识、避孕节育知识、懂得多次人工流产对生殖健康造成的危害等,在开展生殖健康教育的同时开展道德教育,并作为大学生素质教育的一部分,通过教育减少婚前性行为和不安全性行为,可最大程度降低在校女生的人工流产发生率,促进大学生的身心健康。

3. 预防艾滋病等性病在高校的发生　目前我国艾滋病疫情已进入快速增长期,不安全性行为已经成为艾滋病病毒传播的主要途径之一。大学生思想观念开放,正处在性成熟重要阶段,对艾滋病等性病的相关知识了解不是十分准确,随着艾滋病等性病从高危人群向普通人群的日益扩散,大学生正面临着越来越大的潜在威胁。刘立威等对中韩各25名18~24岁未婚高校女生生殖健康状况进行调查,结果显示10名学生对艾滋病的知晓率很高,但对其感染途径的知晓率仍然较低。对艾滋病的传播途径,有40%的学生不知道性交可传播艾滋病,44%的学生不知道输血可传播艾滋病,绝大多数学生不知道母婴传播和共用针头两种途径,有12%的学生将接吻误认为是传播途径。李爱兰等对1310名大学生的艾滋病等性病知识、认知及婚前性行为现状的调查结果显示,90%的学生听说过艾滋病、淋病和梅毒,但对艾滋病等性病传播途径的知识了解较少,半数以上的学生对艾滋病等性病存在不同程度的恐惧心理。因此在大学生中普及预防性病、青春期健康、避孕节育等相关知识,对抵御艾滋病等性病的侵袭非常必要。

第三节　大学生生殖健康教育的原则和性心理健康的标准

一、大学生生殖健康教育的原则

大学生生殖健康教育的目的是促进大学生的健康行为和纠正不良行为习惯。达到健康教育目的的关键是使教育对象树立有益健康的价值观念,形成自觉自愿地接受健康教育的心理定势,从而采取有利于生殖健康的行为,即实现"知(知识)→信(信念)→行(行为)"的理想模式,这是生殖健康教育最基本的方针。此外,还应遵循如下原则。

1. 科学性　生殖健康教育的主要任务是向大学生传播卫生保健知识。因此,内容要正确无误,引用数据可靠,举例实事求是。

2. 针对性　健康教育的对象是大学生人群,每个人的学识、能力、个性、爱好千差万别,对卫生保健知识的需求也不尽相同,要根据不同学生人群的特点,采取不同的教育方法。

3. 启发性　生殖健康教育不能靠强制手段,要善于启发教育。当发现学生的不健康行为时,要耐心说明其危害性,启发自觉的健康意识,鼓励行为改变。

4. 普适性　开展生殖健康教育工作时,要采用大学生易于接受的教育形式,避免过多地使用医学术语,尽量使用大众化语言,切忌照搬医学教育模式来进行健康教育。

5. 直观性　给大学生进行生殖健康知识宣讲,可运用现代多媒体技术手段,既有利于提高大学生的兴趣,也有利于对卫生保健知识的理解。

6. 规律性　健康教育要按照不同学生人群的认识、思维、记忆规律,由简到繁、由浅入深地进行。卫生知识讲解要有逻辑性,说服性要强。

二、大学生性心理健康的标准

根据大学生性生理的成熟和性心理的发展状况，以及他们的文化知识层次和社会角色的特殊性，当代大学生的性心理健康标准如下。

1. 性观念健康正确 具备一定的性生理和性心理知识，在性认知和性意识上既不保守封闭又不主张完全的性自由和性放纵，注重树立正确的人生观、婚恋观、性道德观和价值观。

2. 具备较健全的心理素质 这是培养健康的性心理的基础和重要条件，具体表现在以下六个方面：①对奉献给对方的爱不计回报，没有无理要求，只是真诚地给予。②对自己总是充满自信，在任何时候、任何情况下都能悦纳自我。③对他人通常给予信任，尤其是对自己所爱的人，更多的是信任而不是猜疑。④理解和尊重对方，特别是当对方的兴趣或意愿与自己不相符时，能够站在对方的角度进行换位思考，设身处地、将心比心地去帮助自己心爱的人，以增进感情上的沟通与共鸣。⑤能够宽容对方，尤其是当对方确实做错了事的时候，能够用真诚的情感给对方以心灵上的关心与抚慰。⑥能够做到既专注于异性的爱又有自己独立的人格要求，不轻易被他人所左右，尤其是在恋爱受挫之时，能够不缠绵于往日的旧情，而是坚强地抵制情感打击并重新调整好自己的心态，积极投身于紧张的学习和工作之中去，寻觅"柳暗花明又一村"的美好感觉。

3. 能够自我克服不健康的性心态及性行为 例如，恋爱中的单相思、草率恋爱、感官满足和功利满足，以及同学之间的嫉妒、猜疑或恋人之间的互相控制，这一切都会严重地影响正常学习和同学友谊，若能自我克服，才属性心理健康之举。

4. 注重塑造完整统一的人格 主要表现为不自作多情，对待恋爱理智并慎重，能够适当控制自己冲动的情感，恋爱过程中言谈举止文雅、大方、平等相待、不粗俗，并适宜地保持心理距离，勇于拒绝不如意的异性追求等。

5. 注重培养自己爱的能力与责任 这种能力指接受爱的能力和给予爱的能力，同时还包括以恰当的方式拒绝爱的能力及发展爱的能力。因为每个人的恋爱不仅要对自己负责，也要对对方负责，更要对社会负责。

6. 能够认真接受性心理卫生与健康教育 能够主动矫正性态度，树立正确的性观念和爱情价值观。

第四节 大学生生殖健康教育的内容、方法和途径

大学生生殖健康教育的内容包括生殖生理、性心理、性观念与性道德及性文化、常见男性与女性生殖系统疾病、生殖健康保健、性传播疾病、性违法与性犯罪等。医学院校的学生学习生殖健康知识较非医学专业的学生容易，他们在大学二年级时就开始接受医学基础知识的教育，这些教育有助于他们对生殖健康知识的理解和掌握。而非医学专业的学生在初期接触这些内容时可能较枯燥，因此下面将着重讨论教师如何教好、学生如何学好这门课程。

对教师来说不能单纯采用传统的教学模式，讲授的内容不可过于偏重理论；在教学内容上尽量结合当年的生殖热点和焦点问题进行讲授；在教学模式上注意多采用音频、图片、影像等资料，提高学生的兴趣，帮助理解，加深记忆；鼓励学生积极参与讨论，做到教师与学生互动，可以让学生对感兴趣的问题做问卷调查，然后进行分析并介绍相关内容，提高学生发现问

题、分析问题及解决问题的能力。

对学生来说主动性是现代学习方式的首要特征,其在具体学习活动中表现为"我要学"。"我要学"体现的是对所学知识的一种内在需要,作为学生,在学习生殖健康相关课程时,要认识到生殖健康知识对自我身心健康发展的重要性,将学习的过程转换成自我的内在需要,表现出学习兴趣。有了学习兴趣,特别是直接兴趣,学习活动对自身来说就不是一种负担,而是一种享受、一种愉快的体验,会越学越想学、越爱学,有兴趣的学习会事半功倍。另外,也要认识到学习必要的生殖健康知识是一种责任。要正确地与生活、生命、成长、发展有机联系起来,当学生自觉地担负起学习的责任时,学习才是一种真正的有意义的学习。

积极参与学校组织的正规系统的生殖健康教育课程。学习生殖健康知识不同于其他学科,有其独特性,学生要发挥自觉性,学习正确健康有益的知识,抵御不良影响,科学认识有关性方面的知识,形成正确的性心理、性生理、生殖卫生保健意识,提高对性道德、性伦理、性法制的认识,增强对社会、家庭的责任感,增强对不良性行为、性传播疾病的抵御力和分辨力,给自己的学习营造健康向上的氛围。

学生应主动与教师沟通,发挥自己学习的主动性,针对自身不同的需求,掌握必要的生殖健康知识,提高学习效果。实际上,有效的学习方式都是个性化的,没有放之四海皆有效的统一方式。每个学生都有自己独特的内心世界、精神世界和内在感受,有着不同于他人的观察、思考和解决问题的方式。也就是说,每个人有着独特的需求,特别在有关自身身心发展与生殖健康方面。因此,作为学生应在学习的过程中主动与教师交流,针对性学习,从而满足自己有关生殖健康等方面的个性化需求。

第二章 性生理学和生殖生理学基础

第一节 生殖系统解剖、发育和成熟

一、男性生殖系统解剖

男性生殖器官包括外生殖器和内生殖器两部分。男性外生殖器包括阴茎和阴囊（图 2-1）；男性内生殖器包括睾丸、附睾、输精管、射精管、精囊腺、前列腺、尿道球腺。

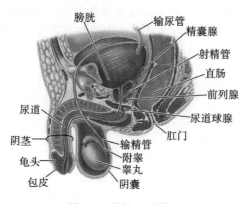

图 2-1 男性生殖器官

（一）男性外生殖器

1. 阴茎 阴茎是男性的性交和排尿器官，成人阴茎长 7～10 cm，勃起时的长度可增加一倍。阴茎可分为三个部分，分别为阴茎头、阴茎体和阴茎根。阴茎前端膨大，称阴茎头，俗称龟头，阴茎头的尖端有尿道外口。阴茎头底部的游离缘明显隆起，称阴茎头冠，下方浅沟为冠状沟。阴茎头后方稍细的部位称阴茎颈，阴茎颈的后方即阴茎的中部称阴茎体，呈圆柱形，外包皮肤，内有阴茎海绵体和尿道海绵体的大部分。阴茎勃起时，阴茎体变粗、变硬、伸长，背向后上方，尿道朝向前下方。阴茎体后端的阴茎根附着在尿生殖膈和耻骨弓下方，在体表不能见到。

阴茎的皮肤薄而柔软，可移动。从体部向前延伸，至头部向内反折，形成一筒状双层皮肤皱襞，包在阴茎头上，称包皮。包皮内层与阴茎头之间的腔隙形成包皮腔，腔内易积存包皮腺分泌物和脱落的上皮细胞的混合物，即包皮垢。包皮垢若不及时清除，会长期刺激阴茎头和冠状沟部，易引发炎症，也是诱发阴茎癌的原因之一，因此有必要经常清洗包皮腔。幼儿包皮较长，开口较小，随年龄增长包皮逐渐向后退缩，暴露出阴茎头。若包皮不能退缩而显露阴茎头称包皮过长；包皮口狭小不能使阴茎头外翻显露时则称包茎，此时包皮腔更易存积污垢，应行包皮环切术。包皮与尿道外口相连的皱襞称阴茎系带、冠状沟及阴茎体部皮肤是男性性敏感区。

阴茎主要由两条阴茎海绵体和一条尿道海绵体组成，外部包绕筋膜和皮肤。阴茎海绵体左右各一，呈圆柱体，两条海绵体紧密相倚结合在一起，位于阴茎的背侧。尿道海绵体位于阴茎海绵体的腹侧，尿道海绵体的前端膨大称阴茎头，后端膨大为尿道球部。海绵体为勃起组织，由小梁和海绵窦构成，海绵体内血管非常丰富，当性刺激引起阴茎勃起时，小动脉开放，海绵窦充血扩张，从而使海绵体胀大伸长。海绵体表面有一层坚韧的厚膜称白膜，白膜限制海绵体过分胀大，保持海绵体内的静脉腔隙压升高，阴茎维持勃起。

2. 阴囊 阴囊的皮肤薄而柔软，呈深褐色，富有丰富的毛囊、汗腺和皮脂腺。阴囊的皮肤有聚成小皱襞的能力，阴囊的血管供应丰富，阴囊皮肤有易收缩和伸展的特点，可以通过热胀冷缩调节温度。当天气过冷或皮肤受外界冷刺激时，阴囊壁收缩并上提，保持睾丸温度不致过低。天热时阴囊松弛，睾丸下移，阴囊汗腺大量分泌，起到散热的功能。阴囊的温度较体温低 3 ℃ 以上，这一调节温度的能力是确保睾丸生精环境的需要。

(二) 男性内生殖器

1. 睾丸 睾丸位于阴囊内，是男性生殖系统的主要器官，具有产生精子和分泌雄激素的双重功能(图 2-2)。人的睾丸呈扁卵圆形，左右各一，一般左侧比右侧低约 1 cm，平均大小为 3.88 cm×2.37 cm×1.78 cm，每侧睾丸重 10～15 g，一般右侧睾丸稍大，左侧睾丸略小，初生儿睾丸相对较大，青春期前睾丸体积增大缓慢，青春期发育迅速，老年期逐渐变小。出生后两睾丸位于阴囊内，后缘连接附睾，睾丸表面是一层坚韧的被膜，称为白膜，它对睾丸实质有保护作用。白膜背侧突入睾丸内形成睾丸纵隔，从纵隔发出许多小隔，呈放射状伸入睾丸实质，将睾丸分成 200～300 个锥形睾丸小叶，每个小叶内分布着 1～4 条迂曲的生精小管即曲细精管，向小叶锥顶走行，变成直管，称直细精管，最后互相吻合成网，称睾丸网，与附睾管相通。

生精小管为产生精子的场所，其管内的上皮由生精细胞和支持细胞所组成，生精细胞从管腔基底部至管腔依次分为精原细胞、初级精母细胞、次级精母细胞、精子细胞和成熟的精子。正常成年男性每天可产生上亿精子，精子和体细胞不同，属单倍体细胞。支持细胞具有支持和营养生殖细胞的作用，参与形成血睾屏障和精子的释放。在生精小管之间，有许多结缔组织，其中含有间质细胞，其主要功能是分泌雄激素，雄激素的分泌有两次高峰，第一次高峰有利于男性性分化，第二次高峰有利于青春期启动和睾丸、附睾、附属性腺、阴茎的发育及第二性征的出现。雄激素对性欲的维持、精子的生成、性器官的发育并维持成熟状态都极为重要。

胚胎时期，随着胚胎发育，睾丸逐渐下降，当胚胎发育 3 个月时，睾丸下降至髂窝，7 个月通过腹股沟管，8 个月至腹股沟管外环(皮下环)，9 个月降入阴囊。出生后，若睾丸尚未下降至阴囊，则称为隐睾。隐睾患者由于长期腹腔温度较高，不但影响精子的发生，还有导致睾丸发生癌变的风险。

2. 附睾 附睾是一细长扁平器官，长 5～6 cm，直径约 0.5 cm，位于睾丸的上方与后缘，附睾分为头、体、尾三部分。附睾上端膨大而钝圆，称附睾头。附睾体细长，下端为附睾尾。在睾丸后上方有许多输出小管由睾丸网发出，这些输出小管通过多次迂回盘绕，形成 5～10 个圆锥体，输出小管及其形成的圆锥体即构成附睾头，迂回的输出小管彼此逐渐汇合成为附睾管。附睾管是一条长 4～5 cm 高度弯曲的管道，构成附睾体部与尾部。附睾的尾端与输精管相连,后者经腹股沟管进入盆腔。在膀胱底后方和精囊腺的排出管合并成射精管。射精管穿过前列腺,开口于尿道。附睾上皮的外层有平滑肌层,其厚度由近向远逐渐增加。附睾头部与体部的平滑肌活动主要是有节律的自发性收缩。附睾尾部的自发性收缩显著减弱,但其由丰富的神经支配,特别是肾上腺素能纤维,可调节其收缩活动。

附睾主要有吸收、分泌雄激素、促进精子成熟,以及运输精子、暂时储存精子等生理功能。睾丸中刚产生的精子尚未成熟,在附睾内停留 2 周左右,此期间受附睾管分泌液的作用方可成熟,从而具有使卵子受精的潜能(图 2-2)。

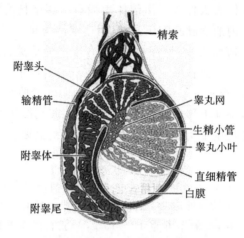

图 2-2 睾丸和附睾解剖结构

3. 输精管 输精管长 35～45 cm,起自附睾尾部,其管腔比附睾管粗,管周的肌层发达。射精时,肌层发生协调性收缩,可使静息时储存的大量精子通过输精管、射精管排出。输精管经附睾内侧沿睾丸后缘上行,并同血管、神经、淋巴及提睾肌等一起组成精索,最后进入盆腔。输精管的末端膨大形成壶腹,壶腹的远端与精囊腺颈部汇合,形成射精管。后者穿过前列腺,在精阜水平开口于尿道。

输精管的主要功能是将精子由附睾输送到前列腺尿道部,无论在射精时或静息时,输精管均在输送精子。

4. 射精管 射精管左右各一,长约 2 cm,位于膀胱底部前列腺,开口于前列腺尿道部,平时处于关闭状态,性生活时,来自睾丸、附睾及输精管的精子和来自精囊腺的精浆集中到射精管,引起射精管强烈收缩,从而将精液射入尿道。在精液射出的一瞬间,射精管开口处的神经丛受到刺激,引起射精快感。

5. 精囊腺 精囊腺为一对长椭圆形的囊状器官,长 5～6 cm,左右各一,位于输精管壶腹的外侧,前列腺的上方,膀胱底与直肠之间,其外侧为盲端,内下端逐渐变细,与输精管末端合成射精管。精囊腺分泌淡黄色黏稠液体,略带碱性,是参与精液组成的主要成分,约占精液量的 60%,有稀释精液从而使精子易于活动的作用。

6. 前列腺 前列腺是男性生殖系统最大的附属腺。形如栗子,位于膀胱颈的下方,包绕尿道起始部,其分泌物储存于腺泡内,腺体有 15～32 根小导管,各管独自开口于尿道。前列腺底部横径约 4 cm,纵径约 3 cm,前后径约 2 cm,平均重量约 20 g。腺体表面为一层致密被膜,射精时前列腺收缩使分泌物排入尿道。前列腺分泌液构成精液的成分,约占精液量的 20%,有营养和增加精子活动的作用。前列腺分泌液中含有高浓度的锌离子、柠檬酸盐、酸性磷酸酶、蛋白质等。前列腺还分泌纤溶酶原及其激活因子,参与精液的液化、精子穿透宫颈黏液。前列腺还分泌内啡肽、抑制素等。前列腺也是一个性敏感部位,对前列腺进行适当刺激可以引起性兴奋。青壮年时期性生活或手淫频繁,前列腺易充血或被细菌感染而引发前列腺炎;老年人由于激素代谢紊乱,容易导致前列腺增生,压迫尿道,造成排尿困难。

7. 尿道球腺 尿道球腺为一对豌豆大小的、坚实的、黄褐色圆形小体,位于尿道球部后上方,以其细长的排泄管开口于尿道球部,尿道球腺的分泌量很少,在勃起与性高潮时有分泌。射精最初排出的液体主要是此腺体的分泌物,其功能是润滑尿道。

二、女性生殖系统解剖

女性生殖器官在胚胎时期就已经形成,和人体其他器官一样,是人体的重要组成部分。女性生殖器官包括外生殖器和内生殖器两部分,外生殖器指女性生殖器官的外露部分,包括阴阜、大阴唇、小阴唇、阴蒂和阴道前庭(阴道前庭包括前庭球、前庭大腺、尿道口、阴道口和处女膜等);内生殖器位于盆腔内,由阴道、子宫、输卵管和卵巢组成。

在青春期之前,女性生殖器官发育非常缓慢,处于"休眠"状态;而进入青春期后,在卵泡刺激素、黄体生成素及雌、孕激素等的共同作用下,内、外生殖器均迅速发育,处于快速发展阶段。女性的生殖器官在青春期发育成熟,其功能是繁衍后代和进行性活动。了解女性生殖器官的解剖和功能,对处于青春期与育龄期交界点的高校大学生来说十分必要。

(一)女性外生殖器

女性外生殖器又称外阴,指生殖器官的外露部分,位于两腿内侧之间,包括阴阜、大阴唇、小阴唇、阴蒂和阴道前庭(图2-3)。

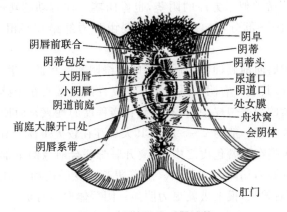

图2-3 女性外生殖器结构

1. 阴阜 阴阜是小腹下部一隆起的圆形脂肪垫,富有皮脂腺和汗腺。青春期开始发育后,脂肪沉积变厚并开始长出阴毛。女性阴毛为女性第二性征之一,正常情况下其分布呈尖端向下的倒三角形,底边不超过耻骨联合上缘,顶尖一般不超过肛门前方。若女性受大量雄激素的刺激,阴毛分布常超出上述范围,上可达脐周,下可达肛周。阴毛的数量、粗细、分布疏密及色泽可因人或种族而异。

阴阜皮下的丰富脂肪组织和皮肤上的阴毛,在性生活中提供了减少摩擦和对耻骨的机械性保护作用。其中阴毛在性兴奋时还会使阴道分泌物产生的气味持久,并可以增加刺激时的愉悦感。抚摸或轻轻揉捏阴阜可以起到性唤起作用。

2. 大阴唇 大阴唇为外阴两侧、靠近两腿内侧的一对纵长圆形隆起的皮肤皱襞,起自阴阜,止于会阴。下方有很厚的皮下脂肪层,其内含有丰富的血管、淋巴和神经末梢。在青春期前,大阴唇发育欠佳,也无阴毛生长。青春期后,大阴唇逐渐发育,外侧面长出阴毛,表面有色素沉着,内侧面皮肤为淡粉红色,湿润光滑,类似黏膜,上无阴毛。

大阴唇的个体差异较大,有的又肥又厚,有的又小又薄。由于大阴唇皮下的脂肪层中含有丰富血管,当局部受伤时可发生出血,形成大阴唇血肿。成年未婚女性和肥胖女性的两侧大阴唇自然合拢遮盖小阴唇、阴道口及尿道口,提供机械的保护作用,由于大阴唇触觉敏感,在性刺激和性唤起方面起重要作用。有性欲时,大阴唇张开,其遮盖部位露出表面,甚至暴露出阴道口。经产妇的大阴唇由于分娩影响而向两侧分开。绝经后大阴唇逐渐萎缩,阴毛稀少。

3. 小阴唇 小阴唇是大阴唇内侧一对较薄的黏膜皱襞,呈薄片状,表面光滑无毛、湿润,呈暗褐色或粉红、鲜红、深红色,神经末梢丰富。

小阴唇的形态和大小也存在很大的个体差异,有的人小阴唇长得很窄,有的人小阴唇却长得很长,一直垂到大阴唇的外边;有的人小阴唇十分肥厚,有的人小阴唇很单薄;有的人小阴唇呈不规则伞状,有的人小阴唇像指甲盖那样大,呈典型的半圆形;有的人小阴唇呈淡红色,有的人小阴唇是棕红色,有的人小阴唇甚至有两种颜色,外侧面呈棕黑色,内侧面为粉红色。一般而论,其颜色随年龄和分娩次数而加深。

由于小阴唇黏膜下含有丰富的神经纤维,故感觉敏锐,在性刺激和性唤起中具有重要作用,并且在性交时阴茎在阴道内抽动会牵动小阴唇使阴蒂受到刺激。

4. 阴蒂 阴蒂在整个人体解剖结构中是一个神奇而独特的器官,位于两小阴唇顶端的联合处,在阴道口和尿道口前方。外面观,阴蒂是个很小的结节样海绵状组织,直径为6～8 mm,大小因人而异。阴蒂类似于男性的阴茎,也像阴茎一样有勃起功能,由一对能膨胀的海绵体组成,分为头、体、脚三部分,包裹在一层主要由弹力纤维和平滑肌束组成的致密的包膜中。

阴蒂头从两侧小阴唇向前延伸汇合后形成的包绕阴蒂的皮肤皱襞——阴蒂包皮中露出,是阴蒂的唯一可见部分,其下方有阴蒂系带。不少女性的阴蒂头在未感受到强烈的性冲动之前一直隐藏在较长较紧的阴蒂包皮中,只有达到相当程度的性兴奋时阴蒂头才能明显地暴露出来。阴蒂头的直径和长度一般为2～5 mm,其大小存在较大个体差异,即使到10 mm也是正常的。阴蒂体一直包裹在阴蒂包皮之中,它离开耻骨联合前缘的下部后几乎呈直角转向前下方突起,称悬垂部,其游离端即为阴蒂头。隔着阴蒂包皮触摸和压迫对应部位时就能感觉到阴蒂体,它在性兴奋后肿胀,摸上去就更为明显。阴蒂体向后分成一对圆柱状的阴蒂脚,比阴蒂头和体大得多,长约40 mm,将阴蒂牢牢固着在骨盆的耻骨支和坐骨支上。阴蒂脚是女性在性兴奋时重要的充血肿胀的组织。

阴蒂富有感觉神经末梢和对触觉十分敏感的游离神经末梢,是女性最敏感的性器官,能像阴茎一样充血勃起,并唤起较其他部位更为直接、迅速的性兴奋和性快感。

5. 阴道前庭 包括前庭球、前庭大腺、尿道口、阴道口和处女膜等,为两侧小阴唇所围的菱形区,表面有黏膜遮盖,近似三角形,三角形的尖端是阴蒂,底边是阴唇系带,两边是小阴唇。在此区域内,前方有尿道外口,后方有阴道口,左右两侧各有一前庭大腺开口。

前庭球是一对海绵体组织,又称球海绵体,位于阴道口前庭两侧,由静脉丛构成。其前部与阴蒂相接,后部与前庭大腺相邻,浅层为球海绵体肌覆盖。球海绵体肌收缩时压迫前庭球而使阴道口缩小。在性刺激和性兴奋时,前庭球可以感受心理和局部及来自阴蒂刺激产生的连锁反应,充血隆起或勃起。

前庭大腺又称巴氏腺,位于大阴唇后部,阴道口两侧,前庭球外侧部后方,亦为球海绵体肌所覆盖,是如小蚕豆大的圆形或卵圆形腺体,其腺管细长(1～2 cm),向内侧开口于前庭后方小阴唇与处女膜中下 1/3 交界的沟内,腺管的表皮大部分为鳞状上皮,仅在脉管最里端由一层柱状细胞组成。性刺激和性兴奋时分泌黄白色黏液湿润阴道口,以便于性交。正常情况下检查时不能触及此腺。若腺管开口闭塞使分泌物集聚或发生感染,形成前庭大腺囊肿或脓肿,则两者均能看到或触及。

尿道口位于阴蒂头的后下方及前庭前部,为尿道的开口,略呈圆形。其后壁上有一对并列腺体称尿道旁腺,其分泌物有润滑尿道口作用,但此腺亦常为细菌潜伏所在。由于女性尿道口短且直,又位于阴蒂和阴道口之间,因而在性交时,很容易将细菌带入尿道,引起感染。

阴道口位于尿道口后方、前庭的后部,为阴道的开口,其大小、形状常不规则,入口处的薄膜就是处女膜。

处女膜位于阴道口与阴道前庭的分界处,是环绕阴道口的中间有孔、不完全封闭的一层薄膜状组织。膜的两面均为鳞状上皮所覆盖,其间含结缔组织、血管与神经末梢。处女膜中间有一孔或多孔,称为处女膜孔,经血由此小孔流出。孔有各种形状,一孔多数呈环形、椭圆形、半月形或不规则状裂口,多孔呈筛状。其大小、形状、厚度因人而异,大多数处女的处女膜是单孔的。如果处女膜存在,第一次性交阴茎进入阴道时使处女膜破裂或被伸展开,可能引起出血和轻度疼痛,这对人体健康无影响。剧烈运动,可能损伤处女膜。另外有的女性处女膜裂口先天较大、较松,则在第一次性交时不发生出血或无疼痛感。处女膜破后,黏膜呈许多小圆球状物,成为处女膜痕,经阴道分娩后仅留残迹。

(二) 女性内生殖器

女性内生殖器包括阴道、子宫、输卵管及卵巢,后两者合称为子宫附件(图 2-4)。

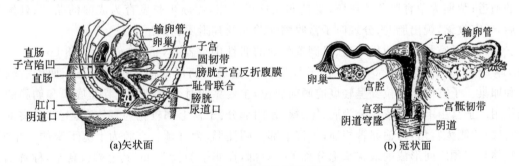

图 2-4 女性内生殖器结构

1. 阴道　阴道位于骨盆下部中央,介于膀胱、尿道和直肠之间,为女性性交的器官,也是月经血流出和胎儿娩出的通道,是一个极富伸展性的管状器官,上连子宫,下达阴道口。成年女性的阴道前壁较短,长 7～9 cm;后壁较长,长 10～12 cm,两壁平常处于相互接触的塌陷状态。阴道的上端宽阔,包绕着子宫颈阴道部,分别称为前、后、左、右侧阴道穹隆,其中以阴道后穹隆处最深,紧邻直肠子宫陷凹,两者间仅隔以阴道后壁和一层腹膜。腹腔积液时,后穹隆变浅且饱满,可由此穿刺进行诊断及引流治疗。

阴道自内而外由黏膜层、肌层和外膜构成。阴道黏膜呈淡红色,由上皮和固有层构成,无腺体。上皮为非角化的复层鳞状上皮细胞,分为表层、中层及底层,受性激素水平影响而发生周期性变化。月经中期雌激素增多时,上皮细胞内可出现许多糖原,这些糖原在细胞脱落后被阴道内的乳酸杆菌分解成乳酸,使阴道呈酸性环境,不利于病原微生物生长,从而抵御外来有害病原体的侵入;同时,随排卵期雌激素的增多,阴道上皮增生变厚,细胞成熟,由底层向中层、表层逐渐演化,表层细胞出现角化;排卵后,在孕激素的影响下,阴道上皮细胞脱落加速,从宫颈阴道部、宫腔内、输卵管、卵巢及腹腔内脱落,一起组成阴道脱落细胞,俗称"白带";这些即为阴道的自净作用。阴道脱落细胞的检查对了解卵巢功能和月经周期变化及诊断月经失调有很大帮助,特别在检查阴道细胞涂片中,若发现癌细胞,可作为诊断生殖器官癌症的重要依据。阴道黏膜向内突起明显,形成许多环形皱襞,使阴道有较大的伸展性,但在幼女及绝经后的女性,由于缺乏雌激素,阴道黏膜上皮很薄,皱襞少且伸展性小,不仅容易损伤,而且由于缺乏自净作用,病菌一旦侵入则易繁殖而发生感染。阴道黏膜固有层内含有丰富的毛细血管和弹性纤维。阴道平滑肌层呈内环外纵分布,使阴道壁易于扩张,但肌层组织较薄,分娩时后壁肌层裂伤极易延伸至直肠前壁。阴道外膜富含弹性纤维,为一致密性结缔组织。

阴道既是性交时容纳阴茎的地方,也是接纳精液的场所,既是性生活、性兴奋主要体验之所在,又是胎儿娩出的通道。在正常状态下阴道呈闭合状潜在腔隙,性兴奋时则发生非常大的变化,内段 2/3 扩张,外段 1/3 紧握,其弹力和扩张力使阴茎和阴道的结合达到合适的相容程度,有利于精液的射入、暂存及精子游入宫腔,完成生殖繁衍功能。

阴道壁在性兴奋时可能因周围静脉丛的高度扩张而出现渗出液,以润滑阴道,避免损伤,有利于阴茎的插入和抽动。同时阴道的外 1/3 段有丰富的感觉神经,性生活时与阴茎摩擦,是女性产生快感的重要因素之一。性高潮时的阴道肌肉和子宫肌肉的收缩可以客观地记录,但伴随的各种体验却无从记录,可以认为性高潮体验是身体生理和大脑心理综合的感受或功能表现。

2. 子宫 子宫为一壁厚、腔小、以平滑肌为主的器官。腔内覆盖黏膜称子宫内膜,青春期到围绝经期子宫受性激素影响发生周期性改变并产生月经;性交后,子宫为精子到达输卵管的通道;孕期为孕育胎儿的场所,受精卵在这里着床,逐渐生长发育为成熟的胎儿;妊娠足月后,子宫收缩,娩出胎儿;分娩时子宫收缩使胎儿及其附属物娩出。

成人的子宫是一个前后略扁、呈倒置梨形的肌性中空器官,重 50 g,长 7~8 cm,宽 4~5 cm,厚 2~3 cm,宫腔容量 5 mL。位于盆腔中央,膀胱与直肠之间,下端接阴道,两侧有输卵管和卵巢。子宫的正常位置呈轻度前倾前屈位,主要靠四对子宫韧带及骨盆底肌和筋膜的支托作用。子宫由上至下依次分为底、体、峡、颈四部分:子宫上部较宽为宫体;其上部隆突部分为宫底;两侧为宫角,与输卵管相通;子宫下部呈圆柱形,为宫颈。宫腔为上宽下窄的三角形。在宫体与宫颈之间形成的最狭窄部分称子宫峡部,在非孕期长 1 cm,其上端较狭窄,称解剖学内口;其下端由于黏膜组织在此处由宫腔内膜转为宫颈黏膜,故称为组织学内口(图 2-5)。

子宫肌层非常强大,极富弹性和收缩力,为胎儿的生存和娩出做出巨大贡献。子宫肌肉的收缩还可促使胎儿娩出后子宫的自发止血和子宫回缩。子宫肌层还有一个作用是在性高潮时产生节律性收缩,在这个部位会有广泛的愉悦欣快感。

3. 输卵管 输卵管为一对细长而弯曲的管道,位于子宫阔韧带的上缘内,内侧与宫角相连通,外端游离,与卵巢接近。全长 8~14 cm。根据输卵管的形态,由内向外可分为 4 部分:间质部为通往子宫壁内的部分,狭窄而短,长 1 cm;峡部在间质部外侧,管腔较窄,长 2 cm;壶腹部在峡部外侧,管腔较宽大,长 5~8 cm;伞部为输卵管的末端,开口于腹腔,游离端呈漏斗状,有许多须状组织,伞的长度不一,直径多为 1~1.5 cm,有拾卵作用。

输卵管具有输送精子和卵子的功能,并且还是精子和卵子相遇受精的场所。受精后,孕卵经输卵管的输送进入子宫腔着床。成熟的卵子从卵巢排出后,由输卵管的伞端,从卵巢内

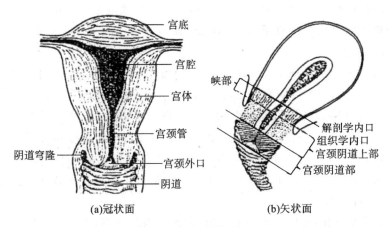

图 2-5　子宫各部解剖学结构

将其拾入输卵管。卵子进入输卵管后,借助输卵管的蠕动和纤毛的运动,逐步向子宫方向移动。在这时候,如果遇到精子就结合成为受精卵,一边不断分裂、发育,一边向子宫方向运行,然后进入子宫腔内着床。卵子如不受精,则进入子宫腔后自行消亡。

4. 卵巢　卵巢为一对扁椭圆形的性腺,具有生殖和内分泌功能,产生和排出卵细胞并分泌性激素。青春期前,卵巢表面光滑,青春期开始排卵后,表面逐渐凹凸不平,成年女性的卵巢约 4 cm×3 cm×1 cm 大,重 5～6 g,呈灰白色;绝经后卵巢萎缩,变小变硬。卵巢位于输卵管的后下方,以卵巢系膜连接于阔韧带后叶的部位称卵巢门,因卵巢血管与神经经此处出入卵巢而得名。卵巢外侧以骨盆漏斗韧带连于骨盆壁,内侧以卵巢固有韧带与子宫连接。

卵巢表面无腹膜,由单层立方上皮覆盖,称生发上皮。其内有一层纤维组织称卵巢白膜,再往内为卵巢组织,分为皮质与髓质。皮质在外层,其中有数以万计的原始卵泡(又称始基卵泡)及致密结缔组织;髓质在中心,无卵泡,含疏松结缔组织及丰富血管、神经、淋巴管及少量与卵巢悬韧带相连续、对卵巢运动有作用的平滑肌纤维(图 2-6)。

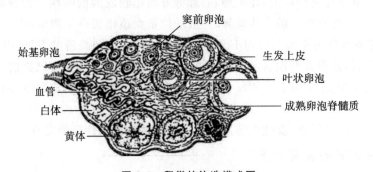

图 2-6　卵巢的构造模式图

卵巢是女性的性腺器官,内有许多卵泡,能产生并排出卵子,分泌性激素,这两种功能分别称为卵巢的生殖功能和内分泌功能。分泌的性激素主要是雌激素和孕激素及少量雄激素,维持女性特有的生理功能及第二性征,如乳房隆起、皮下脂肪堆积、发音尖细等,还可维持女性性功能,通过血液循环作用于全身。但有研究发现,女性卵巢所产生的雌激素能促使女性性征发育,但一旦发育成熟以后,其性欲的产生和维持仅有赖于思维、情感及对性敏感部位的刺激,而与雌激素无关。通常情况下,子宫左右两侧的卵巢交替每月排卵 1 次。女性在青春期到绝经期,即 13 周岁到 49 周岁,每个月排出 1 个成熟的卵子。假定平均每 28 日排卵 1 次,女性一生中一般排卵次数为400～500次,至绝经后,卵巢逐渐萎缩。

卵巢的周期性变化从青春期开始到绝经前,在形态和功能上发生周期性变化,称为卵巢周期,其主要变化如下。

(1) 卵泡的发育及成熟:人类卵巢中卵泡的发育始于胚胎时期,新生儿出生时卵巢大约有200万个卵泡。儿童期多数卵泡退化,近青春期只剩下约30万个卵泡。卵泡自胚胎形成后即进入自主发育和闭锁的轨道。生育期每月发育一批卵泡,经过征募和选择,一般只有1个优势卵泡可达完全成熟,并排出卵子,其余的卵泡发育到一定程度通过细胞凋亡机制而自行退化,称卵泡闭锁。女性一生中一般只有400～500个卵泡发育成熟并排卵。

(2) 排卵:卵细胞和其周围的卵丘颗粒细胞一起被排出的过程称排卵。排卵多发生在下次月经来潮前14日左右。

(3) 黄体形成及退化:排卵后卵泡液流出,卵泡腔内压下降,卵泡壁塌陷,形成许多皱襞,卵泡壁的卵泡颗粒细胞和卵泡内膜细胞向内侵入,周围有结缔组织的卵泡外膜包围,共同形成黄体。排卵后7～8日(相当于月经周期第22日左右)黄体体积和功能达到高峰,直径1～2cm,外观色黄。

若卵子未受精,黄体在排卵后9～10日开始退化,黄体退化时黄体细胞逐渐萎缩变小,周围的结缔组织及成纤维细胞侵入黄体,逐渐由结缔组织所代替,组织纤维化,外观色白,称白体。黄体衰退后月经来潮,卵巢中又有新的卵泡发育,开始新的周期。

三、青春期性发育

青春期前,男性和女性的生殖器发育很缓慢,几乎处于静止状态,外生殖器都处于幼稚阶段。进入青春期后,在卵泡刺激素和黄体生成素以及雄激素的作用下,生殖器获得迅速发育并逐渐成熟,外生殖器形状和大小已接近成人型。男孩和女孩以第二性征发育为起点,标志着青春期的到来。青春期是指在个体发育过程中,从第二性征显现到性器官发育成熟的一段时间。青春期是继少儿时期以后,在生理、心理等方面蓬勃发展的时期。青春期开始后,发育速度、成熟年龄等方面有很大的个体差异,一般规律是女孩比男孩早两年发育。

WHO界定青春期的年龄范围为10～19岁。当前,科技和经济的发展,以及生活水平的提高和环境的改善,使得青春期启动的时间提前,女孩月经初潮最早的已提前到9岁左右,男孩首次遗精也提前到11岁左右。相反,经济落后、战乱、饥荒和疾病流行等,均可使青春期启动的时间推迟。

青春期性发育包括男性、女性生殖器官的发育成熟和第二性征的发育。

(一) 生殖器官的发育成熟

1. 男性生殖器官的发育成熟　青春期前,男性的生殖器官发育很缓慢,几乎处于静止状态,睾丸和阴茎都很小,处于幼稚阶段。进入青春期,睾丸生精小管内出现各期生精细胞,并逐渐形成精子。睾丸发育成熟即可分泌雄激素,促进其他性腺器官的发育。

2. 女性生殖器官的发育成熟　青春期前,生殖器官发育很缓慢,几乎处于静止状态,卵巢很小,外阴处于幼稚阶段。进入青春期后,卵巢和子宫均增大,月经初潮后卵巢继续发育增大,卵巢内出现不同发育程度的卵泡。成熟的卵巢除具有周期性的排卵功能外,还可不断分泌雌性激素和少量雄激素,促进其他附性腺器官的发育。阴阜隆起,大阴唇变得肥厚,小阴唇变大,并出现色素沉着。

(二) 第二性征的发育

在青春期，男性和女性的性腺分别分泌出雄激素或雌激素，在性激素的作用下，出现一系列与性别有关的特征，称为第二性征。

男性的第二性征主要表现为喉结突出、声音低沉、长出胡须、粗大的骨骼、发达的肌肉等，形成上宽下窄的男性体型。女性的第二性征主要表现为丰满的乳房、宽大的骨盆、高调的声音、丰富的皮下脂肪等，形成臀宽腰窄的女性体型。

1. 男性第二性征的发育　男孩约12岁时，喉结开始增大。阴毛的发育分为五个阶段：第一阶段，青春期无阴毛生长；第二阶段，13岁左右时，在阴茎根部出现稀疏的阴毛，此时身高开始超过同龄的女孩；第三阶段，阴茎根部阴毛逐渐变深、变粗、卷曲，但仍较少；第四阶段，阴毛颜色更深、更粗密，并向上延伸；第五阶段，13~18岁时，阴毛稠密，进一步向上延伸，甚至蔓延到大腿上部内侧及肛门周围，呈成年型分布。约14岁时，变声期开始，声音变得低沉；部分男孩的乳房开始发育，乳头隆起，乳晕下可摸到硬结，有触痛感，但很快消失。约15岁时，腋下开始长出腋毛，开始长胡须，阴囊颜色变深。16~18岁时，脸上长痤疮，面部及身体上出现体毛。19~22岁时，骨骺闭合，生长渐停，性发育成熟。

2. 女性第二性征的发育　青春期启动后不久，随着雌激素水平增高，女性除生殖器官开始发育成熟外，身体相关部位出现女性性征的变化，雌激素促进皮下脂肪沉积，皮肤白嫩细腻，皮下脂肪丰满，肌肉不够发达。雌激素促进乳房的腺管增生，孕激素协同促使乳房的腺泡发育，乳房增大。雌激素对骨质代谢的影响，促进了女性骨盆的发育和增大。

应指出的是，青春期性发育虽然有一定的规律，但由于地理环境、种族、遗传因素、生活水平、个人体质等因素的影响，每个人的发育有早有晚，而且顺序的出现也有个体差异。一般来说早一两年或晚一两年都属于正常范围。如果男孩在九岁前，甚至六七岁时就出现遗精；女孩在六七岁就来月经，即为不正常，属于性早熟。如果男孩到18岁，生殖器还没有什么变化，女孩直到十八九岁还不来月经，也属不正常，属于性晚熟，发现这些情况者应去医院检查。

第二节　性反应周期的生理和心理变化

玛斯特斯和约翰逊将人类的性反应过程确定为兴奋期、持续期（平台期）、高潮期和消退期四个阶段，称为性反应周期。性反应周期的四个阶段是一个连续、不可分割、完整的动态过程。他们研究发现，男女性反应都有相似的、明确的规律，但也有各自的特征（图2-7，图2-8）。

一、性反应周期的生理变化

1. 性兴奋期　性兴奋是由肉体和（或）精神方面的性刺激所引起的。有时候，性兴奋期极为短暂，很快进入性持续期；有时候，性兴奋也可以缓慢开始，并且在一个较长的时间中以渐进的方式延展。性欲被唤起、身体进入性紧张和性活跃阶段，就是性兴奋期。来自各种感受（觉）器的或精神的性刺激都能引起性兴奋。唤起性兴奋所需要的时间一般受到个体体质、年龄、情绪等生理和心理因素的影响，同时也决定于系统各器官受到刺激的时间和有效强度。若能够保持足够的性刺激时间和强度，性兴奋期的反应强度会迅速增强、加速或缩短时程。若刺激不当而引起生理不适、心理不愉悦或者有效刺激中断，如抚摸过强、精神涣散、外界干扰等，则性兴奋期可能延缓，甚至消失。

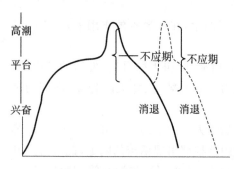

图 2-7 男性性反应周期

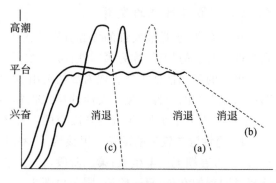

图 2-8 女性性反应周期

性器官,尤其是外部性器官的血管充血是性兴奋期的基本生理现象。在男性,阴茎海绵体和尿道海绵体充盈血液而致阴茎勃起。阴茎勃起的速度和强度受年龄、体质、饮酒、疾病等多种因素的影响,但一般在受到性刺激后几秒钟内迅速发生。在女性,由于阴道周围的组织内血管充血,血浆的渗出液通过有半渗透性的阴道壁黏膜渗入阴道而致阴道润滑。阴道润滑的反应一般在受到有效性刺激后的 10～30 s 发生,是女性性唤起的最初体征表现,可以作为一个很好的指征提供给男性,表明此时的女性已为阴道性交做好了准备。女性在性兴奋期,同样由于血管充血,阴道壁的颜色由淡红色缓慢变为深紫红色。其外部性器官血管充血还包括阴蒂和小阴唇,表现为阴蒂头膨胀和小阴唇变厚,可比平时增厚 2～3 倍。

在性兴奋期,女性的其他性器官的变化还有大阴唇变薄、扁平,贴靠于会阴,并向上和向外展开,使阴道口扩大。大阴唇的这些变化通常在性紧张度达兴奋晚期进展到持续期时才能完成。在性兴奋时,子宫提升,宫颈也被动提升,使阴道加长。研究证实,从性兴奋开始(性反应的持续期末终止),子宫肌的收缩持续性增加,至性高潮时有与阴道高潮平台同步的节律性收缩,但收缩强度与收缩时程有显著的个体差异并受到个体的主观及心理因素的影响。阴道扩张也是女性具备性交条件的性器官生理变化。女性乳房在性兴奋期,随着性紧张度增加而发生乳头勃起;当性紧张过程向持续期进展时,出现乳房明显的增大,尤其在女性取仰卧位时,增大更为明显;显著的乳晕充血出现在性兴奋期的晚期。

男性在性兴奋期还会出现阴囊皮肤收缩、精索缩短、睾丸上移等表现。两性身体的其他生理反应主要有肌肉紧张、呼吸加快、心率加速和血压上升。

到了性兴奋期晚期或持续期早期,男女都可表现出皮肤的"性红晕"现象。女性更常见,有 50%～75% 的女性出现类似于麻疹的疹子,这种"性红晕"一般开始于上腹部,然后迅速播散到乳房和前胸壁,也可在身体的其他部位出现。

2. 性持续期 又称平台期,指性兴奋期后至高潮期前的一个性紧张更为强烈、稳定发展的阶段,可持续几分钟时间。此期的性器官无突然的生理变化,只是在性兴奋期的基础上得到维持和持续性加强。

在男性,其阴茎充血进一步加强,阴茎周径增至最大,硬度进一步加强。睾丸充血膨胀比性唤起时增大 50%～100%。阴囊和睾丸进一步抬高,紧贴躯体。尿道球腺产生分泌物,并自尿道外口排出,润滑尿道,其内可能含有活动的精子。

女性在性持续期显著的性器官生理变化在于阴道和阴蒂,可见阴道壁的下 1/3 因高度充血膨胀而明显增厚,这一段阴道腔的变窄,对阴茎起到一种增强的"紧握"作用。所以,男方阴茎大小本身,对女性所感受到的刺激强度并不重要。阴道上 2/3 的内径扩展,子宫也相应提升,这样就减少了阴茎抽送时远端受到的直接刺激,因而女方的感受,一般也与阴茎的长度无关。阴蒂头和阴蒂体向耻骨联合回缩,加上阴唇的充血,使阴蒂难以被看见。然而这些变化并没有使阴蒂的敏感性丧失。其他器官的生理变化包括子宫体积增大和乳房进一步胀大。在趋近性高潮期时,小阴唇会发生明显的颜色改变。在未产妇,小阴唇由粉红色变为鲜红色;在经产妇,小阴唇由深红色变为深紫红色。需要补充说明的是,阴道上段2/3几乎不存在感觉神经末梢,而阴道下段1/3及阴道口周围黏膜,则集中了丰富的感觉神经末梢。所以,通常阴茎粗细、长短的差别,并不影响女性的性快感。

女性的性兴奋期乳晕的充血、肿胀更加显著,反而掩盖了乳头先前的竖起(实际上这种竖起仍然存在)。持续期乳房增大的程度,在曾有授乳史的女性并不显著,而在没有授乳史的女性,乳房可在原有基础上增大20%～25%。

男女的其他生理变化,包括全身性的肌强直、心动过速、换气过度和血压升高等,这些变化主要见于性持续期的晚期。

3. 性高潮期 性高潮期是性反应周期中的顶峰阶段,持续时程数秒。如此短暂的性感体验将先前蓄积的高度肌紧张通过神经反射机制,以不随意的肌肉痉挛予以释放,与此同时,体验到极度的心理快感满足。

在男性,性高潮的表现指征是精液迸出,即射精。射精是由盆腔器官的肌肉一系列间隔为0.8 s的节律性收缩来完成的。在射精的第一阶段,精液从输精管壶腹、精囊腺、射精管、前列腺等器官排入尿道前列腺部,此时,男性的主观体验是一种"射精不可避免的感觉",是男性性反应不可能中断的征兆;第二阶段是由前列腺、会阴部肌肉、阴茎体一起有节律地协同收缩,将精液从尿道前列腺部急速排到尿道膜部和尿道阴茎部,最终射出尿道外口。伴随射精的主观感觉主要就是极度的特殊快感。

尽管女性高潮期没有像男性射精那样的明显指征,但其主要生理反应是以阴道下1/3的肌肉节律性收缩为特征,同时伴有无节律性的肛门括约肌收缩和子宫收缩。每一次性高潮,阴道的节律性收缩一般可有3～15次,收缩间隔起初为0.8 s,以后逐渐延长,且收缩力逐渐减弱。从主观体验来看,女性在性高潮时主要有一种以阴蒂为中心向外周呈波浪式扩散的感觉,有一种下坠或张开的感觉或一种温热的电击般的强烈感觉,可体验到极大的舒适感和满足感。

在性高潮期,男性和女性的全身反应相同:皮肤的红晕更多、更深,躯体、四肢的肌肉常有不由自主的轻微抽搐,肋间肌的抽搐可引起短促的发声;随着身心两方面的极度兴奋,心率、呼吸频率和血压都升达高峰,女性的呼吸和循环变化更加剧烈。

4. 性消退期 性消退期是性反应周期的最后阶段,一般需要5～10 min,指身体的肌紧张逐渐缓解,性能量得到充分释放,性器官的血管充血得已逐渐消散的过程。

在性消退期所发生的性器官生理变化,恰是性兴奋期和持续期生理变化的相反过程。男性是以阴茎勃起的消退为特征,有的人(或有时候)消退过程较快,还有的人(或有时候)部分或完全阴茎勃起还可以继续维持,但不可能在短时间内再发生射精。男性射精后膨胀的阴茎由于充血迅速减少而变软与缩小,勃起很快消失,同时睾丸体积也因充血减少而变小并下降于阴囊底部。

在女性,性高潮出现时性器官和骨盆肌肉的节律性收缩,使过量的血液排出性器官及组织,性消退期的第一个生理变化是乳房还原,随后子宫回复到盆腔的原位,阴道开始缩短、变窄,阴蒂也降到原来的解剖位置。

性消退期并不意味着性活动的结束,尤其是女性则多要求继续爱抚和温存,以便达到充分的身心放松和满足。由于在高潮期间消耗的体力及生理特点的影响,男性往往有疲劳感和倦意。了解了两性在性消退期的这些特点,夫妻间如何和谐地度过此期想必不会太难(图2-9)。女性在性紧张尚未低于持续期水平而又继续受到新的性刺激时,具有再次获得性高潮的潜在能力,但不能认为只有多次性高潮,才是正常的反应;而男性却在性消退期对进一步的性刺激不再发生反应,称为不应期。此乃男性为了积蓄性能量,使精子数量和精浆得到充分补充以适应再次性紧张所必需。男性的这种不应期的长短具有个体、体质和年龄等方面的差异。某些体质好的年轻男性只需几分钟就能重新勃起和再次射精;有的男性则在数小时后仍不能恢复性兴奋;老年男性的不应期可能长达数日。这些都属正常范围内的差异。

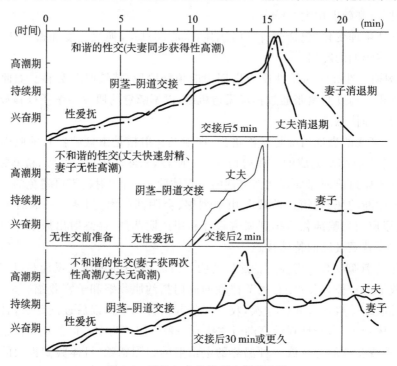

图2-9 男性与女性性反应周期比较

二、性反应周期的心理变化

玛斯特斯和约翰逊的性反应周期虽然科学地解释了性生理反应,却忽略了在性生理反应时不可缺少的性心理过程。有时,性心理过程在性反应中更为重要。

自1974年起,一些性医学专家对人体性反应周期提出了一些新的见解,其中卡普兰的双相模式和三期划分法及齐勃盖德和艾力森的五期划分法比较有代表性。

(1)卡普兰于1974年根据她自己性治疗工作的经验提出:性反应不是一个连续的过程,而是两个相对独立的分期或组成部分,即首先是性兴奋期性器官的血管充血,然后是高潮期反射性的肌肉收缩。1979年,卡普兰又进一步修改了性反应双相模式,提出了三期划分法,即在性兴奋期之前还应有一个性欲期。这一学说,可以解释临床上出现的性功能障碍,即性欲障碍、性兴奋障碍和性高潮障碍。

(2)齐勃盖德和艾力森于1980年对玛斯特斯和约翰逊的性反应周期也提出了异议。他们讨论的焦点集中在性反应的生理反应与主观感受方面,认为性反应研究仅侧重于生理变化是不够的或片面的。他们提出了每一期不但互相关联,而且各具独立性的五期划分法:①兴趣或性欲;②性唤起;③生理准备(阴道润滑,阴茎勃起);④高潮;⑤满足(一个人对所经历的评价或感受)。性反应周期的新模式,尤其是这种五期划分法,强调了性反应过程中的性心理因素的作用,正如人们常说的那样,性欲发生的主要部位是在大脑。

第三节　生殖生理

一、精子发生、成熟

生精小管是精子的发源地,生精小管的管壁由两种细胞组成:①肌样细胞,类似肌纤维细胞样细胞,位于管壁的外周,紧贴在小管的一层包膜(基底膜)外,具有收缩功能。肌样细胞的收缩能挤压生精小管,使管腔内的精子及睾丸液体向附睾方向排放,同时在促性腺激素的作用下,肌样细胞参与精子生成的调节。②支持细胞,是精子生成的保育细胞,在小管的基底膜内侧,呈锥体形,底部较宽,有规律地排列在睾丸生精小管的基底膜上,细胞上端伸向管腔的中心部,这种细胞不分裂、不增殖,它们的细胞顶部和侧壁形成许多凹陷,其中镶嵌着生精细胞。支持细胞排列方式如同果园内的果树,镶嵌在支持细胞上的各级生精细胞相当于果树上挂满的果实。支持细胞起着支持和营养各级生精细胞的作用,利于它们由精原细胞顺利地分化为精子。此外,相邻的支持细胞基部侧面突出部位相连接,两侧细胞膜形成紧密连接,起到屏障作用,因此称为血睾屏障,可阻止睾丸间质内的一些大分子物质穿过生精小管上皮细胞之间的间隙而进入管腔。支持细胞与生精细胞一起构成生精小管管壁的生精上皮。生精上皮共有五级生精细胞,按分化发育的先后顺序依次为精原细胞→初级精母细胞→次级精母细胞→精子细胞→精子。在生精上皮上,镶嵌在支持细胞凹陷处或支持细胞之间的各级生精细胞的空间排列也严格遵循五级生精细胞发育分化的先后顺序规律,从管壁基底部到管腔的腔面依次排列着精原细胞、初级精母细胞、次级精母细胞、精子细胞和正在向蝌蚪样形态转化的精子。这里需理解的要点是在生精细胞向下一级生精细胞转化时,不仅是生精细胞向成熟迈进了一步,其在生精上皮上的空间位置也会适时地向前(向管腔)移"一步",生精细胞从精原细胞向精子发育分化的过程,也是生精细胞随着级别的分化成熟由管壁基底部向管腔逐渐"移步"的过程。不过,并不是任何时候都能在生精上皮上见到所有这五级生精细胞。它们以某种严格的组合规律按时出现。

精子的生成和卵子生成不同,自青春期后,男性的睾丸启动精子生成,一旦启动后,睾丸精子每天都以亿万计数量生产。要了解这一生产流程,需知道三件事情:①精子生成是精原细胞进入减数分裂的最终结果,不停地分化为精母细胞然后转化生成精子的精原细胞从何而来?②减数分裂的进程;③第二次减数分裂完成后生成的精子细胞已是与卵子相同的单倍体细胞,为何需形成精子才算配子生成完成?

(一)精原细胞的增殖

在青春期前,原始生殖细胞被生精小管内支持细胞与小管外周一层基底膜包裹,到青春期后不久,原始生殖细胞离开支持细胞的包裹,迁移至小管的边界,位于支持细胞与小管外周的基底膜之间(此区间称为基底室)。进入不定期有丝分裂、增殖或更新,成为精原细胞。精原细胞是二倍体细胞,是青春期后成熟睾丸中最幼稚的生精细胞。根据精原细胞的形态和大小、染色质的染色及致密度等形态结构特点,一般将精原细胞分为三型,分别为暗型精原细胞、亮型精原细胞和B型精原细胞。暗型精原细胞是生精干细胞,1个生精干细胞通过第一次有丝分裂,产生2个新的暗型精原细胞。其中1个暗型精原细胞再分裂产生2个暗型精原细胞,另1个暗型精原细胞则分裂产生2个亮型精原细胞,亮型精原细胞又分裂分化形成B型精原细胞,B型精原细胞再经过两次有丝分裂后分化为初级精母细胞,进入减数分裂。由精原细胞通过增殖产生初级精母细胞,进入减数分裂,可大大增加精母细胞的数量。按理论推算,一个精原细胞通过数次细胞分裂,可形成上百个初级精母细胞。但在生精过程早期,生精细胞很易发生变性,故实际上少于这个数字。在精原细胞的增殖过程中,有一部分暗型精原细胞不再继续分裂,而是保留下来,成为新的精原干细胞,因此通过增殖不仅能使精原干细胞不断得到更新,且能使精原干细胞保持一定数量,从而使精子发生持续地进行下去,不会枯竭。精原细胞的有丝分裂与增殖或更新均发生在生精小管的基底室。

(二)生精细胞的减数分裂

由B型精原细胞直接分裂形成的初级精母细胞,称为前细线期精母细胞。然后,前细线期精母细胞的DNA量增加一倍成为细线期精母细胞而进入减数分裂;同时,完全离开生精小管的基底膜,由相邻的支持细胞的突起部分形成的紧密连接将细线期精母细胞同基膜膜和邻接精原细胞相隔开(此时所在区间称近腔室)。前细线期精母细胞除了复制DNA外,还积极储备随后进行减数分裂和精子形成所需的化合物如蛋白质、酶类及合成蛋白质和酶所需的模板。因为生精细胞一旦进入减数分裂后,极少进行蛋白质和蛋白质模板的生物合成。

生精细胞减数分裂的前期时间很长,可持续24天。在前期,初级精母细胞核染色质变化很复杂。根据染色质的形态变化,可分为细线期、偶线期、粗线期、双线期和终变期。偶线期,来自父源、母源的2个同源染色体双双配对,染色体进一步变短变粗,染色加深,同源染色体全部配对联结在一起,并且每条染色体出现明显纵裂,使每条染色体均包含2条染色单体,由着丝粒将其联结在一起。接着进入双线期,染色体变得更加粗短,同源染色体开始分离,但分离不完全,相互间有交叉点相连,这种现象称为染色体交叉。这不是一种简单的同源染色体间接触,而是通过染色体交叉,来自父系和母系的同源染色体间进行遗传物质的交换,这具有重要的生物学意义。至终变期,同源染色体明显分离,同源染色体排列于赤道板上,位于细胞两端的中心粒发出纺锤丝,连于染色体,构成纺锤体。在分裂后期,同源染色体各沿着染色体臂,移向细胞两极。到末期,核仁核膜又出现,胞体分成两半,染色体数目减半,形成2个子细胞——次级精母细胞。次级精母细胞形成后很快进入分裂间期,但此期甚短,不复制DNA,就进行第二次分裂。次级精母细胞的23条染色体均由2条染色单体组成,染色单体间由着丝粒相连。第二次分裂时,着丝粒断裂,染色单体分别移向细胞两极。一个次级精母细胞经过第二次分裂,形成2个精子细胞,其染色体数为23条,单倍体(图2-10)。

(三)精子细胞变化形态,形成精子

雄性配子的主要职责是提供雄性DNA,使其进入雌性卵中,雄性配子与卵子结合,需要自主运动,才能到达特定的位置,完成使命。因而雄性配子需保护好运送的遗传物质(DNA),需要有自主运行的动力装置,有供运动的能源,还需像卸货物一样,将运载来的DNA注入雌性卵中装置。第二次减数分裂完成时生成的精子细胞,虽完成了染色体数目减半和父源、母源染色体的遗传信息交换,形成单倍体的配子,但其不具备上述结构和功能。精子细胞变化

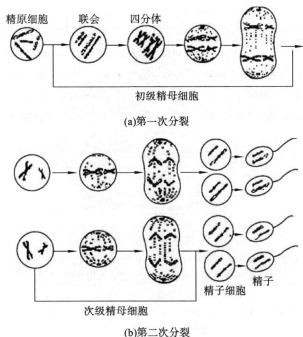

图 2-10 精子的形成过程

形态形成精子就是为了利于遗传物质的运输和进入雌性卵中。精子由一层细胞膜包裹,长约 60 μm,外形像蝌蚪,可分为头、体、尾三部。头部呈扁平卵圆形,正面观呈卵圆形,侧面观呈梨形,长 4～5 μm,头部装载着遗传物质(DNA)。在头部前 2/3 处还有帽状膜性囊腔结构,覆盖在精子头部,这个帽状膜性囊腔结构称为顶体,内容物是帮助精子穿过卵细胞的保护层的酶类(称顶体酶类),顶体就是精子的卸货装置。精子体部位于精子头部不远处,体部外周围绕数圈管道样结构,这就是精子运动的能源装置,其内储存有脂质类的能源及生成生物能源(ATP)的装置(线粒体)。尾部是一很长的鞭毛,内有 10 余根细丝,它可像肌肉一样收缩,使鞭毛摆动,就像蝌蚪摆动尾巴游泳一样,精子通过鞭毛摆动而向前运动。

精子细胞变化形态形成精子过程中,圆形的精子细胞不再分裂,但有蛋白合成能力,它需合成组成顶体的膜蛋白,合成组成精子尾部的结构蛋白,更重要的是它还要合成保证遗传物质在运送途中不被遗失的物质,这种物质称鱼精蛋白,是一种碱性蛋白,富含精氨酸和半胱氨酸,这两种氨基酸如同包装货物的锁扣,在锌离子的作用下,与精氨酸和半胱氨酸通过一种化学键螯合,形成交叉链,将遗传物质锚固,核外包有细胞核的核膜。同时,顶体在圆形精子细胞内部逐步形成,先出现几个圆形小泡,称前顶体囊泡,内有致密的颗粒,称前顶体颗粒,颗粒成分就是顶体的相关酶类。随后这些前顶体囊泡融合成一个大的顶体泡与核膜相贴,称顶体囊泡,前顶体颗粒也融合成为顶体颗粒。经过一些形态变化,最后由顶体囊泡形成顶体,顶体呈帽状,紧贴细胞的核膜,包绕细胞核的前半部。细胞核由细胞中央部位移向细胞一端,形态由圆形变为扁平的梨形,细胞核包装紧固,体积逐步缩小。当顶体形成时,精子细胞变长,由合成的结构蛋白长出精子的尾部,去掉多余的细胞胞质成分,精子形成并离开支持细胞,释放至生精小管管腔(图 2-11)。

(四)精子的生成周期

生精上皮的一个最显著的特点是某种特定的生精细胞总是与另一些特定的生精细胞一

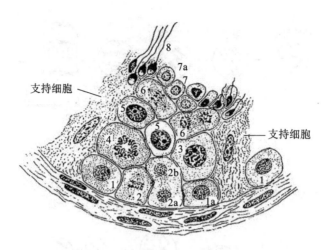

图 2-11 精子在生精小管中的发生

注：精原细胞(1)进行多次有丝分裂(2)，产生2个子细胞(2a,2b)，一个子细胞(2a)作为一个新的精原细胞(1a)仍居周边，另一个新的精原细胞(2b)长成为初级精母细胞(3)挤入管腔，初级精母细胞成熟(4)后，又分为2个次级精母细胞(5)，每一个又立即分为2个(6)，并产生精子细胞(7)，埋于支持细胞顶端(7a)，于此变形并演变为精子(8)，精子成熟时，被释放入生精小管管腔。

起出现。例如，亮型精原细胞，在经历第一次同步分裂时，总是与前细线期精母细胞、粗线期精母细胞、刚形成的圆形精子细胞和快要作为精子释放的生精小管管腔的成熟精子细胞一起出现。也就是说，在生精上皮的某一横断面上，当见到亮精原细胞时，总能同时见到前细线期精母细胞、粗线期精母细胞、刚形成的圆形精子细胞和生精小管管腔的成熟精子细胞。这些细胞的发育总是彼此同步，一同出现。这一现象称为细胞组合。在这个细胞组合的例子中，可见三个级别的生精细胞，即亮型精原细胞、初级精母细胞和精子细胞，而初级精母细胞为两代的细胞，分化程度不同，上一代已达第一次减数分裂前期的粗线期，下一代只是在第一次减数分裂的前细线期（相当于B型细胞刚转化成初级精母细胞，进入DNA的合成期）。而精子细胞也有两代，上一代已接近形成精子，而下一代则是刚形成的圆形精子细胞。用微速摄影技术，观察生精小管某一断面的变化，可以观察到好几种细胞组合，大鼠有14种，人有6种。而且这些相关联的细胞组合又严格地按照一定的次序依次出现。从某一细胞组合起，到这一细胞组合再次出现，为一循环结束，称为一个生精周期。以人精子生成的周期为例，在一个细胞周期中，会按严格的先后次序，依次出现6种细胞组合。这6种细胞组合实质是在一个生精周期内，各级各代生精细胞同步发育的6个时期，或者说是处于不同分裂、分化的各级各代生精细胞组成了6种固定的依次循环出现的细胞组合。必须知道，当再次见到相同的细胞组合时，原来所在位置的生精细胞已不是先前的生精细胞，已换成了下一代的生精细胞。还是以上述的细胞组合为例进行说明。再次见到的亮型精原细胞，已是精原干细胞分裂增殖而来的新一代亮型精原细胞，原先的亮型精原细胞已增殖分化为新一代的前细线期精母细胞（其中间过程有亮型精原细胞增殖分化为B型精原细胞，又分化为初级精母细胞），原先的前细线期精母细胞已发育成新一代的粗线期初级精母细胞，先前粗线期初次精母细胞已经过多次分裂和分化（包括完成了第一次减数分裂和第二次减数分裂）成为新一代刚生成的圆形精子细胞，先前的圆形精子细胞已发生形态改变，生成即将要向管腔排放的新一代成熟的精子细胞，先期的成熟精子细胞此时已在生精小管管腔中成为精子。以生精小管某一断面的1个细胞组合的出现到其再次出现为一生精周期,1个成熟的精子从精原细胞有丝分裂增殖开始到成熟精子生成必须经历4个周期,每个周期时长为16天,人类的精子生成所用时间就是64天,也有研究者认为精子生成需经历4个半周期即72天。

（五）精子生成的激素调节

人们认识激素对精子生成的调节是从动物实验开始的,切除动物的脑部的一个小小的器官——垂体后,会出现睾丸萎缩,睾酮(雄激素)下降到很低的水平,精子产生停滞。随后不久人们发现雄性垂体能分泌两种促性腺激素,其成分与雌性两种促性腺激素相同,并以其对卵泡的作用命名为卵泡刺激素和黄体生成素。睾丸生精小管之间的组织中有一种细胞,称间质细胞。间质细胞有黄体生成素信号接受器(受体),在男性,黄体生成素能刺激间质细胞合成雄激素(睾酮),故黄体生成素又称间质细胞刺激素。卵泡刺激素对雄激素的合成几乎没有什么影响,或者说没有直接作用。它主要作用于生精小管,促进精子生成,故又称配子生成素。对切除垂体后睾丸的精子生成处于抑制状态的动物,仅需给予卵泡刺激素和黄体生成素或者给予卵泡刺激素和睾酮,精子生成就可完全恢复。卵泡刺激素对启动和维持精子生成起重要作用,它主要作用于支持细胞,也可能作用于精原细胞,但它不直接作用于生精小管内的精母细胞和精子细胞。睾酮主要作用于生精小管,也作用于支持细胞,支持细胞有睾酮作用的受体。睾酮也对生精小管外周的肌样细胞起作用,肌样细胞在睾酮作用下与支持细胞一起对精原细胞的增殖起调节作用。睾酮在生精小管内的浓度是外周血液中的400倍,但睾酮不能直接进入生精小管,主要通过易化扩散的载体运送。在哺乳动物中,支持细胞在卵泡刺激素作用下,分泌一种称为雄激素结合蛋白的载体,能帮助睾酮进入生精小管。在生精小管内睾酮是精子发生所必需的激素,但不是直接作用,因为在减数分裂期,生精细胞不能表达睾酮的受体,因此其作用机制有待探讨。

睾丸的间质细胞分泌的睾酮与支持细胞分泌的一种抑制素可反馈调节垂体和垂体的上级指挥部下丘脑,当血液中睾酮达到一定水平时,就会抑制促性腺激素的释放。支持细胞分泌的抑制素主要抑制卵泡刺激素的释放。这样就维持了男性的下丘脑-垂体-睾丸内分泌的调控平衡。如果睾丸功能受损,其分泌的睾酮和抑制素水平降低,两种促性腺激素失去反馈调节作用,释放增加,血中生殖激素水平呈现睾酮和抑制素水平低下,卵泡刺激素和黄体生成素水平升高,则睾丸无精子生成,而且不能恢复生育能力。

二、卵子发生、成熟与排卵

卵子的生成不是形成新的卵子,而是由女性与生俱来的原始卵泡的发育、成熟和卵泡内卵母细胞的减数分裂复始和卵细胞的排出而产生。所以卵子的生成实际是原始卵泡的发育、成熟与排卵的过程。一个卵泡从原始卵泡开始生长到最终成熟约需85日,成熟的卵泡是突于卵巢表面的球形物,由黏稠液体包围卵子而形成。排卵时,卵细胞脱离卵泡壁从卵巢表面排出。卵泡在早期生长期间并无卵泡液,只是随着包绕在初级卵母细胞周围的卵泡细胞增殖、初级卵母细胞的发育增大,卵泡细胞的数量增多,卵泡细胞间开始出现窦状间隙,间隙内充满液体。随着卵泡向成熟卵泡发育,窦状间隙增大并融合,卵泡体积变大,液体增多。按照卵泡发育程度和窦状间隙的出现与变化,卵泡从生长到发育成熟需经原始卵泡—窦前卵泡—窦状卵泡—成熟卵泡4个阶段。然而,并非所有的卵泡都能按顺序完成发育成熟的全过程。在每个月经周期中,只有1个卵泡发育成熟而排卵。偶尔也有2个卵泡发育成熟排卵,若2个卵细胞都受精,就将生出一对双卵双胞胎。

1. 卵泡的生长发育

（1）原始卵泡是由 1 个停留于减数分裂双线期的初级卵母细胞及环绕其周围的单层梭形卵泡细胞层组成。

（2）窦前卵泡包绕卵母细胞的梭形卵泡细胞向柱状形转化，细胞内出现颗粒样物质，随后增殖成多层，卵母细胞增大。在卵母细胞与卵泡细胞间形成一层厚膜，称透明带，为凝胶状糖蛋白复合体。电镜下可见卵母细胞表面的微绒毛和卵泡细胞的突起伸入透明带内，这有利于卵泡细胞将营养物质输送给卵母细胞。透明带在同物种的精子识别和阻止多精入卵过程中均具有重要作用。这一阶段时间较长，可跨越 2 个月经周期以上的时间，此期卵泡细胞间无窦状间隙形成。在原始卵泡向窦前卵泡发育的前期，原始卵泡梭形颗粒细胞无接受调节卵泡发育的信号（激素）接收器，这类信号接收器称为激素的受体，其发育过程不受人体内激素的影响，由卵巢自身调节。在青春期后的月经周期的各期中，这些卵泡的数量基本上恒定在某一水平。原始卵泡向窦前卵泡发育是一个连续的、随机的、自发性过程。一旦原始卵泡发育成窦前卵泡，卵泡细胞形成多层的柱状颗粒细胞，透明带形成。卵泡外围的间质细胞包绕形成卵泡膜，分为内泡膜层和外泡膜层。此时的卵泡就出现了卵泡生长发育所必备的 3 种激素的特异性受体，即卵泡刺激素、雌二醇和睾酮受体。这一时期的窦前卵泡称为初级卵泡。卵泡上受体的出现就标志着卵泡自我随机发育的时期结束，即卵泡发育将受垂体促性腺激素的精细调控。

（3）窦状卵泡随着窦前卵泡的发育，卵泡上的卵泡刺激素、雌二醇和睾酮受体形成，在雌激素和卵泡刺激素持续影响下，卵泡颗粒细胞层进一步增加，并出现分离，形成许多不规则的腔隙，充满由卵泡细胞分泌的卵泡液，各小腔隙逐渐合并形成新月形的卵泡腔。由于卵泡液的增多，卵泡腔也逐渐扩大，卵母细胞被挤向一边，并包裹在一团颗粒细胞中，形成半岛，突出在卵泡腔内，称卵丘。卵丘内，卵母细胞的透明带周围有排列成放射状的柱状上皮细胞，形成放射冠。其余颗粒细胞紧贴于卵泡腔的周围，形成颗粒层。颗粒层的外围是两层卵泡膜——内膜和外膜。卵泡膜的内膜分布有许多血管，内膜细胞具有分泌类固醇激素的能力；此期的卵泡在卵泡刺激素作用下，其颗粒细胞获得另一种十分必要的激素受体——促黄体生成素受体，这种受体接收到促黄体生成素信息后，在启动初级卵母细胞发生第一次减数分裂形成次级卵母细胞中起着关键作用。在窦状卵泡形成期间，同期生长的窦前卵泡中只有一个发育成窦状卵泡，其他的卵泡在发育成窦前卵泡后不久，尚未来得及向窦状卵泡更进一步分化，就发生退化、闭锁。

2. 卵泡成熟与排卵 在卵泡发育的最后阶段，被选择的优势化卵泡得以发育成熟，最后在黄体生成素高峰的作用下，启动减数分裂，卵母细胞变成 1 个大的次级卵母细胞和 1 个小的极体。卵泡成熟。人在黄体生成素高峰后 24 h 排卵。此期在月经周期中期，在增加的黄体生成素的影响下，卵泡壁变薄，卵巢表面一个特殊的部位破裂，突出的卵泡继而通过此破裂处从卵巢排出，这个过程十分戏剧化，在显微镜下观察可以发现排卵像火山爆发一样。排出的次级卵母细胞外有透明带和卵丘颗粒细胞包裹，处于第二次减数分裂的短暂的休止期。通常所说的排卵实际上是卵细胞和它周围的卵丘颗粒细胞一起被排出的过程，不是卵子已生成，真正卵子生成需等到精子穿过透明带，启动第二次减数分裂，形成 1 个大的卵子和 1 个小的极体。此时卵细胞的减数分裂才完成，生成单倍体的卵子，迅速与单倍体的精子结合，形成二倍体的受精卵。如果排出的卵细胞未能与精子结合受精，则次级卵母细胞停止于第二次减数分裂而退化。

3. 黄体形成及退化 排卵后卵泡液流出,卵泡腔内压下降,卵泡壁塌陷,形成许多皱襞,卵泡壁的卵泡颗粒细胞和卵泡内膜细胞向内侵入,周围有结缔组织的卵泡外膜包围,共同形成黄体。卵泡颗粒细胞和卵泡内膜细胞在促黄体生成素排卵峰作用下进一步黄素化,分别形成颗粒黄体细胞及卵泡膜黄体细胞。排卵后7~8日(相当于月经周期第22日左右)黄体体积和功能达到高峰,外观色黄。若卵子未受精,黄体在排卵后9~10日开始退化。黄体功能期约14日,其机制尚未完全明确。黄体退化时黄体细胞逐渐萎缩变小,周围的结缔组织及成纤维细胞侵入黄体,逐渐由结缔组织所代替,组织纤维化,外观色白,称白体。黄体衰退后月经来潮,卵巢中又有新的卵泡发育,开始新的周期。

三、精卵结合与受精

1. 精子在男性生殖道的运输 生精小管是精子的发源地,生精小管汇集于直细精管,所有直细精管集中汇合在睾丸上部,分支相互吻合,形成一个像河流的三角洲的区域,称为睾丸网。睾丸网发出的5~7条输出小管流到附睾。附睾另一端与输精管相连,输精管进入腹腔后与精囊腺的输出管一道汇合成射精管,开口于前列腺尿道的精阜。精子成熟后被送到生精小管的中央,沿着生精小管-直细精管-睾丸网-输出小管流到位于睾丸上端出口处,精子并非依靠自身运动,而是依靠纤细的肌肉纤维的收缩被推送到出口,然后进入附睾。附睾是一长约610 cm的盘曲细管,直径只有0.8 mm,在显微镜下才能看清,这条纤细的小管在2.5~4 cm的距离内前后盘绕,形成如方便面样的结构。附睾管壁薄肌层的收缩推动精子通过这条极为弯曲的微小隧道,进入输精管。附睾是一个神奇的地方,它不仅是联系睾丸与输精管的通道,更是精子进一步发育成熟的场所。当精子离开睾丸时还不具备受精的能力,也不会自行"游泳",但当它经历约12日的附睾管的"长途旅行"后,才获得以上能力,才能以足够的速度冲向卵子使其受精。最后,大多数精子均储存于附睾与输精管交界处的附睾一端,静候召唤,在性高潮时,精子迅速通过输精管完成射精。射精时,附睾及输精管肌肉强有力地收缩,推动精子沿着输精管上行出阴囊,进入腹腔,最后到达开口在膀胱后方的射精管。射精管将精液输送到前列腺尿道内,将精子、精囊腺液和前列腺液等混合成的精液一同排出。

2. 精子在女性生殖道的运行与获能 性交时射出的精液进入女性阴道后,由凝固状态转为液化状态,精子可以离开精浆做向前运动,进入子宫颈黏液。子宫颈黏液极为有效地起到了保护子宫不受病原体感染的屏障作用,它是一个选择性滤过器,对正常有活力的精子放行,只在月经周期的一个特殊阶段——排卵期前后才允许精子的通过。子宫颈黏液虽然看起来像一种黏稠的液体,但却具有很柔韧的透明塑料的特性。在每个月经周期开始阶段,子宫颈黏液非常少,以后逐渐增多,一直到月经周期中期(接近排卵期),流到子宫颈口。在即将排卵时,可将子宫颈黏液拉成极细的丝而不断,但在月经周期的其他时间,子宫颈黏液很黏稠,一拉就断。子宫颈黏液在月经周期中期的一切变化都是为了帮助精子通向子宫。子宫颈黏液越透明越呈水样,越具有伸展性(其拉长的细丝称排卵线),就越有利于精子的成功通过。当子宫颈黏液比较少而黏稠,只是半透明而不是透明水样时,精子的进入是极困难的。接近排卵期前或在排卵期,在雌激素的作用下,子宫颈黏液增加10倍,水分增多。在显微镜下观察,子宫颈黏液致密不易穿透的纤维网孔变成间隙较大的纤维结构。黏液分子沿着子宫颈管平行纵向排成行,这样就可以引导精子向子宫方向游动,而不是随机地杂乱游动。射精几秒钟后,就可在子宫颈黏液中发现精子,精子进入宫颈黏液后,精子沿着子宫颈黏液分子平行纵向结构一直游向子宫。精子以每分钟约0.32 cm的速度在子宫颈黏液中游过,大约0.5 h可游出 10.2 cm(到达输卵管所需的路程)。如果所有的精子同时进入输卵管,而又未能幸运地恰好在排卵后 12 h 内到达,就会很快进入腹腔,当卵子到达时其早已离开,从而导致妊娠的失败。但大多数的精子游不了那么快。在射入阴道的约 2 亿精子中,只有 10 万个精子能进入子宫颈。99.9% 的精子根本无机会离开阴道,精子一旦进入子宫颈管,它们就有机会在 2～7 日内使卵子受精。因为卵子在排出后,只能在 12～24 h 内受精,所以重要的是不断地有精子流到输卵管中,卵子一到,立即受精。子宫颈管在这个过程中起到了接收站的作用,成群的精子通过时,其中一部分被暂时阻留于子宫颈内以确保在较长一段时间里能连续不断地输送少量精子进入输卵管内。

此外,精子从阴道运行至输卵管除自身运动外,还有外力的作用,首先是子宫和输卵管平滑肌的收缩与舒张,造成腔内负压,将精子吸入宫腔内。其次,子宫内膜液和输卵管液除为精子提供营养和能量外,输卵管液的主流方向是从子宫与输卵管交界处向腹腔方向流动,有利于精子从子宫进入输卵管,并推动精子在输卵管中的运行。

人及哺乳动物的精子在离开雄性生殖道时,还没有与卵子受精的能力,它必须在雌性生殖道内经历一段时间的运行,才可获得与卵子受精的能力。实验证明,精子储存在附睾内已逐步成熟,获得了受精能力,但由于附睾分泌的一种物质附于精子表面,抑制了其受精能力,这种物质被称为去能因子。刚射出的精子都不能穿透卵子的透明带,不能达到受精的目的。精子进入女性生殖道以后,在向子宫颈、子宫腔和输卵管方向运行中去能因子的作用被解除,精子才具有真正的受精能力,这就是精子获能。获能是指精子获得穿透卵子透明带能力的生理过程,是精子在受精前必须经历的一个重要阶段。精子遇到卵子时,精子头部的顶体先要脱掉(称为顶体反应),然后精子顶体内的顶体酶才能释放出来。顶体酶内有多种物质,能使卵细胞的放射冠和透明带溶解,从而使精子进入卵细胞而达到受精的目的。事实上,有关精子获能的确切机制还不完全清楚,精子并非只有在女性生殖道的特殊液体中才能获能,试管婴儿的科学研究证明,一般实验室都有的、简单的试剂就可使精子获能。

3. 卵子进入输卵管的过程 当成熟的卵子离开卵巢后,首先由输卵管伞部从卵巢表面拾起卵子,再将其送到输卵管末端膨大的壶腹部。卵巢自由的悬于腹腔内,输卵管伞部表面上长着无数个只有在显微镜下才能看清楚的小毛,称为纤毛。在排卵时,输卵管伞部将许多的触须覆盖在卵巢上面,然后摄取卵子。输卵管伞部表面上无数的纤毛以令人吃惊的速度朝着子宫的方向移动,创造传送带的效应。纤毛必须插进卵子周围的黏稠的胶状物(称卵丘)中去,并运送这一整团的胶状物,而不仅是运送卵子本身。肉眼看不见卵子,但很容易看到卵子周围的胶状物。如果没有这些胶状物,只将卵子置于输卵管伞部的表面上,纤毛的摆动永远不能推动卵子前进。纤毛不能直接插入卵子并运送它,只有当卵子被围绕在胶状物中间时,纤毛才能插进并运送其前进。摄取并输送卵子到输卵管的全过程只需要 15～20 s,卵子一旦安全进入输卵管,5 min 后就被送到离子宫只有一半路程的一个狭窄处,此处为输卵管的壶腹部与峡部连接部。在那里它将稍作停留,并使周围的黏稠的胶状物松开(卵细胞外围保护层中排列紧密的冠状细胞松散),以等待精子的到来。当精子冲破重重障碍而来到输卵管与卵子相遇时,可直接击中卵子外膜,这样,妊娠就开始了。卵子从卵巢排出以后,只在 12 h 内保持受精的能力,若未能及时被精子射中,它就会衰老、死亡。人类每个月特定的 12 h 内性交的时间可能性相当小,因而大自然提供了一个延缓精子移动的方法,以保证在每次性交后 2～3 日的时间内小批量健康的精子不断地涌向输卵管峡部。这样,如果在卵子具有活力的 12 h 期限以前的 1～2 日时间内发生性交,某些精子仍能在合适的受精时间内从子宫颈到达输卵管壶腹部与峡部的连接处。

4. 卵子在输卵管内的受精过程 当精子冲破重重障碍来到输卵管与卵子相遇时,两者并不能马上结合。结合前需经过两个重要的过程。

(1) 攻破卵子外围由丰富的黏多糖和糖蛋白组成的保护层,这些保护层阻止精子与卵子结合。因此精子必须释放一系列的化学物质(酶),来穿透这些障碍。这些化学物质存在于精子头部的顶体内,总称顶体酶类,只有在顶体膜破裂后才能释放出来。这一破裂和释放的过程被称为顶体反应。顶体酶中含有好几种酶,如酸性水解酶、透明质酸酶、放射冠分散酶及顶体蛋白酶等,都是溶解保护层的重要酶。当精子越过这些障碍后,便同透明带表面疏松地黏着在一起。这时透明带内外表面各点上的受体便对精子进行识别,这种识别保证了人卵子只能和人精子结合的专一性。经过识别后,精子不能随便释放化学物质来穿透透明带,因为容易招致卵子的损伤。精子必须只在其表面释放一点化学物质,才能在卵子外面撕开一个极小的只容许1个精子进入的裂隙。透明带分解,允许精子进入卵细胞内。

(2) 精子和卵子融合的过程:开始融合时卵子膜上的绒毛先将精子抱合,两者的细胞膜逐渐融合,与此同时,卵子外面的透明带变为一道坚硬的壁障,无论其他的精子顶体释放出多少化学物质,也不可能再穿透进去。在第一个精子进入卵子的同时,常可看到有许多精子试图与其竞争进入卵子,但它们所做的一切努力都是徒劳的。第一个精子进入卵子后,精子发生变形,尾部消失,头部变大形成雄原核,启动次级卵母细胞的第二次减数分裂,使其形成一个真正的卵子和第二极体,然后精子与卵子形成雄性及雌性原核,两个原核接触后,各自核膜消失,相互融合,形成合子,这样就完成了受精过程,新的生命就从此开始了。

四、性激素及主要生理功能

性激素主要由性腺产生,男性的性腺是睾丸,女性的性腺是卵巢。除性腺外,肾上腺皮质、女性妊娠时的胎盘亦可产生少量或部分性激素。性激素是一种类固醇样物质,这种类固醇样物质与人体的性器官发育和性功能等有密切关系。睾丸产生的性激素称男性性激素(即睾酮);卵巢产生的性激素称女性性激素(即雌激素和孕激素)。睾丸和卵巢所分泌的性激素,直接吸收入血液循环,分布全身,发挥不同的生理作用。

(一) 男性雄激素生理作用

男性的雄激素主要产生于睾丸间质,约95%产生于睾丸,约5%由肾上腺分泌。

1. 促进和维持性器官发育成熟和第二性征的形成

(1) 决定生殖管道及外生殖器的男性分化:生殖管道和外生殖器分化发育的默认通路是向雄性方向发展,要形成男性生殖导管和男性外生殖器,必须在高水平的雄激素作用下才能完成。胚胎期母体的胎盘能产生类似于黄体生成素的一种激素,称绒毛膜促性腺激素。绒毛膜促性腺激素能促进早期男性胎儿的睾丸分泌大量睾酮,形成睾酮分泌的第一高峰期,保证了男性生殖导管朝向男性分化,形成附睾、输精管、精囊腺和射精管。外生殖器的胚胎组织形成男性尿道和男性外生殖器,如果此期出现故障,就会出现外生殖器两性畸形和(或)附睾、输精管、精囊腺等生殖导管发育异常。

(2) 青春期发育和第二性征的形成:青春期,睾酮分泌出现第二次高峰期,在雄激素的作用下,外生殖器经过4个特征性连续变化过程:①睾丸发育,睾丸长径>2.5 cm,阴囊开始长大,阴囊皮肤变红,阴茎根部出现少许阴毛;②阴茎开始生长,增粗和增长,睾丸和阴囊进一步增长,阴囊皮肤色素变深,出现皱褶,睾丸长径>3.0 cm,阴毛向上扩展到耻骨联合;③阴茎头发育,阴茎持续增长、增粗,阴囊皮肤色素沉着,皱褶变多,睾丸长径＞3.5 cm,阴毛向外扩展;④生殖器发育完成,睾丸长径＞4.0 cm,阴毛扩展到股内侧部,呈倒三角形分布。青春期男性第二性征形成,喉结开始增大并逐渐明显,同时声带增厚变宽,因而发音低沉而洪亮;出现腋毛,乳房发胀,乳头颜色变深;开始长胡须,皮肤变得粗糙,皮下脂肪层变薄,皮脂腺分泌旺盛而出现痤疮(又称粉刺);体表汗毛变得粗、短、黑,胸部体毛也较长,发型在额部呈现特定的两鬓角凹入发际。

(3) 性成熟:在雄激素的作用下,附睾及附属性腺(精囊、前列腺)发育成熟,并开始有分泌功能,睾丸精子开始生成,阴茎发育成熟,具有勃起射精能力。

自青春期后,男性雄激素水平维持在较高水平,以维持男性性器官的正常功能和维持男性第二性征及性功能。随着年龄的增长,雄激素水平会逐渐下降,相关功能会减退。

2. 维持生精功能 睾酮是精子生成必需的激素,睾酮分泌不足则生精停滞。此外精子在附睾进一步成熟,精囊液和前列腺液中的物质成分合成都需睾酮作用。睾酮是维持男性生育能力的重要激素之一。当雄激素作用减退时,会出现精子数量减少,精子活动能力下降等改变。

3. 激发性欲,维持性功能 性欲产生的内在基础是睾酮。性欲的强弱与睾酮分泌密切相关。男性性欲最旺盛的年龄是15～25岁,而这一段时间也是睾酮分泌的高峰期。成年人阉割后仍能保持一定程度的性欲和勃起功能,甚至能进行性生活,这曾令人不解,其实是肾上腺皮质分泌少量雄性激素所致。尽管目前对人类的性欲神经中枢确切部位不是很清楚,但已发现脑部有些部位有睾酮的受体。睾酮为脑部的中枢神经兴奋提供了内环境基础,在此基础上来自视、听、嗅觉的刺激,来自性敏感区的刺激,来自具有分泌功能的生殖道的刺激易于引起性欲。性激素是维持男性性功能不可缺少的物质基础。尽管在青春期前睾丸尚未发育,血液中睾酮浓度很低的男孩也可以发生勃起,睾酮分泌正常而勃起无力的男性给予睾酮治疗往往并无效果。但如果给予先天性睾丸发育不良患者大剂量睾酮,则可引起不同程度的持续性勃起。睾酮的作用可易化正常勃起反射,使引起勃起的刺激阈值减低。

4. 促进人体的新陈代谢 雄激素对物质代谢最重要的作用就是促使蛋白质合成。它能刺激机体生长,使新陈代谢增强,如使骨骼生长、体重增加、体格健壮、促进骨髓的造血功能等,并使红细胞与血红蛋白增多。雄激素对脂肪代谢的作用是使体内储存的脂肪减少。

青年时期睾酮水平较高,所以毛发黑而密,肌力、性欲、认识功能、免疫力都比较好。体内睾酮水平随着年龄增长会逐渐下降,睾酮与雄激素比值也逐渐变小,这种下降是缓慢渐进的,而且个体差异很大,约30%的男性在40～70岁时会有较大幅度睾酮减少,这些人会出现健康状况下降、出现毛发减少、性欲降低、肌力减弱、认知功能减退、免疫力下降、皮肤干燥、骨质疏松、骨痛等临床表现。睾酮下降还与胰岛素抵抗、动脉粥样硬化、心血管事件发生等相关。以上所述临床表现可统称为男性更年期综合征。

(二) 女性性激素生理作用

女孩进入青春期后,随着卵巢内卵泡的生长发育,卵巢开始分泌性激素,性激素的生理作用主要有以下五个方面。

1. 促进性器官发育,维持其成熟状态 青春期前,女性生殖器官处于幼稚状态,进入青春期后,卵巢在促性腺激素的作用下,卵泡开始有规律地发育,产生的雌激素可刺激和促进子宫、输卵管、阴道、外阴等生殖器官的发育、成熟,并维持其成熟状态。

2. 女性第二性征形成 青春期启动后不久,随着雌激素水平增高,女性除生殖器官开始发育成熟外,身体相关部位出现女性性征的变化,雌激素促进皮下脂肪沉积,皮肤白嫩细腻,皮下脂肪丰满,肌肉不够发达。雌激素促进乳房的腺管增生,孕激素协同促使乳房的腺泡发育,乳房增大。雌激素对骨质代谢的影响,促进了女性骨盆的发育和增大。

3. 雌、孕激素精密配合协同完成女性的月经和生殖生理过程 随着女性青春期的成熟,在促性腺激素的作用下,卵巢中的卵泡开始周期性生长、发育和成熟,出现规则的月经周期变化。每个月经周期中,雌、孕激素精密配合,演绎一切为妊娠做准备的生命活动。排卵前雌激素促进子宫内膜增生。在临排卵时,雌激素水平达高峰,此时的高水平雌激素有多项生理功能,除使子宫内膜增生加固外,更重要的是为排卵受精做准备。其具体作用如下:①调节垂体释放大量的黄体生成素,促进卵母细胞第一次减数分裂和排卵。②使宫颈口张大,宫颈黏液性状发生很大变化,量增加,含水量增加,弹性增加,有利于精子进入与卵子受精。③使输卵管蠕动增强和纤毛生长,有利于拾卵和精子、卵子的输送。精子从子宫腔进入输卵管后,其运行受输卵管蠕动的影响,而这些活动,又受卵巢激素的控制。排卵期,由于高水平雌激素的影响,输卵管蠕动的方向由近端向远端,推动精子由子宫角向输卵管壶腹部移动。同时,峡部内膜分泌增加,其液体向腹腔方向移动,从而有助于精子的运行。当卵巢排出卵子后,输卵管伞部便"拾捡"卵子,并使其飘浮于输卵管液中。在输卵管壶腹部与峡部的连接部,大量的皱襞有利于精子与卵子在此停留后受精。然后,受精卵在孕激素作用下,又借着输卵管的蠕动性收缩和纤毛的摆动,向子宫腔运行。④由于此时子宫颈口打开,易造成感染,但雌激素可促使阴道上皮增生、角化及糖原含量增加,使阴道内保持酸性环境,提高阴道抵抗力,有利于防止细菌感染。排卵后,残余卵泡转变为黄体,黄体合成雌激素和孕激素,孕激素在先前雌激素作用基础上发挥主导作用,孕激素抑制输卵管的收缩。若精卵结合,孕激素调节孕卵的运行,使受精卵在输卵管内有5日的时间完成卵裂和形成胚泡,而在这5日内,孕激素作用于子宫内膜,对抗雌激素的子宫内膜增殖作用,使腺体分泌,子宫内膜发生间质蜕膜样变,有利于孕卵的着床及发育。孕激素可抑制宫颈腺体分泌黏液,使其变稠,拉丝度差,不利于精子穿透,不利病原微生物通过。若妊娠未发生,则随着黄体的生命期终结,雌激素和孕激素水平降低,子宫内膜脱落,月经来临。如果雌激素和孕激素不能如此精妙协调,就会出现月经不调,如闭经、月经稀发、经量大、经期时间长、点滴出血等各种表现。

雌、孕激素精妙协调在妊娠进程中发挥着重要的生理作用。孕早期,由妊娠黄体分泌雌、孕激素,此后由胎盘分泌雌、孕激素。妊娠期,孕激素抑制子宫肌的自发性收缩,降低妊娠子宫对催产素的敏感性,从而减少子宫收缩,有利于孕卵在子宫腔内的种植与生长发育,妊娠早期若孕激素分泌不足,常引发自然流产。雌激素能增加子宫的血液循环,促使子宫发育及肌层增厚,使子宫有一定储备收缩力。雌激素使乳腺管增生,乳头、乳晕着色,在雌激素使乳腺腺管发育的基础上,孕激素与泌乳素一起促使腺泡发育,为分娩后哺乳做准备。

4. 激发性欲,维持性功能 性欲的产生与性功能活动是复杂的神经反射过程。引起性中枢兴奋的根源主要在性激素。雌激素的分泌可使女性在排卵期前后表现出较高的性反应性。由此可见,性激素是维持女性性功能不可缺少的物质基础。

5. 促进人体的新陈代谢 雌激素对物质代谢最明显的作用是其可以改变体内脂肪的分布,使皮下脂肪含量增加,真皮增厚,结缔组织内胶原分解减慢;表皮增殖,改善弹性及血供。雌激素对糖代谢和蛋白质代谢也有一定影响,并能促使骨骼中钙盐和磷盐的沉积,以维持正常骨质,青春期后加速骨骺闭合。绝经期后由于雌激素缺乏而发生骨质疏松。雌激素能促进神经细胞的生长、分化、存活与再生,促进神经细胞及神经递质的形成。孕激素可使身体内基础代谢增强，体温轻度升高。

女性因体内雌激素水平下降，会出现一系列不良临床症状，常见临床表现如下：①经期综合征：一半以上的女性在经期开始前几日都有轻度的情绪不畅、易怒与疲惫现象。3%～7%的女性会经历更为严重的经前期情绪失调，与经前雌激素和孕激素水平的波动有关。②产后抑郁症：有4/5的女性在分娩后会出现产后抑郁，伴有轻度的易哭与焦虑现象，此种情况一般会在产后10日内减轻。这是由于女性分娩之后体内雌激素水平急剧下降所致。③围绝经期综合征：绝经之前的几年，伴有雌激素水平急剧而无规律的变化。但多数的女性在绝经前约6年的时间里，不会有什么异样的感觉，有些人会感到严重的疲惫、易怒、抑郁或情绪波动。④绝经后的记忆缺损症：绝经之后女性脑细胞的退化速度会比同龄的男性快许多，最终30%的85岁以上女性会罹患某种痴呆症，其中最为普遍的是早老性痴呆症。绝经期，卵巢会停止分泌雌激素及其他性激素。

五、女性月经周期的生理

（一）月经与月经周期

大多数女性虽不知道自己的排卵时间，但应该对月经周期的知识有充分的了解。增生的子宫内膜周期性脱落时出血，称为月经。见血的那一日就是月经的第一日，为月经周期开始的第一日。正常的月经期持续4～5日，一般出血在第4或第5日停止。子宫内膜又开始一个新的周期变化，大多数女性再经历23～25日后，本次月经周期结束，月经来临。所以一次月经的出现既是上一周期增生的子宫内膜的脱落，又是下一个月经周期的开始。两次月经之间的时间为一个月经周期长度。从月经开始的第一日起到下次月经出现止，为一个月经周期。正常女性的一个月经周期为28～30日。那么是什么机制使女性的月经周期像时钟一样周而复始地运转呢？这就涉及调节排卵的激素与卵巢中卵泡发育的周期变化。

（二）调节排卵的激素

激素是人体分泌的一种微量的化学物质，进入血液循环被运输到特定组织后发挥重要生理作用。能作用于卵巢使卵泡发育和排卵的激素为促性腺激素，分别为卵泡刺激素和黄体生成素，都由大脑垂体部位分泌和释放。紧邻垂体上方的下丘脑能分泌一种促性腺激素释放素，它能调控垂体的两种促性腺激素分泌与释放的时间和量的多少。卵巢是卵泡储备和卵泡发育的源地，在卵泡发育的周期变化过程中，卵巢能分泌两种性激素——雌激素和孕激素。这两种性激素实际上是由促性腺激素作用于发育中的卵泡和排卵后卵泡残体（因显黄色，称为黄体）分泌。处于原始状态的卵泡和发育中的窦前卵泡不分泌性激素，因为其没有生成促性腺激素的信号接收器（受体），孕激素只由排卵后的黄体细胞分泌，雌激素由发育卵泡和黄体细胞产生。雌激素和孕激素是下丘脑-垂体-卵巢调控月经周期变化的重要使者，又是向下丘脑-垂体反馈卵巢内卵泡发育进程的通讯员。

（三）月经周期的调控

从月经周期第一日开始，垂体分泌促卵泡激素开始刺激卵泡发育，其中一个卵泡的发育将超过同期其他的窦状卵泡。本周期的10～14日内，在促卵泡激素作用下，卵泡在自身发育的同时还分泌出越来越多的雌激素（此时不分泌孕激素）。雌激素反过来又抑制了垂体，使其分泌的卵泡刺激素减少，所以在排卵前卵泡刺激素浓度有所下降。在月经第12～14日，卵泡已充分发育成熟，到达卵巢表面，成为一个充满液体的水泡。在本次月经周期的前半期内，卵泡分泌的雌激素充当使者,一方面刺激子宫内膜增生,使其变厚变硬,另一方面子宫颈分泌大量含水多的清亮黏液,具有最大的延展性,特别有利于精子穿过。平时子宫颈口是关闭的,但在月经周期第9~14日,子宫颈口张开,在接近排卵前,子宫颈口充满了大量的清亮的黏液。这一切都是雌激素为精子通过所准备的方便之路。高浓度雌激素出现,又作为反馈卵泡发育程度的通讯员,以其浓度的升高向下丘脑-垂体发出预示卵泡发育成熟的信息,其最终效应是激发垂体释放黄体生成素,高浓度的黄体生成素促使成熟的卵泡破裂和排卵,排卵一般发生在黄体生成素增高后的24~36 h内。

排卵后,破裂的卵泡变成黄体,分泌孕激素。在继之而来的10~14日内,孕激素使子宫内膜细软而富有弹性,以便滋养受精卵,同时还使子宫颈口关闭,黏液变干。如果卵子未受精,则黄体只有固定的短暂的10~14日的生存期。此期结束时卵巢即停止分泌雌激素与孕激素,增生的子宫内膜因无法维持而脱落,重新开始下一个月经周期。

(四) 月经周期中子宫内膜的变化

每个月经周期中子宫内膜的变化可分为三个阶段。

1. 经期 历时4~5日。由于黄体的生存时间结束,卵巢停止分泌孕激素,增生的子宫内膜失去激素的支持,无法维持生长而脱落出血。子宫内膜脱落时,子宫内出现创伤面和血管破损,血液和脱落的子宫内膜组织经阴道一起排出,就是月经。子宫内膜出血时可产生一种能促进子宫肌肉和血管收缩的物质,这种物质称前列腺素,子宫肌肉的收缩有利于子宫腔内血液和脱落的内膜排出并有止血作用。但子宫肌肉的过度收缩会导致月经期疼痛,这就是常说的痛经。

2. 增殖期 历时约10日,即月经周期第5~14日。此期是由于卵泡生长,分泌的雌激素愈来愈多,使血液中雌激素水平逐渐升高,从而对子宫内膜产生修复作用。因此,子宫内膜逐渐生长增厚,子宫腺体也随之生长。

3. 分泌期 就卵巢的变化而言又称黄体期,历时14日左右,即月经周期第15~28日。这期是由于成熟的卵泡排卵后生成黄体,黄体所分泌的孕激素作用于子宫内膜的结果。孕激素能使已增厚的子宫内膜中血管增生、充血,并使子宫腺体扩张弯曲而分泌黏液。这些内膜变化有利于受精卵着床(受孕)。假如这次月经周期中未受孕,黄体就会由于得不到有关激素的支持作用而发生萎缩,从而停止分泌孕激素和雌激素。当血液中这两种性激素降到极低水平时,肥厚的子宫内膜由于失去激素的支持而发生坏死、出血和脱落,由开始进入下一个月经周期。

第三章 性心理学

第一节 性心理概述

所谓性心理,就是指人在性生理成熟的基础上所形成的与性征、性欲、性行为有关的心理状况与心理活动过程,也涵盖与性有关的(如异性之间的情感交往和恋爱等心理互动)心理问题。性心理是人所具有的心理体验之中最敏感、最直接、影响人生幸福和事业有成的重要因素。然而,由于性心理的发展与性生理的成熟有着必然的联系,因此,其又受性生理的制约。所以,每一个人在青年时期(此阶段性生理已基本成熟,但性心理趋向成熟)性心理波动幅度最大,性的需求与冲动最强烈,从而所形成的性心理问题也就最多且最复杂。从这个意义上说,人的性心理发展不仅与性生理的成熟程度密切相关,同时更体现出其一定的规律性、阶段性和每一发展阶段的特殊性。大学生的年龄在生理发育上正处于青年后期,生殖系统的发育日益成熟,性欲和性冲动的情感体验在他们的心理与交往生活中愈加强烈并占有极其重要的位置。

第二节 青春期性心理

青春期是充满独立性和依赖性、自觉性和幼稚性的错综复杂的矛盾时期,这一阶段生理发育十分迅速,同时心理发育也极其明显,主要表现在情绪、态度、行为、价值观、人际关系、自我评价和社会责任感等方面。由于心理发育速度相对较生理发育速度缓慢,使得身心发展处于非平衡状态,青少年常常表现出似成熟又不成熟的言行举止,心理发展往往表现出某些矛盾倾向。青春期心理行为有以下几个特点。

一、自我意识突出

自我意识是个体对自己的认识和态度。青春期自我意识的特点是成熟感和独立意向的发展,自我的分化,自我意识的强度和深度不断增加,自我评价逐渐趋于成熟。

二、性意识的觉醒和性发育的困惑

青春期性意识觉醒,开始意识到两性差别,从对异性的好奇逐渐转化到一种朦胧的对异性的眷恋、向往和接近倾向。性意识影响着青少年的心理内容和结构,而社会条件及环境又制约和影响着青少年的心理水平和行为方式,使他们产生了性发育带来的困惑。

三、思维能力逐渐完善

青少年大脑功能增强,生活空间扩大,社会实践活动增加,其认识能力获得了显著发展,逐步从形象思维过渡到更复杂的抽象思维,理解记忆逐渐取代机械记忆,感知活动逐渐精确和概括,思维的独立性、批判性和创造性都有显著提高。青少年开始用批判的眼光来看待周围事物,有独到见解,喜欢质疑和争论。

四、好奇心盛,模仿性强

青少年好奇心盛,模仿性强,易受思维暗示,常被那些感官刺激性强的事物所吸引,对其实质却不感兴趣,行为带有冲动性和盲目性。加上识别判断能力还未完全成熟,青少年容易沾染一些不良行为,如吸烟、吸毒、酗酒、暴力等,不能自尊自重,容易上当受骗,误入歧途而不能自拔。不良的家庭、学校、社会环境,则是此类不良行为滋生蔓延的适宜土壤。

五、心理发展的矛盾冲突

青春期身心发展处在非平衡状态,引起种种心理发展上的矛盾,包括生理变化对心理活动的冲击,心理成熟感与幼稚性的矛盾,易出现心理及行为的偏差。常见的青少年心理问题的主要表现形式为学业问题、情绪问题、品行问题、不良习惯、青春期问题等。

(一)心理发展不良的危害

青少年既要适应生理变化带来的问题,又要适应社会环境变化带来的影响,因而在此时期易出现心理问题,需及时得到家长、教师、医务工作者的帮助和指导。若未得到及时帮助和指导,导致心理发育不良,易出现精神卫生问题,这种精神卫生问题可能是潜在的、持续终生的。

1. 学校适应问题　由于不能承受学习压力,青少年常产生厌学情绪,出现焦虑、失眠、食欲缺乏等。如果教师及家长不能及时认识到孩子承受的这种学习压力,可能造成孩子与父母及教师之间的关系紧张。有些青少年可产生心理不平衡和心理冲突,表现异常行为方式和行为习惯,有的出现厌学、拒绝上学、逃学、异乎寻常的反抗情绪、自杀企图或自杀等现象。

2. 性自慰问题　青春期典型的性问题是性自慰行为(如性幻想、性梦和手淫)而引发的心理问题,并可能使青少年的自我形象和自尊心受损,引起羞辱、自卑感,情绪沮丧,社会适应能力降低,学习成绩下降。性幻想是由性本能驱使,性抑制的一种表现。过多的性幻想会使人陷入幻想中,造成精神萎靡不振,影响学习。性梦是正常的心理现象,过多的性梦会分散青少年的精力,有些女性梦醒后回忆起梦中的内容而产生紧张、自责的情绪。手淫一般并不有损健康,认为手淫是不道德行为的错误观念,往往使手淫青少年产生沉重的精神负担。但如果形成一种无法自我控制的过度手淫习惯,则会导致心理上的异常和性功能障碍,影响身心健康。

3. 青少年期心理行为障碍　青少年由于心理发育不良,长期得不到帮助和指导,可能出现一定的心理行为障碍。①学习困难:包括对知识的理解、组织、储存及回忆等综合能力,由于多方面原因,致使学习动机受损,学习技能丧失或应用障碍,导致学习成绩低下。②情绪障碍:最常见的为青春期焦虑症,表现为无明显原因的发作性紧张、莫名焦虑、恐惧不安等;青春期抑郁症,出现持久的情绪异常,以情绪高涨和低落为基本特征。③品行障碍:表现为反复持久地违反社会道德准则或纪律,侵犯他人或公共利益。④抽动障碍:出现突发、快速、不可自控的、无目的性的肌肉运动行为障碍,或强迫症或癔症发作等。⑤长期心理行为障碍:可能导致智力明显低于同龄人水平,社会适应能力明显不足,个人生活能力差及履行社会职责能力存在明显缺陷等,需要积极就医治疗。

青春期是人生中极为重要的阶段,青少年具有很大的可塑性。如何正确引导青少年保持心理健康是家庭、学校和社会的共同责任。目前这些问题在我国业已引起重视。在了解和减少心理发育不良的因素和处理青少年心理发育不良的危害时,不仅要考虑其生理因素,还应更多地重视其社会因素。应该将对青少年的担忧变成了解、理解和关心,培养和发挥他们的优点,加强社会、学校、家庭等多方面的协同作用,为青少年创造良好的生活和发展的环境,促进他们的心理健康,帮助他们顺利地度过青春发育期,使他们身心健康地成长。

(二) 父母教育的态度对青少年心理发育的影响

家庭环境是青少年成长的首要环境,包括了生物、心理、经济、政治、教育、文化、伦理、娱乐、宗教、供养、卫生等很多内在因素,其中家庭抚养教育模式的作用最为关键。家庭教育对青少年性格形成的影响主要表现在父母的态度和青少年在家庭中所处的地位。有研究表明,自杀、早恋及离家出走等事件多发生在与父母缺乏交流的青少年当中。

对青少年教养的方法,传统上分为权威法和顺应法两种。前者主要是采用指示、命令、威胁和惩罚等方式,而后者多用商量的口吻征求孩子的意见,情况改变后向孩子解释原因,在条件允许的前提下尊重孩子的意见。权威法可能引起青少年发脾气、不听从管教、仇视同伴、为所欲为、固执、缺乏自信心等;顺应法则较少发生以上情况。对青少年过分苛刻,不考虑其特点和需要,很难培养其独立性、主动性和创新精神等。权威性教育方法,不论是父母中哪一方采用,都将导致他们同孩子之间产生消极对抗的关系,从而影响青少年心理行为的正常发育。但也有研究者发现,顺应性教育方法可使青少年的攻击行为增多,采用顺应法较多的西方青少年的攻击行为远多于采用权威法多的东方青少年。如果对青少年过分溺爱和放纵,则很难培养其不畏艰苦、热爱劳动的态度。因此目前尚无一种教育方法是完美无缺的,两者结合应用可能更好。

教育青少年时,一定要从其实际水平出发。父母的要求超过孩子的实际发展水平,或者当孩子的发展水平已允许学习某些技能而父母却错过机会未予施教,都是不合适的。在独生子女的教养中,父母对子女过分溺爱、过分担心和过分保护,或忽视、反对子女自己的情绪体验,偏爱、歧视,以及对子女有不切实际的过分希望等均对青少年心理发育产生不良影响。

(三) 青少年心理健康的标准

心理健康是一个相对的概念。青少年正处于心理发展阶段,应着重从整体、发展的观点出发,评定其心理是否健康,切忌凭一时一事的表现下结论。良好的学习环境与社会环境,是青少年保持心理健康的重要条件。但身处于同一环境里的人,心理健康的状况却不尽相同。目前对青少年心理健康尚无统一公认的标准。综合多数心理学家和医学家的观点来看,青少年心理健康的标准可概括为以下几个方面。

1. 智力发育正常　正常的智力是青少年能正常生活、学习的基本心理条件之一。智力低下的青少年不仅智商低于正常,而且伴有社会适应能力障碍表现。

2. 情绪反应适度　人的情感表达、情绪反应强度、动机的趋向与取舍、思维的方向和过程等均受到自身意识的控制与调节,即在大脑皮质的控制和调节下实现的。情绪愉快是儿童心理健康的核心。情绪稳定、协调,精神反应适度,表示其身心处于积极状态,有助于提高学习、生活和适应能力。

3. **心理特点与年龄相符**　不同年龄段的青少年,其心理-行为模式均有鲜明的年龄特点,心理健康者具有与多数同龄人相符的心理特征。

4. **行为协调,反应适度**　健康青少年的心理活动和行为方式应和谐统一,表现为能集中注意力,适度耐受各种压力,不断发展、控制和调节自我的能力。对各种外部刺激既不异常敏感,也不迟钝,能以灵活协调的行为对环境变化做出反应。以灵活协调的行为对环境变化做出适度的反应,是青少年健康发展的基本条件之一。

5. **人际关系的心理适应**　人际交往是社会化的基础。青少年心理活动的形成和发展,有赖于其与人交往能力的发展。心理健康的青少年一般都能与周围人建立协调的人际关系,悦纳自己,认同他人,与同伴和睦相处。

6. **个性的健全稳定**　健全稳定的个性表现为健康的精神面貌,有客观而积极的自我意识,能适度调整自己的心理状态,行为符合社会道德规范。

处于发展中的青少年,其心理和行为具有很大的个体差异及可塑性,上述心理健康标准具有相对性,衡量他们的心理是否健康,只要大体符合标准即可。简而言之,对青少年来讲,健康心理是指整个心理活动和心理特征相对稳定、相对协调和充分发展,对于客观环境保持统一和适应。

第三节　大学生性心理

随着社会的发展、科技的进步与教育观念的更新,特别是人类精神文明和素质的提高,人们逐渐认识到,性心理的发展不但与性生理发育直接有关,更与社会文化(尤其是与性有关的文化)的影响息息相关。例如,传统的性文化内容及观念、教育状况及水平、性知识的传播方式、家庭的影响、丰富多彩的文化作品等诸多因素,都有可能制约和影响着大学生们性心理的发展与健康。当代的大学生拥有社会中高层次文化知识,性作为一种生理、心理和社会现象,会始终伴随、深刻影响着他们每一个人的言行举止、学习态度、身心健康和人格完善。

从性心理发展的规律来看,青春期性心理的发展变化分为三个阶段:一是异性疏远期(青春期开始)阶段,主要表现为对性差异极为敏感,对异性同学冷漠,即便是童年时的好朋友也羞于接触。二是异性接近期(青春期中期)阶段,主要表现为男女同学之间产生了内在的情感吸引,彼此有了接近的需要,但多属不稳定、易转移和朦胧的自然表露状态。三是恋爱期(青春期后期的大学生阶段),此阶段的异性双方感情较稳定、专一,并由互相吸引、爱慕,发展至初恋,直到热恋。

大学生的性心理通常表现出以下四个基本特征:①本能性和朦胧性:主要表现在大学低年级学生的性心理上,只有简单而幼稚的、本能的对某个异性同学的偏爱之情,对其了解也是只知其一,不知其二,只看表面,不了解对方的内在情感。同时,对性又有着过强的好奇与神秘感,大学生中常见的单相思或异性恐惧症等均属此特征所致。②强烈的文饰性:主要表现为既渴求与异性的交往和友谊,但又自我封闭以防止被别人发现;希望为自己所爱的人分担痛苦、共享欢乐,但又装作不以为然地掩盖其内心的真实感受。③动荡性和压抑性:主要表现为尚未形成正确的、稳固的性价值观和恋爱观,自我控制能力较弱,常有性压抑感(据有关专家调查,男大学生占62.4%,女大学生占33.6%)和性的生物性与社会性冲突感。④性焦虑:

主要表现为性体相特征方面的焦虑（如个子过高或过矮、长相不佳、痤疮太多等），以及心理行为与性角色不吻合方面的焦虑等。

总之，大学生性心理发展的现状及主要特征可从以下三个方面进行具体分析。

一、性生理成熟带来的性心理困惑

长期以来在谈到"性"的问题时，人们一直十分敏感和忌讳，难于启齿，可谓"谈性色变"。大学生群体由于受传统观念的影响，对待性问题也同样表现出保守、回避等诸多的不适应心理。然而，更严重的问题在于随着性生理的成熟带来的性心理的困惑，即成熟的性生理与尚未完全成熟的性心理之间，性的生物性需求与性伦理、性道德、性的社会规范之间发生了矛盾及冲突。某种传统而保守的性文化观念（如常将与性有关的所有言行举止及情感都视为下流、邪恶与肮脏的）与性意识，常会给某些大学生原本正当且又无可非议的性行为及情感造成烦躁、苦恼、羞愧、自卑与紧张焦虑，从而影响了他们正常的学习、生活及与异性朋友的正常交往，部分学生为"自己讨个清白"而想到轻生和自杀。可见，"性"能给人以欢乐、愉悦的心理感受，也能给人以痛苦的心理折磨；其可以引导青年人走向人格健康的情感境界，也可以诱惑一些人误入歧途，走向深潭。为此，科学地了解性生理成熟与性心理困惑的关系及特征，对促进大学生的性心理健康极为重要。

那么，性生理成熟带来的性心理困惑在大学生中有哪些具体表现和反映呢？

1. 功能性的性生理发育　包括男性的遗精和女性的月经来潮。月经来潮使女大学生时常感到身体不适、情绪不稳定甚至反常。尤其是有外出任务（如军训、社会实践、教育实习）时，她们会因此而烦躁，感到"太麻烦""做女人真没劲"；如果遇到亲朋好友、同龄人得了与妇科有关的疾病，导致了死亡，她们更会感到害怕和恐惧，因而只要月经紊乱或反常时，她们便会疑惑自己是否得了妇科方面的疾病，为此精神不振，影响学业等。

在男大学生中主要表现为对遗精的恐惧，关心遗精次数和梦遗是否正常、对身体是否有害、不知如何缓解等方面。

2. 体征性的性生理发育　男性体格高大而粗壮，并出现了胡须和体毛及喉结突出等；女性突出的体征是乳房发育明显、臀部和骨盆增宽等。男大学生常为自己体毛较多而心烦，为自己阴茎大小是否正常而焦虑，为自己个头矮小而失去自信；女大学生则会由于乳房过大或过小而顾虑重重，由于长得太胖或太丑而心情烦躁，由于体毛较多或稀少而心有不安。

爱美之心人皆有之。体征性的性生理发育带给大学生们的性心理困惑因素虽多，但主要原因在于：一是由于缺乏对性器官发育知识的学习和科学认知，产生了错误的认识和心理体验，例如，有相当一部分大学生认为阴茎小就意味着性功能差，乳房"太大"就怀疑自己是否长了肿物等；二是由于大学生们的"异性引诱心理"所致，即希望自己的长相和身材获得异性同学的喜爱。因此，尤其是女大学生，既要求丰满，又希望苗条、白净。然而，客观上的十全十美是相对的，为此产生诸多的心理困惑也是自然而然的。

总之，从人的性生理发育来看，第二性征的出现实际上是性生理发育成熟的第二个重要标志。人们总以为第二性征发育与自己的"理想形体"不相符就是自己"命运"不好（或寻找众多与此无关的原因，甚至利用现代技术去人为地改变自己的容貌及体征，其结果可想而知），从而，背上了沉重的精神包袱。大学生们也不例外，自然也会因无法改变自己不理想的性体相特征而形成多方面的性心理困惑。

二、性心理发展与性意识困扰相伴

从大学生的性心理发展来看,应该说已经基本成熟,主要表现在他们探求性知识的极大兴趣及好奇心,对异性同学的爱恋及追求,对性欲望和性冲动的自觉调控(例如,对性幻想、性梦、性自慰行为,绝大多数学生都能做到正确认识与自觉调控),对自身仪表的关注和乐于自我表现,以及男女大学生之间互相钟情和选择等特征方面。然而,人的性心理发展又具有一定的规律性,是阶段性与连续性的统一。如果人的性心理运动与该发展阶段特征相符,则会获得性心理的适应和愉悦感,反之,超前或滞后均会引起性心理体验上的不适。从这个意义上说,大学阶段正是处于曾被心理学专家们称为"性待业期或性饥饿期"的阶段,而这一阶段与美国心理学家赫罗克所说的"对异性的狂热期"(17~19岁)和"浪漫的恋爱期"(20岁以后)阶段正好重合,为此,表现出青年大学生对性的理解、态度和体验的性意识及性爱的困扰便在此时期达到了高峰,其表现形式及产生性意识困扰的主要原因如下。

1. 难以启齿的性恐惧 主要表现为对性方面问题的回避、羞怯、过敏、禁忌等。此种性态度在低年级大学生中占一半以上,尤其来自农村和边远地区的大学生更为突出。例如,一位女同学曾就不知如何与男学生班长配合工作来找笔者咨询,问其原因,她说:"从小父母就教育我和男孩在一起玩要特别谨慎,并严加干涉我与男孩接触,只要求我好好学习,考上大学给家族争光。所以,我从小到大很少与男同学讲话,总觉得与男同学接触会有人盯着我、笑话我,尤其是在中学上生理卫生课时,我几乎很少看黑板和书上有关生殖系统方面的内容。我现在想为班上做点事,但班长又是个男同学,我找班主任说我不想当班干部了,班主任又不同意,我又不能详细说明原因,怕伤害了同学,辜负了班主任,我实在是不敢与男同学多交往,这件事弄得我心烦意乱,不知如何是好,您帮我出个主意吧。"还有的女学生,每次来月经肚子痛得厉害,仍坚持出早操、参加军事训练或文体活动,问其原因,说是怕男教师或同学知道自己因为此原因不能到场而难堪。

对此,心理卫生学的相关研究表明:大学生性心理卫生问题具有广泛性、轻微性、冲突性和隐蔽性的特点,即涉及人数众多,但大多属于调节问题而非障碍,且以对性的内心矛盾不安和恐惧为主。这些问题由于社会的忽视或个体的掩饰而不易发现,这样有可能以其他曲折的形式表现出来。上述实例正是这种曲折形式的具体体现,其成因则在于这样的大学生,由于受家庭和社会传统的保守性观念影响,在缺乏应有的性科学知识状况下,形成了性认知、性情感、性态度等性意识偏差,而难以启齿的性恐惧正是性无知或性认知的具体体现,进而影响了大学生们的自我评价,将自身正常的生理和性心理反应视为异常,出现了失眠、健忘、注意力不集中、丧失自信、情绪抑郁、不愿与异性同学交往等不良情绪与情感体验,从而影响了学习和社会活动,干扰了自我正常的发展与价值体现。这种不健康的性心理状态是引起一系列心理问题与障碍的重要因素所在。

2. 无奈的性冲动与性压抑 主要表现为很多大学生难以接受本属正常的性欲望、性冲动这一生理与心理现象,从而在性意识和行为上不知如何调适和缓解性冲动,因此产生了性意识困扰,人为压抑自己的性需求。当然,适度的性压抑和性欲望的控制是大学生性心理成熟的表现,也是人的社会化需要。因为,从此种意义上说,性的驱动力对人类而言虽有明显的生理基础,但其绝不是单纯只由内分泌激素支配,而更多地(随着年龄的增长、知识层次的提高及受到社会文化的影响和自身价值观念的确立等)是受社会文化诸因素的调控。为此,美国学者希尔高德在其所著的《心理学导论》中,将性的动机列在"社会性动机"之中,显示了性与社会密切相关,人类的"性"的最重要的意义就在于其社会性。

然而,严重的性压抑又会使合理的性需求产生强迫性意识而使人处于严重的紧张、焦虑、内心矛盾与冲突、极度的困惑与情感压抑之中。受压抑的性能量在大学生们过度地强迫自己回避性需求、不去想与性有关的内容的同时,而逐渐退化和隐蔽起来。其结果必然造成性心理失调或形成病态。具体地说,一般会出现三种后果:一是神经衰弱,甚至精神失常;二是适得其反,越压抑越充满性幻想,形成了性倒错;三是严重的情感障碍,即害怕与异性交往。心理咨询专家曾对319名大学生做了有关性方面的调查,结果显示平时有性冲动的学生占87%(其中男生比例为96.3%,女生比例为68.7%),但对自己的性冲动感到羞愧的占36%,自责的占33%,苦恼的占26%,厌恶的占12%。可见,一方面是性的自然冲动,另一方面又是对性冲动的自我否定与批判,于是,形成了深刻的矛盾。

总之,性冲动是人类尤其是大学生生理发育和心理发展成熟过程中的正常反应,因此应给予科学认识和正确引导,才有利于自身健康的成长和学业的成功。性压抑则是由于千百年来的性禁锢,同时造成了性教育的缺失,从而导致了青少年和大学生的性神秘感与性无知。在性神秘感与性无知的基础上便产生了性好奇,而性好奇加上性禁锢,在性冲动的作用下必然会形成并增强性压抑。相关调查表明:本科生中有41.3%的人承认自己有不同程度的性压抑感(实际上有不少大学生不愿承认此现实),而且性压抑中的一部分(确切地说,是最深沉和真实的部分)是自己感觉不到的,这部分应属于"隐性的性压抑"。

3. 紧张与焦虑的性心理冲突　指对自己的形体、性别角色、性功能状态和性行为方面的不满,甚至罪恶感。

(1) 对自己形体不满而引起的内心紧张与焦虑。上海市对大学生的调查资料表明,在男大学生中认为自己阴茎太小而焦虑的约占24.9%;在女大学生中,认为自己乳房太小而焦虑的占25.7%。其焦虑的原因均在于担心性器官发育不正常,而影响自己性功能或形体及其他生理上的发育。还有的学生常为自己瘦弱或肥胖、矮小或过于高大、肤色太黑或痤疮太多等心事重重、烦躁不安。

于是,有些学生便产生了"性别角色"方面的心理不适与矛盾冲突。通常在男大学生中表现为,总感到自己男子汉气质不够(尤其是在受了某种委屈而无法达到心理平衡时),从而故作"大胆""粗鲁",甚至去冒险做一些不合情理的事,若受到教师或同学(尤其是女同学)的责怪和批评,则会强化其性角色的紧张与焦虑心态,形成无所适从的性角色意识,也可称之为性角色的"过度补偿"心理。在女大学生中,通常会形成"性别角色逆反",有约20%的女大学生不愿做女人,特别是随着社会的发展,职业岗位竞争日趋激烈,女大学生们已经深感压力重重(例如,同样的学业成绩和良好表现,在求职时用人单位一般会选择男生,而淘汰女生,甚至在女生表现优于男生的情况下,仍难免如此),再加上生理上的例假和生儿育女的"痛苦"及繁杂家务的拖累,以及传统观念中家长的重男轻女等,足以使女大学生们不得不为自己的性别角色而担忧,自然更难摒弃现代社会给她们的"角色定位"。为此,这种性意识冲突的调节既与自身的努力有关,也与社会对性别角色观念的更新不可分割。新时代应为女大学生提供更多展示自己才华、实现自身价值的机会。同时,身为新时代的女性,更应认识到,在任何情况下,最大的心理障碍就是自己,路永远会在自己的脚下延伸,关键在于自己的努力与选择。

(2) 相当一部分大学生担心自己性功能是否正常,从而心有不安,导致紧张、焦虑,甚至个别学生整日忧心忡忡、烦躁不安,好像确实患了性功能障碍一般。实际上,相当一部分患者均是由心理因素引起的,而大学生们非但不了解这一点,反而盲目听信一些性功能障碍方面的案例及观点,不分析具体情况,不了解个体差异,便开始胡思乱想,其结果必然是自寻烦恼、自讨苦吃。建议有这种性意识习惯的大学生朋友,一方面多了解和学习一些有关的性科学知识,另一方面在对自己的身心状况有一个真正客观了解的基础上,多将精力投入到学习、文体活动和为集体、为社会做贡献上去,保持健康的身心。

(3) 部分大学生被性行为引起的"罪恶感"意识困扰。其具体表现在两个方面:一是由正常的性行为(如手淫,又称性自慰行为)引起;二是由性行为失误(如不理智的婚前性行为等)所致。应该说,前者是一种性冲动的发泄方式,也是一种性的补偿行为,只要适度就属于正常范围,也不会伤害身体或影响性功能,更不必认为自己"下流"而难为情,甚至有"罪恶感"。反之,如果对此缺乏正确态度,形成习惯性的手淫,同时又在负罪感心理意识的影响下进行,自然后果会不堪设想。对此,千万要掌握好"度"。后者如不理智的婚前性行为则是不宜提倡的,尤其是在大学生的个人发展、性道德观念与人格的健全,以及心身健康的意义上来说更应禁止。如果谈恋爱不把握好分寸、热度和进度而随心所欲,发生了问题又紧张、焦虑、互相埋怨、悔恨自责,甚至自暴自弃、自寻绝路,的确悔之晚矣。但用发展的眼光来看,也不是没有出路的,实际上每一个人在一生的历程中,不可能事事顺心如意或者没有失误,任何事都具有正和反两方面的意义,都是在矛盾中发展的。因此,在遇到挫折或的确犯了错误时,能否奋起和成功,关键在于自己能否认识到,最大的心理障碍是自己,最宽阔的人生之路、成才与成功之路的方向盘由自己掌握。然而,对这一点的认识与理解的动力则来源于每个人的责任意识,即对社会和祖国的责任、对事业与人民的责任、对父母及对自己的责任。可以说,这一切是上述所有问题的关键所在。

三、异性同学之间的吸引、爱慕与恐惧并行

大学生这一特殊的、高文化层次的社会群体,虽然正处于人生经历中性心理发展的三个主要阶段(分别为异性疏远期、接近异性期和恋爱期)的最后一个阶段,即恋爱期,而且这一时期的主要心理特征就是男女之间相互吸引,所以,在他们的性心理体验与特点上,自然也就表现出对异性同学的感情比较稳定和专一,并且逐渐由浪漫的理想、憧憬走向现实。其具体表现如下:男女大学生一旦有了好感,即便还没有成为固定的恋人关系,也会产生并显示出一种排斥他人的心态,只要发现别的同学与自己的"心上人"接触、哪怕是工作关系的谈话或单独在一起待一会儿,自己就会感到一种无以言表的烦躁不安、厌恶和疑虑。用某学生自己的话说:"我一会儿看不见他,心里就烦闷,看不进书,吃不下饭,什么也不想干,要是一天看不见他,我就觉得他是不是与×××在一起呢?反正只要是我喜欢的人,就不允许别人单独接触。否则,我真的受不了。"

另外,从大一至大四,异性学生之间从明确恋爱关系到毕业后真正结婚(即由浪漫的理想走向现实)的人极少,而大多数人均由于种种因素中止了关系,甚至一些人因谈恋爱损害甚至毁掉了本应很有前途的学业。为此,对异性大学生之间的吸引、爱慕与恐惧并行这一性心理发展特征,需要给予特别重视与疏导,切不可简单、粗暴行事。例如,用行政命令制止或用鄙视的态度回避,均属错误的管理和教育方式。然而,大学生们要想真正做到正确地认识、理解和对待在恋爱问题上反映出来的性心理障碍与特征的内容,就必须关注以下三个基本关系中的矛盾与冲突。

1. 一般的异性吸引与恐惧心理的关系——渴望与困惑   一般的异性吸引与恐惧心理的关系,表现为一种对异性有某些很难摆脱的、忘却不掉的好感,和一种渴望与其接近的情感需

求。但严格来说,这种感觉实际上对一部分人来讲只停留在对异性的朦胧的本能意识阶段,仍属于异性吸引范畴,此种状况在大学生或低年级学生中所占的比例较大,约90%以上。

一方面,这部分大学生很想在大学同桌或班内外同学中寻觅到一位知心朋友来伴随自己愉快而成功地完成大学学业,并发展为真正的恋人;另一方面,他们又对自己这种内心的隐私和带有某种浪漫色彩的理想目标抱有怀疑和恐惧。用学生们自己的话说:"真怕把握不住自己,因谈恋爱荒废了自己'十几年寒窗之苦'才获得的上大学机会,更怕辜负了含辛茹苦将自己培养成大学生的教师和父母,当然,就怕连自己也对不住。但是,有的同学真的让我很难不对他有特殊的好感,有时真让我不知如何是好。怎样才能把握好与异性同学交往的'度'?怎样才能不被这种事所困扰,全身心地投入到学习中去呢?"

2. 初恋与恐惧心理的关系——珍惜与猜疑 初恋是大学生开始谈恋爱的标志,指第一次对一位异性同学(或朋友)产生了爱慕之情,同时,也得到了对方满意的回答,自感人生的美好、新奇与强烈的爱欲被点燃。可以说大学生的初恋是纯洁的、美好的和值得珍惜的。因为这的确是男女大学生之间一种完完全全的、以真实感情为联系纽带的感情,没有或较少考虑彼此感情之外的传统与世俗因素,只有对未来的美好幻想与憧憬。为此,他们都非常珍惜自己的初恋,即使毕业以后没有发展成夫妻关系,大多数人仍不会否认那时曾拥有和体验过的甜美真情,有的人还会永远将这份真情珍藏在内心深处。

然而,初恋作为一种心理活动与情感体验,能否使恋爱双方保持性心理平衡?这虽然主要由双方内因所决定,但是在众目睽睽之下、在同龄青春的个体之间及其他(如社会评价、群体氛围、生活环境等)因素的影响与干扰下,大学生最怕外界因素的干扰而失去彼此之间的爱慕,便由此形成了猜疑心理与恐惧心理,例如,时常从对方的一举一动或一个眼神中,来观察、分析与推测对自己爱慕的程度和是否有"第三者"插足等。

3. 热恋与恐惧心理的关系——兴奋与无奈 有过初恋的一位女大学生曾谈到这样的感受:"在我的眼里,他一点缺点都没有,无论是家庭条件、个人长相、聪明才智都让我无可挑剔,而且我们在一起时有说不完的话。所以,我总愿跟他一个人在一起,走在街上自然而然地就会挽上他的胳膊。但是,在有些场合(如家中父母在时、校园里碰到同学尤其是教师时)总感到感情交流被压抑,从而产生了无奈的烦恼。"处于热恋中的大学生,有些人常在大庭广众之下,旁若无人地接吻和拥抱,做出各种亲昵动作,以求得感官满足,已经成为大学生性心理发展中的一个重要特征和急需正确引导的问题。

大学生在热恋过程中表现出的性心理恐惧与无奈,如果从情感发展的角度来看是无可非议的,也是顺理成章的自然现象。正如老舍先生所说:"初恋是青春的第一朵花,不能随便抛弃。"据一位社会学家对1000对新婚夫妇的调查表明:双方均属初次恋爱的占75%,这些都说明初恋对恋爱成功的重要;然而,大学生正值风华正茂、学业与事业待奋斗之际,如果处理不好,就很容易摔跟头。在恋爱问题上吃尽苦头的某大学生以自身的经验及教训告诫同窗好友:"大一不吃窝边草,大二不吃回头草,大三疾风知劲草,大四天涯无芳草。"这首小诗在一定程度上折射出大学生性心理发展过程中恋爱心理的特征,同时,也提醒了一些盲目处于热恋之中的同学要正确处理好恋爱与学习的关系。例如,有两位从进入大学校门就开始谈恋爱并快速进入热恋阶段的学生干部,在学业和人际关系上受到了极大损失,其中一人险些失去继续上大学的机会。在谈到恋爱教训时,他深有感触地说:"这次我的确体会到了什么叫甜蜜、恐惧和无奈,我一定要处理好和她的关系,将丢掉的都补回来,争取真正将梦中的甜蜜化作美好的现实,将由于自己盲目的兴奋与性冲动导致的多方面的恐惧心理和无奈转化为学习的动力。"目前他已实现了自己的诺言,俩人关系保持良好,正在准备考研究生。

综上所述,大学生只有在与异性同学正常交往和在性心理进一步发展成熟的前提下,才有可能形成健康的恋爱心理和文明的恋爱行为,也才有可能造就纯洁和美满的爱情。为此,要切记一段忠言:人在年轻的时候,并不一定了解自己追求的、需要的是什么,甚至别人的起哄也会促成一桩婚姻,等到你再长大一些,更成熟一些的时候,你才会知道你真的需要的是什么。可那时,你已经干了许多悔恨得使你锥心的蠢事。

第四节　大学生恋爱及婚姻

在校大学生谈恋爱的比例究竟是多少?有研究数据表明,正在谈恋爱的男生占27.4%,女生占30.9%;曾经谈过(目前未谈)的男生占20.9%,女生占16.2%。综上所述,大学生恋爱客观存在,而且正在谈和谈过恋爱的比例接近一半。

恋爱交往是一种包含性交往的特定关系,含有一般人之间(非恋爱关系的男女之间)并不涉及且程度不等的亲昵活动。

在大多数情形中,男人和女人总是要结合的,从异性恋者的交往和相互需要来看,俗语说得好:"男女乃是天造地设的,没有了对方,彼此都不完全。"这个男人或这个女人,是你所相遇相知的、将要结合在一起的"另一半"。男女相遇相知的过程,便是恋爱。其实,恋爱不只是在寻找或挑选合适自己的另一半,而且要自己首先学会做合适的一半。一位30岁左右的单身女性,提出了一系列择偶标准,其中有49项丈夫应该具备的特质。一个男人看过后惊讶地对她说:"你不是在找丈夫,你要的是耶稣。要知道恋爱和择偶重点不是找到那一位,而是在婚姻中做个恰如其分的人。若你要得到个好情人,你便先得是个好伴侣。"

在恋爱选择对象时,与其说在选择对方,不如说先要选择好自己。高校教室里的课桌常常是大学生抒发情感的处所,有一段男生和女生的感慨非常有趣,男生说:"我很帅,但是没人爱!"女生说:"我很丑,但是很抢手。"这样的"课桌文化"反映了性质相同的问题:未能准备好在恋爱中担当一个自己理应的角色——自我不断完善的角色。

男女双方恋爱关系一旦确定,接触的机会便多起来,从他们内心来看,恨不得长相守,须臾不分离。关于大学生对恋爱中亲昵程度的限度,有研究数据显示:同意恋爱中"可拥抱或接吻"的,男生50.4%、女生62.7%;"可抚摸非敏感和非隐蔽部位"的,男生23.55%、女生29.8%;"可抚摸身体最敏感和最隐蔽部位"的,男生11.4%、女生4.3%;"可性交"的,男生14.7%、女生3.2%。这一结果表明绝大多数大学生,认为恋爱期间的性接触,还是应限定在非性交的层面。上述数据还表明:尽管是少数,但男生比女生更愿意发生性行为。这印证了那句话:"男人为性而爱,女人为爱而性。"不时有女生在咨询中说:"我和我的男友关系很好,我非常中意他,但每次见面他都要提出那方面的要求,而我又不愿意,因此非常矛盾。不答应吧,怕失去了他;答应吧,又违背了自己的意愿。我该怎么办?"有过和女友发生性行为的男生,其实有时也自责,例如,有男生说:"事后自己也很后悔,总觉得对不起她。我怎么就这么没出息呢!"

遇到这种情况,也不能认为男生就如何地"坏",不要呵斥男生,更不要认为"天下就没有好男人了"。因为,男性的性唤起一般比女性来得要快,加上社会对男性的性限制比女性要宽松等,男性在性兴奋时更趋向于想进一步"有所动作"。两人相见,有了亲昵行为,双方都很兴奋,男生更甚。一般男生更愿意通过抚摸获得性兴奋,女生被抚摸性敏感部位也容易性兴奋起来。正确的处理如下:女生自己要保持清醒,要意识到这个时候发生性行为所可能带来的多种弊端,询问自己是否真的同意?自己是否为这样的行为做好了准备?对所产生的后果自己能否担当?如果回答是否定的,就一定要首先停止各种亲昵举止,而且要采取多种办法转移男生的注意力,让他从性兴奋中冷静下来。例如,可以说:"我口渴了,我们一起去买水喝。"借机到人多的地方去,这样两人的性兴奋也自然会降低下来。当然,如果女生本来就非常厌恶在婚前发生性行为,而男方又"穷追不舍",此时就要明确和坦率地说"不"。因为,这是女性的权利,任何人没有理由强迫对方做任何事情。

相信大多数男生从内心上绝对不愿意伤害自己真正喜爱的女友,但实际的情况是,即使是这种男生中,有人可能还是在克制不住时向女友提出过性交的要求,或"死磨硬缠"地达到了"目的"。这里需要提醒的是,尊重女友的意愿是头等重要的,也是现在文明人起码的做人准则。可能女友没有直接或明确地拒绝性行为,但她真实的想法是极不情愿的,可能由于多种原因,只是没有或不想告诉你罢了。在这样的情形下发生性行为,对女友会构成很大的心理压力,有时会造成即刻和长远的危害,甚至有"约会强奸"的嫌疑。

国内大学所能提供给大学生谈恋爱的场所有限,于是校园的僻静处、教室、宿舍等成为了不得已的约会场所。课桌文化中描述了一个场景:"昨夜饮酒过度,误入操场深处,呕吐,呕吐,惊起鸳鸯无数。"这反映了大学生恋爱极不方便的无奈和自嘲。这种状况也非常容易发生各种意外。国内大学管理中,如何客观接受大学生恋爱的现状,并为他们交友和谈恋爱提供合适的条件并加以引导,是不得不面临的客观要求和值得深入研究的问题。

第五节　性心理障碍与调适

性心理障碍(psychosexual disorder)以往称为性变态(sexual deviation)或性倒错(paraphilia),是指男女两性性心理和性行为明显偏离正常,并以这种偏离行为作为性兴奋、性满足的主要或唯一方式的一组精神障碍。患者常表现为存在识别自己性身份的异常,或者性欲望的唤起、性对象的选择及满足性欲的方式有别于常人。除此以外,患者一般的精神活动并无其他明显的异常。性是人类的一种基本需要,借助两性性行为的生物、心理和社会功能,人类获得了种族和社会的稳定与发展。同时,人类性行为的特征也受到了社会化过程的重大作用与影响。在人类社会中,人们普遍将以生殖为目的的男女两性之间性器官的接触(性交)作为最合理、最正常的性行为方式,而将与此相背离、走向歧途的异乎寻常的性行为方式看做是违背道德、有伤风化、戕害身心的变态行为,甚至是犯罪行为。不过不同的国家、民族和社会集团对性行为有不同的价值观,人们在不同的历史发展阶段对某种性行为的评价也可能有很大的差异。随着时代的发展,社会经济和科学技术的进步,进入21世纪后,从世界范围来看,人们对这种偏离行为的看法发生了重要的变化。例如,对于同性恋从最早的认为是犯罪过渡到非罪,从非罪再到非病,目前在某些国家同性恋者甚至可以进行同居注册。虽然如此,国际上两个比较权威的疾病分类系统——世界卫生组织编定的《ICD-10 精神与行为障碍分类》、美国精神医学学会的《精神障碍诊断与统计手册(第五版)》,以及《中国精神障碍分类与诊断标准》的最新版本,依然将包括同性恋在内的性心理障碍作为一个诊断类别保留了下来。

根据大学生性心理发展的现状及特征,以及他们在对性知识的渴求、对异性的爱慕、对性欲望和性冲动的难以自控、对自慰行为的内心冲突等多种性心理表现方面,反映出的性生理与性心理发展的先后失衡,笔者选择了以下三种常见的性心理障碍的典型案例进行具体分析,可供大学生朋友们参考借鉴。

一、困惑的性意识与调适

困惑的性意识通常是在对自身生理变化缺乏必要的心理准备,由于未接受过正规与科学的性教育,从而在对性知识一知半解或似懂非懂的情况下,产生的性心态误区的现象。

[案例1]王某,男,19岁,大学一年级,性格内向,有点神经质(表现为遇事急躁,情绪变化明显,甚至难以自控,且事后又后悔自己的失控),自我认为难改变情绪急躁、易猜疑别人等毛病。曾多次找相关教师提出回家休学半年,原因是心理压力太大,具体原因本人当时不愿详谈。休学回来后,王某心态好转了一些,并向咨询教师谈了以下心理的情感体验:"我家住外地偏远山区,水源很少,没有洗澡条件,更没有娱乐场所,从不知黄色录像是什么,随着年龄的增长,生理上的一些变化常使我莫名其妙地烦躁和恐慌,我当然不好意思去问别人,但我心想也许人人都一样,反正我身体好,也就不怕什么了。可一进大学校门,几个人同住一起,去洗澡时男女生同进一个大门(尤其看到同乡女性,心里有一种说不出的感觉);同学之间传看异性裸体图片或叫我一起去看录像,其中自然有些是色情方面的,开始我不愿去,后来逐渐习惯了,也接受了上述生活方式。但我越来越感觉从多条途径上对异性的了解,使我产生了一种难以言表的自责、紧张和困惑,好像自己上大学以后学坏了,这样下去会辜负父母和乡亲们对我的期望。同时,我又觉得对有关性方面的知识很想多知道一些,与异性交往的机会再多一些。前后思量,不知何对何错,应该何去何从,趁还没影响太多功课之时,还是先离开一段时间吧。"于是他提出了休学,以缓解自己的性意识困惑。

诚然,休学反思并非是解决问题的好办法,从王某的亲身体验来看,虽然学校依据他的自身状况允许他休学了半年,但实际上并未真正缓解其自身的性心理障碍与矛盾冲突。时间不长,他又开始为自己的初恋心烦。为此,只有从根本上分析王某产生性意识困扰的相关因素,才能找出调适其内心冲突的有效方法,从而使其全身心地投入到学习之中。

究其原因,王某性意识困惑的原因主要来自以下三个方面。

1. 环境的影响 王某童年时期所处环境偏僻,教育条件差,人际交往面窄,加上父母及其他长辈从小给予他的封建礼教和陈腐的性愚昧观念,致使他在性科学知识严重缺乏的情况下产生了性罪错心理。所以,才会在性意识发展的同时产生"好像自己上大学以后学坏了"等反向自我评价。为此,他紧张、困惑、自寻烦恼。同时,他在保守与偏僻的环境与教育条件下,无法理解"由于性激素的作用和性生理的巨大变化,青年人出现相应的性心理反应本来就是水到渠成、顺理成章的事理"。

总之,王某由于生活与教育环境的影响所导致的性科学知识缺陷及性意识困惑是诸因素之中的首要原因。而且,在大学生中类似于王某这样成长经历的学生占相当的比例。所以,在性心理教育过程中决不能忽略上述分析中的因素,以避免性教育的片面性。

2. 性格因素 一般情况下,性格内向且又属神经质类型的人,通常易表现出偏执型人格的特征,即孤僻、多疑、敏感、固执、情绪不稳、易急躁等。王某在性意识发展过程中多思多虑,无所适从,甚至需休学回家一段时间,这种固执心态的行为,正是强化他性意识困惑和异性恐惧感的重要因素。

3. 性心理压抑所致 生理上的性成熟可导致"精满自溢",常使缺乏性科学知识的青年人形成不必要的烦恼与焦虑。由此产生的心理上的性压抑自然也会形成适得其反的不良结果。王某也正是在逐渐改变和接受了新的生活方式，增加了对异性的了解，增强了对性知识的渴求之时，由于内心的自责和紧张，产生了想休学回避这一切的无奈之策。

英国著名哲学家罗素曾说过：一切无知都是令人遗憾的，但是对性这样的事无知则是严重的危险。面对类似于王某这样的现代大学生严重性知识缺乏情况，其调节和矫正方法主要有三点：一是鼓励他重视并增加性科学知识的学习；二是引导他多参加校内外有益于其性格改善的集体活动；三是进行耐挫折能力训练，即可采用心理咨询与"系统脱敏法"等治疗技术。其调节思路如下：王某的性意识困惑是逐渐形成的，对异性的了解和恐惧也是多方面原因促成的，因而不可能一下调节好。但是可以一步步地通过与异性的逐渐接触，使困惑和恐惧的性意识在他可以接受的心理范围内得到调适。为此，具体操作步骤如下：先由异性教师适度地、有意识地接近他，再请他的异性同乡或同学主动关心并多与他交往，同时安排他做一些力所能及的、与异性同学有直接联系的班级工作或请他担任某方面的学生干部，使他很快适应大学的生活环境，改善与异性同学的关系。上述三种调节方法可配合使用，缺一不可。

二、经前期紧张综合征与调适

女性青少年在来月经前时常感到烦躁、紧张和情绪不佳，在父母看来很反常，在教师和同学看来，有时不知内情，感到莫名其妙，从而会影响正常的人际交往，容易产生误解。特别是在与异性交往的过程中，更容易让对方无所适从，不知怒气从何而来。实际上这是很普遍也很正常的现象。据有关调查表明，一般情况下，有1/3～2/3的健康女性，或轻或重地在每次月经周期内会出现情绪与情感上的变化(尤其是在月经来潮前几天)，或身体不适，或情绪与情感心理体验反常、记忆力减退，或注意力不集中等。由此心理学研究者认为：月经与个人情绪有十分密切的关系。从生理发育的科学角度看，女性来月经本是一种正常的生理现象，如果说在此期间出现一些变化，如头痛、肚子痛、失眠、水肿、腰酸、乳房胀痛、腹泻、便秘、小腹坠胀及情绪波动等，也许与平时的情绪紧张、急躁、忧郁或劳累中夹杂的不顺心的人际关系等有关。

[案例2]赵某，大学二年级，在宿舍里总是与同学不和，调换了几次宿舍仍效果不佳。班主任多次与宿舍学生交谈，了解情况，分析结果表明，该生从月经来潮开始就形成了习惯性的肚子痛，因而，她总是很害怕每个月这个日子的到来。所以，在月经来潮前几天她就开始情绪低落、心烦意乱、上课时注意力不集中、脾气急躁、疑心重重，生怕耽误学习，更怕同学看自己的"笑话"或稍有不慎得罪了谁。可事情的发展总是让人难以捉摸，她越是怕这怕那，不顺心的事越是找上门来，今天因肚子痛得厉害，无法去上课；明天又因此事无法与朋友约会；后天还是因此事心情烦躁，在同学好意相劝时稍不留意就出口伤人。如此恶性循环，加上她生来自傲，不善与人交往，自然跟谁都合不来，到哪个宿舍都无济于事。

[案例3]陈某，大学新生。每次来月经前或行经期间都闹得本来和睦的家庭出现"周期性风波"，弄得父母不知如何是好。其症状表现比较严重，稍不如意便火冒三丈、怒不可遏，甚至摔毁家具(据了解，在高考复习过程中，她的父母曾因她"周期性的歇斯底里"哭闹症状求助过心理咨询医生)，但几天过后症状减轻或消失。问及本人，只表示"当时的确难以控制自己的情绪与过失"，为此，她自己也感苦恼。

上述两个案例虽然陈某比赵某症状更严重，但究其原因，均是体内激素分泌不稳定所致。由于女性的月经受内分泌控制，特别是受雌激素和孕激素的双向操纵，女性来月经是一种正常的生理现象,在月经来潮前几天出现情绪波动、易怒、失眠、头痛等症状,到月经来潮后,这些症状会逐渐减轻或消失。而有的女性在行经的第一、二天出现小腹坠胀、乳房胀痛、腰酸、腹泻或便秘等,也都属正常生理现象,一般不会影响正常的生活和学习。但由于某些女性在月经期间的神经和体液调节功能处于不稳定状态,大脑皮层兴奋性改变,体内的雌激素和孕激素比例不协调,便引起了植物神经功能紊乱,于是,那些本来就容易出现腹痛、腰酸、乳房胀痛等生理不适的女性,就更容易形成经前期紧张综合征,从而导致情绪与情感失常。还有的女性忽而闭经、忽而经血过多或经期过长等也严重影响其情绪变化,而情绪的波动反过来又会加速子宫收缩,造成经血更多或其他各种身体不适,形成更严重的恶性循环。

那么,怎样才能有效地调节和控制女大学生的经前期紧张综合征,帮助她们在此期间保持愉快的心态,以健康的性心理应对每月一次的月经期呢?以下三条措施可供借鉴。

1. 注重自我心理调适 女大学生在每次月经来潮之前尽量去想、去做自己最有兴趣和最高兴的事,以分散对月经期来临的注意力。因为,每个人最大的心理障碍就是自己,那么能给自己带来愉悦心理体验的仍然是你自己。何况,性心理问题还不像其他问题,有的人有,有的人没有,性心理问题和烦恼人人都会有,而且还会有很多共性的问题,经前期紧张综合征就存在于大多数女性身心之中,只是看你自己如何对待罢了。为此,在对父母或同学发泄不良情绪之前,如果能换一个角度多替别人想一想,将心比心地考虑一下对方的心态和感受(特别是心理承受能力),你就自然会控制住自己的不良情绪,调节好自己的心态,减轻月经期的不适感了。

2. 尽量避免不良刺激 在月经期到来之前应学会避免不良事物的刺激,例如,在人际交往中面对那些性格急躁、易怒的同学,尽量不与其发生矛盾与争执,如果可能或已经发生了,最好的自我保护是回避或沉默,此时,"沉默是金";又如,在面对紧张的考试或考试失败时的刺激,最好的办法是"顺其自然",不必太在意。因为任何考试对个人来说,充其量只是一个所学部分知识的检测,并非全部知识的考核。为此,你可以告诉自己,在考试中发现自己存在的问题对于今后学业与事业的发展更为重要。同理,挫折与成功一样,都是自己人生旅途中的宝贵财富。总之,如果你能这样去处理和看待一切不如意的事,一定能避免不良刺激,以健康的心态面对每月一次的月经期。

3. 及时服药就医 无论是在情绪波动极为严重的情况下,还是在身体不适有异常之时,要注意及时就医。若痛经严重、经血过多、经期过长等,一定要及时就医,不要自行乱服药物,以免加重心理负担和不良情绪,导致病情加重。

三、对异性的爱慕与心理受挫的调适

在大学生中对异性,尤其是优秀异性的爱慕与心理受挫,可以说是男女大学生彼此向往与追求的正常性心理发展的表现。同时,对自己所喜欢的异性产生爱慕之情也是恋爱成功与美满婚姻的性心理基础。根据这样的认识与思路,可以采取以下方式进行调适。

1. 从对爱与性的认知入手 大学生应科学认识爱与性的关系,并在生活实践中学习如何去爱,以逐步增强爱的能力和成功地与异性交往的能力。

某著名的心理学家曾这样写道:一无所知的人,也就一无所爱;一无所能的人,也就一无所悟;一无所悟的人,也就是酒囊饭袋;然而,一个有所悟的人,也就有所爱、有所思、有所见;知识越深入,爱也就越充溢。此段话说明了一个道理:爱是一门艺术和学问,爱不是天生就能掌握的,爱是需要学习的。尤其是大学生的恋爱,固然有一定的社会、家庭及个人的因素,但

其中主要的还是生理及心理因素,是由于自身生理发育的成熟及性心理(与性有关的感觉、情感、记忆与想象都是引起性欲望的心理因素)的发展,从而产生了与异性亲近的需求,或者由于对有关性问题的好奇,希望通过恋爱能进一步了解异性,并获得真爱的需求。

但是,通常男女大学生对异性追求的特点因人而异。一般情况下男生表现得热烈而外露,女生则含蓄、羞涩。但随着时代的变化和发展,以及人们性观念的更新,男女大学生对异性追求的特点趋于相近,但个体差异较大。有些女生则还属于传统型的爱慕方式,即表现为把自己的爱慕之情长期隐藏于内心深处,从而形成了无法摆脱的心理困扰。可见,爱情给人们带来的不仅是欢乐与幸福,而且往往会伴随着苦恼、失恋与惆怅,尤其对于大学生来讲,更伴随着学业受损、情感受伤。由此,大学生们应认识和懂得上述道理,明白获得异性的真爱并不是轻而易举之事,更不是通过形影不离的个人占有,以及一起散步、一块儿看电影、共进餐馆和舞厅就能彼此长相厮守的。

从上述分析来看,学习如何去爱与培养自己爱的能力是极为重要的。作为大学生,要重视自身发展及爱的能力的学习,特别是当爱的情感受到挫折之时,最好从以下三个方面进行心理调适。

(1)真正了解自己。常自问:对异性同学的爱慕是否有盲目性,检验的基本标准就是你对这位异性同学了解多少;反之,对方与你的交往程度如何?是友谊还是爱情?类似有关问题自己要比较清楚,确实做到真正了解自己。

(2)确立和保持自身人格的独立性。在与异性接触、交往和恋爱的过程中,要注意反思自己是否确立和保持了自身人格的独立性。具体地说,就是在享受对方"爱的心理体验"的同时,是否做到了自尊、自重、自爱?是否头脑中还想着同学和集体?通常一些大学生在热恋的过程中,总是自觉不自觉地封闭起来,形影不离地在一起谈情说爱、幻想未来,形成了俩人独享的"小天地",有的甚至把学业抛在了一边,执著地追随着自己的心上人。然而,一旦对方失信于自己而导致恋爱受挫时,便心灰意冷,甚至失去了生活的勇气。

出现上述问题正说明大学生不仅要学习文化科学知识,更需要学习爱的能力和自身发展能力。大学生在对性与爱的认识上还有相当程度的欠缺,尤其表现在相当一部分人均未真正确立人格的独立性,他们还没有真正懂得完善性的人格特征与性道德和健康的、美好的性爱有着何等密切的关系。我国有关学者认为,人类健康的性心理过程,主要表现如下:一方面,在个体两性活动中,与生物的特征和文化的价值观念保持一致,并用自己内在的人格特征去体验两性活动的快乐和幸福;另一方面,这种一致性与这种愉快的幸福感又能使个体的潜能得到发掘、情操得以提高、人格变得完善,完美的性爱就是成为全面发展的人。这就是健全性爱的基本特征,其内在含义告诉我们:生命的意义在于每个人所具有的独立人格、自信心和耐挫折的勇气。

(3)真正的爱情来自彼此之间的信任、默契与心意相通。常言道"猜疑是爱情的大敌,疑来则爱去"。西班牙著名文学家塞万提斯说:"醋海风波是凶险的,能断送一切。"实际的恋爱心理困扰在很大程度上就来自对对方的猜疑,完全是自寻烦恼。为此,消除猜疑心态的方法如下:遇事保持冷静,采取客观分析的态度,尽量不去轻率或鲁莽地做出无可挽回的事来,更不要用尖酸、刻薄的语言刺激或攻击对方。交流时要讲究适宜的方式、方法、时间和场合,因为猜疑往往是彼此之间缺乏交流而人为设置心理屏障的结果,也许是误会或由他人搬弄是非所致。总之,信任是萌发和发展情爱的基础,如果对所爱的异性连起码的信任都没有,怎么能谈得上相爱,又怎么能随随便便地托付终身呢?

2. 注重利用心理防御和心理自卫机制　注重利用心理防御和心理自卫机制调适恋爱受挫心理,也是性心理咨询中常用的较有效的调适方法,对于培养大学生与异性交往的能力和爱的能力有一定的效果。具体做法如下。

(1) 罗列对方的缺点。将对方长相、行为举止的缺点及所有不良习惯罗列在一起,以增强自己对此人的再认识,庆幸自己没有被对方纠缠下去,避免了今后更多的麻烦。这种方法在心理学上称为"酸葡萄主义"的心理防御机制,有助于使失恋者进行心理自卫,放松自己。

(2) 转移注意力,积极投入到学习和集体活动中去。美国前总统林肯说过:"悲伤的时候,工作就是良药。"在现代科技和教育飞速发展的今天,具有较高文化知识层次的大学生们在情爱问题上力求做到失恋不失智,这应当是大学生所具备的心理品质。

(3) 急流勇退,移入新情。当你了解和感到对方不适合或不可能与你发展成为真爱之情时,一定要急流勇退,掌握主动权(即使你们现在还没有失去对方的意向,也要有所准备),因为,主动地与对方分手本身就是很有效的心理自卫。此时你不仅可以保持清醒的头脑积极地去寻求新的知心朋友与爱人,而且可以使对方不因为与你的无效厮守而失去了与别人恋爱的机会。此法可谓双方受益,可以说是一种健康的失恋后的心理自卫机制。

总之,在恋爱问题上受挫者要想达到心理平衡,必须要在性与爱的关系上优化自己的性心理素质,增强爱的能力和与异性交往的能力,以积极的、超然豁达的态度面对,在实践中学会利用心理防御和心理自卫机制,做好感情转移和空间转移,以良好的情绪和情感做到失恋不失德、失恋不失智、失恋不失学、失恋不失命,真正将自己的爱奉献给心爱的人。

第四章 性观念、性道德与性文化

第一节 性观念

性观念是媒体上出现频率很高的词,如性观念多元化、性观念开放、性观念陈旧等。家长认为孩子的性观念太开放,孩子认为家长太保守,那么,性观念到底是什么?如何形成?有多大作用?又该如何看待当今社会流行的性观念呢?

一、概念

观念是人们经过对客观现实的认识和思考后产生判断的依据。其与人们的观察能力、思考过程及原本具有的积淀有关。例如,有这样一个测试:冬天的午夜,两名大学生(男女各一)在没有公交车、自行车,没有足够的钱的前提下在街边拦车,希望能有好心人免费将他俩送回十几公里以外位于郊区的学校。一个多小时过去了,本来停车的就不多,停下的一听情况都直接拒绝了,包括出租车。女孩冻得直哭,一名同龄的高校男生过来,掏出自己的钱要帮他们打车,因为是在做测试,他们婉言谢绝了。一点多钟,终于有一位出租车司机答应免费送他们回校,到达目的地后,节目主持人问出租车司机:"那么多出租车司机都不愿来,您为什么来了?"司机笑笑:"我顺路回家。"事后,主持人在街边采访了很多司机,问深夜拦车什么情况下会停车,女士回答多数如下:不停,因为怕不安全!男士回答:老人可以,别的怕不安全!助人为乐,帮贫助困是社会的共识,也是一种观念,但为什么上述情况人们就不为之呢?人们有一种求生的本能,即有安全意识,因此人们了解到当前社会上有诸多不安全因素后,形成了这样的观念:保障自己的生命安全在先,有余力再帮助别人。因此助人为乐的观念,在人们脑子里积淀了不同的社会治安和自身保护信息后,派生出了多种观念,表现出不同的行为反应。

性观念是有关性的现象客观反映到人的脑海中,人们根据自己的知识、经验对现象做出的判断,并据此采取相应的行动。也就是说,性观念来自社会现实和自身对社会现实的分析判断,而行为又可以体现出一个人的性观念。

人们常提到性意识,其与性观念有什么不同?性意识是人们对性现象和性问题的思维活动,可以随时产生,随时改变,并受到性观念的支配。性意识从人们对性的问题有观察能力时就产生了。婴儿期,人们触摸自己的身体时,发现抚摸生殖器官的感觉与其他器官不同,产生了美好的体验,并试图在以后继续体验,这是其对性生理体验后产生的性意识——舒服;当父母轻轻抚摸其肌肤时,产生的惬意感,使其有了肌肤被抚摸后可以达到满足的性意识。对于性观念,因为人们此时有关性的认知积累太少,因此还没形成;有关性的行为,什么该做什么不该做,是以自己的喜好和爸爸妈妈的许可为标准的。之后,幼儿期、小学甚至初中阶段性观念逐渐形成,但初期是不稳定的,是以可以信赖的人的观念为标准的;初中阶段随着接触社会的广泛深入,性观念会多样,但不够稳定,所以此时性行为(广义)也会多样。

二、产生基础及影响因素

观念的产生过程,是主观对客观世界观察结果的思考、综合、提升的过程,包括主观和客观两个部分。就主观部分而言,其主观分析、判断能力越强,越不容易受外界左右。而这种主观分析判断能力,是与一个人的价值观、人生观和世界观稳定形成有关的。

1. 价值观 简单地说是人们判断事情取舍的标准。如:婴儿只要不饿、不疼、舒适即可;幼儿在此基础上增加了味道好吃、视觉鲜艳、交流有趣等;小学生增加了自尊和荣誉感,为此可以开始克制自己,学习并改变自己;中学生由于自我意识逐渐形成,反抗权威,表现自我,所以增加了被人接受和尊重;大学生已具备了适应社会的能力,开始了人生规划,因此,开始思考生命的意义及如何成为社会的中坚,是价值观的较高层次。

2. 人生观 人生存的目的,也就是人为什么活着的理由,其中自然包含着当时的价值观。对幼儿来说,喜欢的食物、游戏、给予安全感的人是他们认为最有价值的,所以获得他们的信任很简单;对少年来说,获得殊荣、玩有趣的游戏、被人喜欢是他们重视的,所以赢得他们的亲近需要动一番脑筋;对青春期学生来说,与他们交友需要一定的心智;对青年来说,成为他们的挚友需要真诚和智慧。

3. 世界观 人们看待世界的观点。世界包括自然界和人类社会,一般世界观多指人们对人类社会现象和事物变化规律的看法。当然,人的价值观和人生观稳定后,对世界就会有一定的看法。婴儿看待世界像一个万花筒,无限美好,充满好奇;儿童看待世界像一个博物馆,琳琅满目,充满未知;少年看待世界像一个待开采的处女地,深奥莫测,充满魔力;青年看待世界像一个年久的古堡,深邃悠久,陈陋;成年人看待世界像一个名胜,优美可以欣赏,缺憾可以包容,瑕疵可以修饰。

性观念的形式取决于对性问题的价值观、人生观和世界观。从价值观角度看,性在幼年(学前)是一种身体的认识和体验,在童年(小学)是解疑和角色学习,在少年(中学)是成长感受和两性关系学习,在青年是功能保健和角色充任。人生观和世界观形成后,会对性价值观产生影响。人生若以享乐为目的,将人与人之间的关系看成欲望满足,会将性的价值放在个人欲望的满足上;人生若以金钱为目的,将人的身体看成赚钱工具,会将性的价值放在能赚多少钱上;人生若以获得真情为目的,将身体的接触看成情感交流的重要方式,会将性与情感的性质绑定在一起;人生若以获得知己为目的,将性的魅力运用于相互的吸引中,会将性神圣看待,绝不随意。

性观念中的核心部分是性价值观,因为受到人生观和世界观的影响,在后两者尚未定型前,性观念和价值观也同样是不稳定的,容易受到环境的影响,青少年处在这样的阶段,所以,他们的性观念与他们成长的家庭、周围密切接触的人有关,经常看到和听到的性信息,对他们做决定的取舍标准影响很大,因而行为的变化性也较大。

大学是人有生以来接触社会最广、信息量最大、各种理论最丰富、与人交往最深入、最无限制的时期,而自己的人生观、世界观尚在形成中,尝试、比较、选择是此期的行为特征,会表现出一定的不稳定性和多样性。因为此时如果一个人对自己的人生没有目标、没有人生规划,他的价值观会随潮流、时尚,甚至本能的需要而改变,对性问题的看法和做法同样易变。如同目前在校园中常见的:不明确这一生中要做什么样的人,且对自己的性别魅力不自信,不敢与异性交往;不明确今生怎样活着才有意义,自然对自己该有一个什么样的婚姻迷茫;不明确人生如何才是幸福,不明确择偶的标准,不明确友情的内涵,异性交往的内容和方式匮乏,甚至将性交行为作为交往内容的主体;不明确生命的价值,异性感情中责任意识淡薄,导致殉情自杀或因一次失败恋情而否定所有异性。因此,只有在明确了做什么人、如何活着后,才能形成自己科学的性观念,而不为社会周围多样的性观念左右。

三、性观念的作用

性观念是人们对有关性的问题做出判断的出发点和行为过程的支持。

人们常说:青梅竹马,两小无猜。幼年阶段,人们对性的看法与其他事物并无区别,因此在处理两性关系时,随意而尽情,没有任何顾忌,包括喜欢时的亲吻、高兴时的拥抱、游戏时的拉手,甚至不愿分开时的同床共枕。这个阶段的性观念就是与喜欢的异性小朋友永远在一起,一起玩、一起吃、一起住。

但同样的行为若发生在青春期人群及成人中,情况就不这么简单了,因为当人们的性生理和性心理受到体内外环境变化影响,开始迅速发育发展后,会产生不同的性观念,行为和结果自然就不同了。持两性间没有友情只有爱情观念的人,认为密切的一对一异性交往,必然导致不该发生的性行为,这也正是很多家长反对孩子过密与异性交往(早恋)的原因;持两性交往需要学习、情感承受力需要锻炼观念的人,认为随人们心理发展需求而去经历,是成长的必然、财富的积累,这正是很多中学开始出现异性交往的动因;秉持学生时代是学习书本知识、在竞争中永远争先才能达到人生辉煌观念的人,认为异性情感建立、经营太浪费时间,这是与婚姻相关的事情,到谈婚论嫁时再考虑也不晚,这正是一些很长时间对异性交往没有兴趣的人的心理。

性观念不但影响上述事情开始的时间,对过程中事件的判断和采取的行动同样会产生支配性作用。对亲密异性交往中性行为问题进行分析,不同行为来源于不同的性观念:有的人交往中永远保持一定距离,亲密永远维持一定程度,关心、爱惜、奉献,性行为只到拥抱和亲吻。对此有时另一方很不理解,认为对方身体或心理有毛病,甚至会因此而分手。其实,保持距离的一方,抱定的是肌肤之亲应在两个人确定终身后,没有确定婚姻关系即发生性行为,是对性行为神圣性的亵渎,是对双方的不尊重。交往中他(她)们体贴、照顾、投入,但当对方很快提出性交要求时,心理不能适应,对对方关爱自己的动机会产生疑惑。其实有的人持有这样的性观念:爱一个异性,就包括爱和获得他(她)的性,这是做人的权利,是否接受也是对方的权利。有人认为交往中直指主题,相识不久就提出性交,会令对方感到没有受到尊重,甚至产生厌恶。还有人的性观念如下:性欲伴随对一个异性的喜欢,若压抑会有损自己的身心健康,与道德无关,对方有权不接受,但如对方不接受性欲要求,喜欢的关系也没有必要继续下去。

因此,在交友中没有必要指责谁的行为低劣,关键要考察双方的性观念是否一致或者能否相互接纳。考察可以通过对其日常行为的观察,言论观点的分析,对相关事情的处理等。当然与其一对一的交往,是了解的最直接机会,切不可盲目陷入恋情和产生亲昵行为。

四、目前流行的中外性观念

前面谈到在大学生中流行着多种性观念,这在多样的校园性(广义)行为中可以直接体现。这些性观念产生的土壤之一是现代社会流行的性观念,一部分来自中国传统的性文化和习俗,同时还有一部分来自西方的文明和习惯。

（一）来自中国传统的性观念

1. 对性行为的认识　只能发生在夫妻婚内,否则为犯法或不合法,并且是道德败坏的。婚前性行为不受法律保护,婚外犯法,均受舆论斥责。古时丈夫可以处置出轨的妻子,妻子却只能听天由命,现在,其丈夫可能受到周围不同层面的指责甚至受到处理。几千年的封建社会中男女不平等显而易见,近几十年的进步表现在法律开始保护女性,但事实女性所受的伤害远重于男性,其中有生理和社会文化造成的心理原因等。

2. 对男女关系的认识　一部分人认为男女授受不亲,男女之间只有爱情,没有友谊,说白了即是男女在一起一定会发生性行为,要做好人,要婚姻美满,就要远离异性情感交往。

3. 对性教育的认识　一部分人认为性教育是教授人们如何进行性行为,因此对大众没必要(因为大家谈性会色变,接受不了),婚前没必要(因为婚前性行为受谴责),青春期不能谈(会误导他们尝试性行为,发生悲剧),小孩子没什么可谈(因为他们没有发育,什么也不懂)。

（二）目前中国流行的性观念

1. 性是自己的事　自己负责,跟别人没关系。因此性行为何时发生自己决定,对未来婚姻没有影响。

2. 婚前性行为　婚前是否有性行为与己无关,婚后没有婚外性关系即可以。

3. 婚外性行为　因工作聚少离多,性生理欲望无法满足,婚外解决也可以,但是要安全、无病。

4. 婚姻　人们需要全身心应对社会生存压力,家庭只作为缓冲压力、蓄能再战的场所,增压耗能的事情少做或不做。因此,出现婚龄很短即离婚、丁克家庭、周末夫妻等现象。

5. 离婚　二十年前,离婚是无奈的选择,是人生不成功的表现,是脸上无光的事情。如今离婚是错误选择的结束,是选择过程的继续,但是会给孩子的心灵留下阴影,使他们对自己未来的恋爱和婚姻产生担忧。

（三）来自西方的性观念

1. 性是个人的权利　性要受到保护和尊重,表现在个人有权利选择时间、方式和对象,条件为性行为是自愿和无伤的。因此,西方有的国家首次性交行为的发生时间大概在13岁,一般在女孩月经初潮后。以后的性交行为发生时间和对象由当事人自己决定,且对婚姻没有影响。学校会有安全性行为教育。

2. 性是需要顺应的本能　压抑会造成身心疾病。因此,近一个世纪产生了性解放、性自由、性科学研究等性学的理论研究和行为方式。他们将人生三个本能(求生、自尊、性),基本并列看待,使其受到同样的尊重和维护。

3. 未成年人的性行为要受到约束　他们在性行为中不能按照自愿、无伤的原则,所以会造成少女妊娠、性传播疾病,因此提倡18岁前不应发生性行为。

4. 提倡传统两代家庭　稳定的两代家庭,父母因爱结合,生育子女,负责任地养育,是孩子成长的最佳方式,也有利于成人的健康和长寿。

5. 个性也表现在个人性别魅力展示上　鼓励表现自己的特点,突显自己的性别魅力,增加自信,促进自己事业的成功。性审美也体现出很多个性,不强调公共审美,而尊重个性中缺乏的东西,使每个人都能自信、快乐。

以上是当前主要的流行性观念,且对社会影响较大。西方性观念产生有其历史文化背景,中国的性观念同样有自己的历史渊源,现代观念因受到西方性观念的影响而显得更加多元,不同时代的人由于受到不同文化的教育和熏陶,观念会有很大差异,行为上也很不相同。在各代人需要相互理解的前提下,还需要思考这些观念的合理性和可持续发展性,形成真正科学的性观念。

第二节 性 道 德

道德是伦理学中的一个概念,有人觉得其很深奥,但人们又常会说做事要讲道德,做了错事要受道德的谴责。构建和谐社会,必须坚持依法治国和以德治国相结合。那么道德是什么?性道德又是什么?它有什么作用?是怎么产生的呢?

一、概念

道德是人类社会人际交往中共同遵守的规则,属于上层建筑。关于道德,有很多学者著书立传,说法很多,但基本都包括交往的原则、规范和行为方式等,涉及社会中人际交往的方方面面,因此道德原则和规范也非常细致,包括职场、社交、家庭、公共场合等,涉及人的各种角色,包括儿女、父母、同事、路人等。为了保证社会的有序、和谐,道德不但告诉人们该做什么、怎么做,还指出了禁忌。做了违反道德的事情,良心会受到谴责,社会舆论也会不容。因此,道德是精神层面的东西,是人类社会大脑思维的产品。当然一个社会只有道德肯定是不够的,那些超出道德约束的伤害,当事人将受到法律的制裁。

性道德是道德中涉及人类性问题时,设立的公共规则,包括个人的性别角色和处理异性关系时的规则。

二、性道德的内容

性道德属于上层建筑和意识形态,看起来很抽象,实际上包括的内容很多且具体,又是随时都会遇到,并正在做的,包括性道德活动现象、性道德意识现象和性道德规范现象等。

1. 性道德活动现象 人类生活中,围绕一定善恶进行的、可以用善恶观念评价的性群体活动(两人以上可以做的和不可以做的事情)和性个体行为(个体可以充任的角色和可以表现的行为),包括道德评价和修养。例如,有两性同时参与的群体活动与只有单一性别参与时有很多不同要求,如衣着、礼节、语言、行为、方式等。屡见的情况如男生在宿舍里赤胸露背,东西乱七八糟,当有女生将到的消息传来时,男生会忙作一团,然后呈现在女生面前的是另一番整齐、清洁的景象。还有一种情况是,女生之间常为小事斗嘴生气,当有男生加入后,似乎被男性的豪爽、不计较小事感染,平息争吵了。实际上,有异性参与,双方都会更加注意自己的言行,表现出最佳品质。这就是人们用群体异性交往中的性道德在约束自己。作为性个体,参与社会活动,不同的角色,社会道德评价和修养要求是各异的。幼童,活泼、健康、有礼貌就基本概括了此时的要求和评价标准;少年,大方、健美、表达有度即可;青年,自尊、自爱、自强常是此时的社会要求;成年人,上进、能干、有责任感是大众的判断标准。当然,这里边包含着在大众面前恰当魅力的表现,是以符合社会道德修养和评价标准为前提的。

2. 性道德意识现象 影响性道德活动的各种具有善恶价值的思想、观点和理论体系。人们都生活在一定的善恶的思想、观点和理论体系中,自觉或不自觉地按照这个体系行事,从而被这个体系的人们接受。前面提到的道德活动中,人们在一定的道德环境中生活时间越长,接受道德教育的强度越大,形成与其一致的道德意识越稳定,并会自觉依此行事。如:当人们生活在封建礼教盛行的时代,会严格遵守"男大当婚女大当嫁"的规则进行婚娶;当人们生活在工业革命带来的人口流动、为工作奔忙的时代,人们会推迟婚姻,以在社会上的立足稳定为先。在这种因社会生产力而带来的变革中,人们的善恶标准慢慢随之发生改变,逐渐形成性道德意识变化的脉络。

3. 性道德规范现象 一定社会条件下评价和指导人们性行为的准则。人们相信,符合这些准则的就是善的,否则是恶的。这些准则,包括人们在长期生活实践中形成的"应当"与"不应当",也包括一定社会或阶层为维护本社会或阶层利益,而以戒律、格言等形式建立的善恶标准和规范。当人们的性道德意识稳定建立后,就会配套出现细微的操作环节和评价体系。继续以婚嫁为例,当"男大当婚女大当嫁"的性道德意识盛行时,二十多岁的男女没有嫁娶,会被认为不正常,轻则被认为有问题,重则不孝;而先立业后成家成气候时,三十岁成家不算晚,但终身不婚者,不被理解;当同居屡见不鲜后,不少人在思考,如果不要孩子,婚姻还有什么意义?至此,性道德中的婚姻道德受到了极大的挑战,在发生着颠覆性的改变。当然,目前还不能肯定或否定这些变化,需要从历史发展的角度很好地研究,从而得出有利于人类文明、进步的道德规范和行为准则。

显然,性道德现象的各部分间是密切联系的。性道德活动是形成一定性道德意识的基础,并使已形成的道德意识得以深化、巩固和提高。而性道德意识一经形成,会对人们的性道德活动有指导和制约作用。性道德规范是人们在一定的性道德活动和性道德意识基础上形成和概括的,其反过来又可以制约前两者。所以,性道德是一种以舆论、传统习俗、内心信念,维系并发挥作用的性行为原则和规范的总和。

三、性道德的作用

性道德,简单地说,包括性道德原则、规范和行为方式。其目的是使男女在社会交往中和谐有序,使整个社会安详、文明。

中国几千年的封建社会,儒家思想一直为统治者采用,作为个人修身、齐家和帝王治天下的依据,体现在性道德中的表现包括男女授受不亲,男大当婚女大当嫁,女人要从一而终,要"嫁鸡随鸡、嫁狗随狗"等;女人在家要听从父母,出嫁要听从丈夫,夫亡要听从儿子,总之没有自己选择的权利;男人娶妻要听从父命,婚后无子嗣是最大的不孝,等等。这是中国实行了几千年的性道德,虽有举案齐眉、相敬如宾、相扶相携、白头到老的佳话,但类似宝黛、梁祝的悲剧也并不罕见。这对稳定封建社会制度,建立封建社会秩序起到了重要作用。

近代的改良主义和新民主主义运动,使人们接触到了西方的人本主义理论,受到了性解放思想的影响,性道德发生了很大改变。女性有了走出家门享受与男性同样的受教育和工作的权利,婚姻可以自主选择,婚姻双方权利相等,都可以去工作,也都可以照顾家庭。

性道德规范是在性道德原则下做事的方式和要求。例如,与异性交往,性质不同,采取的方式各异。与陌生人、同学(事)、朋友、知己、恋人、伴侣的心理距离及采取的态度、方式各不一样。

性道德的行为方式,是在规范之下具体的做法。例如眼神:对陌生异性,不能长时间盯住其一个部位,尤其眼睛,双方都会不舒服;若需要长时间交谈,常看对方的鼻唇部分比较好;对同事等熟人,也不要长时间盯住对方的眼睛,可看口唇或肩头,不要看隐私部位;对于朋友,可以比较随意,但上述忌讳的地方仍然要注意。再如肢体语言:对陌生人只能握手,需要时,女士要先伸出手,男士要后伸出手,短时间轻握,态度要谦和;对同事等熟人,可轻握手、轻拍肩部,必要时轻拥抱等,不可触及胸(对女性)和腰部以下,否则会被认为是性骚扰;对于朋友,部位同上,只是力度可以视情况而适当加重。有些人较随意,认为同事、朋友随便拍拍臀部,搂搂腰部,说些情话之类没什么,其实这些都是踩线的性骚扰,若养成这样的异性交友行为习惯,会给人轻浮、不可靠的感觉,更谈不上文明和高素质了。

第三节　大学生性道德

加强大学生性道德教育是思想政治教育工作的重要组成部分。随着年龄的增长,大学生的生理和心理都逐渐成熟,大学阶段是其正确人生观、价值观和世界观形成的关键时期,也是性道德价值观形成的转折时期。

中共中央《关于进一步加强和改进大学生思想政治教育的意见》指出,加强和改进大学生思想政治教育的主要任务之一是以基本道德规范为基础,深入进行公民道德教育,要引导大学生自觉遵守"爱国守法、明礼诚信、团结友善、勤俭自强、敬业奉献"的基本道德规范。因此,在思想政治教育视野下研究大学生性道德教育,对肩负着推进中国特色社会主义建设事业和实现伟大中国梦的莘莘学子的自身思想和行为进行规范和引导,对其自身健康发展和实现"两个一百年"奋斗目标有着重要的意义。

一、大学生性道德问题与高校性道德教育的缺失

性道德是指为了维护社会秩序的稳定,保证社会生活的正常进行,人类调整两性性行为的社会规范的总和。随着社会的发展,人类性观念的解放和西方性文化的影响,传统的性道德观念越来越受到冲击,特别表现为当代大学生性观念开放、性行为增加、未婚先孕现象增多等,极大影响了大学生的身心健康。大学生性道德教育可以规范其行为动机和方式,使大学生身心健康发展。但大学生性道德教育由于受到传统的"非礼勿视,非礼勿听,非礼勿言,非礼勿动"等观念的影响,人们对性教育奉行"无师自通"的原则,性道德教育一直处于缺失状态。

二、高校思想政治教育应实施大学生性道德主题教育

(一)大学生性道德教育与思想政治教育的目标具有一致性

中共中央《关于进一步加强和改进大学生思想政治教育的意见》明确提出"以大学生全面发展为目标,深入进行素质教育,促进大学生思想道德素质、科学文化素质和健康素质协调发展。"人的全面发展是指人的思想道德、科学文化和身体素质等各方面全面得到提升。诚然,大学生思想道德修养本身就包含了性道德的修养。大学生性道德教育主要是对大学生两性关系的道德规范和行为准则进行正确的引导,培养大学生健康的性心理,树立正确的性道德价值观,从而提高大学生的道德水平,促进德智体美劳全面发展。"士有百行,以德为先",道德是人的全面发展的前提和基础,也是人的全面发展的本质体现。然而,现实生活中,有少数学生因为自己的性道德问题而阻碍了其全面发展,扭曲了本性。目前大学生性犯罪的比例越来越高,是因为他们随着性生理和性心理的发展,不能正确释放自己的性压抑和性冲动,就采

取一些冒险的行为,做出一些损人不利己的事情。不少大学生认为婚前性行为与道德品质没有多大关系,而且有助于获取高质量的婚姻生活。这些不成熟的想法和做法,会给其以后的人生幸福或婚姻生活埋下隐患。这些都是大学生思想政治教育应该进行引导的目标,也是大学生性道德教育要规范的目标。因而,大学生性道德教育的根本目的和大学生思想政治教育的目标是一致的。

(二)大学生性道德教育推进思想政治教育价值的实现

思想政治教育的价值即思想政治教育的功能或作用,是思想政治教育本质的外在体现,是思想政治教育得以存在和发展的重要基础。一般来说思想政治教育具有个人价值和社会价值,对人们的思想和行为具有一定的调节和导向功能,通过相互沟通和民主的、说服的教育方式调节人的心理、情绪和人际关系,将人的思想和行为引导到符合社会发展要求的轨道上来。随着改革开放的发展,人民生活水平大幅度提高,大学生面临着越来越多的诱惑和选择,特别是在与性相关的问题上,思想越来越开放,未婚同居现象越来越多,大学生未婚先孕的事情屡有发生,这不仅损害身体,同时也影响对婚姻的选择。因而大学生的性观念、性行为等都需要正确的引导和教育,形成正确的性道德价值观。大学生性道德教育要传授科学的性知识,用社会主义核心价值体系引领性道德教育,培育正确的性观念,形成健康的性心理。由此可见,大学生性道德教育水平的高低反映了思想政治教育功能的发挥程度,是思想政治教育价值的体现。

(三)思想政治教育包含大学生性道德教育

大学生性道德教育一般包括性文化、性生理、性心理、性法律等知识,涵盖了生理学、心理学、社会学、法学等领域。更重要的是要知道双方自愿原则、爱的原则、无伤原则、责任原则、性禁忌原则等性道德标准。性道德教育的内容看似与思想政治教育无关,实则环环相扣。性道德标准、性法律等内容涉及性道德价值观和社会性行为规范的养成,这些与思想政治教育的内容密切相关。可以说大学生性道德教育的内容,是大学生正确人生观、世界观、价值观和道德规范教育的具体化。

三、思想政治教育视野下开展大学生性道德教育的价值

(一)构建健康社会伦理的需要

青少年犯罪是当今各国十分重视的重大社会问题,有专家学者将青少年犯罪与环境污染、吸毒贩毒并列为世界三大公害。据调查统计,青少年性犯罪呈逐年上升的趋势,引发了许多社会问题。大学生是祖国的未来、民族的希望,加强大学生性道德教育,不仅关系到大学生健康成长成才,而且关系到健康社会伦理的形成,同时更关系到"民主法治、公平正义、诚信友爱、充满活力、安定有序、人与自然和谐相处"的和谐社会的构建。俗话说"思想是行动的先导",有了正确的思想才能有正确的行为。只有对学生加强思想政治教育,培养大学生良好的道德情操,树立正确的性道德价值观,才能约束大学生的性行为,减少性犯罪,促进社会的和谐发展。

(二)推进高校性教育普及和发展的需要

纵观整个世界历史,最早实施现代性教育的是瑞典,早在1933年瑞典就成立了瑞典性教育学会(RFSU),该学会成立后,使得瑞典的性教育有了新的突破与发展。中国由于受到封建文化和道德价值观的影响,性教育的发展比较晚。新中国成立后,虽然周恩来总理多次强调

应"加强对青少年进行性教育,但是当时的环境使得性教育几乎处于空白状态,难以开展起来。文化大革命"结束后,重新确立了实事求是思想路线,使人们的思想从禁锢和保守中解放出来,改革开放的春风使中国的性教育得以复苏。周建人教授、吴阶平教授和叶恭绍教授及社会学家费孝通先生,开拓进取,为性教育摇旗呐喊,使我国的性教育从禁锢走向认可,推动了性教育科学的发展。

现在,许多高校性教育远远落后于学生的需要,许多学校只是将性教育作为大学生心理健康教育公选课的一部分内容向学生讲授,根本没有解决性教育的归属和地位问题,更没有作为一门独立的课程而开设。之所以出现这样的现象,原因是多方面的,既有师资配备的问题,也有学校重视、教育资金等问题。如今,我国大学生思想政治教育体系比较成熟,机制健全,将性教育归属于思想政治教育,开展思想政治教育领域下的大学生性教育研究,可以对性教育的归属和地位给予澄清,可以确立性教育的办学思想和理念,把握性教育的方法、措施和途径,从而推动性教育科学的发展。当然,这需要更多的教育工作者投入到性教育领域,积极探索出适合我国国情的性教育的道路,推进我国大学生性教育事业的科学发展。

(三)培育大学生健全人格的需要

俗语说:"人"字的一撇是才能,一捺是人格,出色的才能加上健全的人格,才能支撑起顶天立地的"人"字。影响大学生成才的因素除了智商以外,更重要的是情商。大学生成长成才的关键是人格的健全。日本著名企业家松下幸之助说过:人格的伟大、道德水平的高尚,对于一位企业或公司的经营管理者非常重要,因为吸引人才、运用人才以及调动人际关系时,人们都乐意同那些人格比较高尚的人交往。

大学阶段是学生性心理和性生理成熟的关键时期,又是成熟性与幼稚性、自觉性与冲动性扑朔迷离的矛盾期,男生多表现为对性的饥渴,女生则表现为对情感的渴望。处理好这一矛盾心理的关键就是培养大学生健全的人格。在思想政治领域内进行性道德教育,应该将性道德作为人格健全的基础,要弄清楚性道德与健全人格的关系,即健全人格是性道德发展的动力和目的,良好的性道德是健全人格的重要组成部分。在对大学生进行性道德教育时不是一味地制定限制学生两性交往或性行为的条条框框,而是从身体、心理和精神等方面全面地培养大学生的健全人格。努力从思想政治教育角度出发,培养学生高尚的道德品质,培养对性的正确态度,从而树立正确的性道德价值观。这样既有助于学生的成长成才,又能使整个社会更加文明和谐。

四、以思想政治教育为引领,加强大学生性道德教育的途径

(一)明确大学生性道德教育的思想政治教育归属

大学生性道德教育关系着大学生健全人格的塑造,关系着大学生正确人生观、价值观和世界观的确立,因而明确大学生性道德教育的思想政治教育归属对于学生的成长成才具有至关重要的作用。思想政治教育与性道德教育目标具有一致性,教育内容具有共通性,将大学生性道德教育纳入思想政治教育框架来进行课程设计是符合当前高校实际的。

当前高校思想政治教育体系比较完善,有"两课"的课堂教育作为思想政治教育的主渠道,有以社会实践为主的第二课堂,同时还有一群教学水平高、工作经验丰富的专业教师和辅导员的师资队伍,这些都可以为大学生性道德教育的科学发展提供强有力的支撑,能够规避大学生性道德教育归属不清和边缘化等问题。明确大学生性道德教育的思想政治教育归属

后,就要加大思想政治教育对大学生性道德教育理念的指导。

大学生性道德教育工作成效不仅取决于学校的行政支持,更重要的是全校师生应对性道德教育的重要作用达成共识。要通过加强思想政治教育对大学生性道德教育理念的指导,来认识大学生性道德教育的必要性和重要性,要让广大师生充分认识到,大学生性道德教育是思想政治教育不可分割的一部分。社会主义核心价值体系不但引领着高校思想政治教育工作,同时也是性道德教育的行动指南。国家培养的人才是德智体美劳全面发展的人才,是推动社会进步和和谐发展的人才,既要掌握建设社会主义现代化的技术,又要人格健全、道德高尚。广大师生只有充分认识到这一点,才能积极营造良好的教育环境,才能让大学生性道德教育持之以恒,才能推动大学生性道德教育的科学发展。

(二)建设高素质的性道德师资队伍

对大学生进行性道德教育的任务既包括性文化、性科学史、性心理、性生理,还包括性生活、性法律、性道德和性防御等,对这些知识只有系统学习才能全面理解。对于这些知识,不是思政教师、辅导员、心理咨询师或心理学教师等可以单独完成的,必须整合各岗位教师的知识,共同培养学生良好的性道德观念和习惯。

(1)充分发挥思政教师的德育功能。思想政治理论课上对学生进行思想政治教育,实际就是思政教师引导学生树立正确的世界观、人生观和价值观"三观"教育,帮助学生树立坚定的理想信念、选择正确的人生道路,不走"邪路"。性道德教育也是"三观"教育的内容之一,只要有了正确的理想信念,学生知道了是与非,有了正确的道德评判标准,就不会做出有悖伦理的事情。

(2)充分发挥辅导员人生导师的作用。《教育部关于加强高等学校辅导员班主任队伍建设的意见》指出:辅导员是高等学校教师队伍的重要组成部分,是高等学校从事德育工作,开展大学生思想政治教育的骨干力量,是大学生健康成长的指导者和引路人。辅导员肩负着保证学生身心健康、提高学生思想政治素质的艰巨任务,是大学生的人生导师。对学生的行为、心理等出现的问题,辅导员可以进行思想引导、心理疏导和生活指导。

同时,大学校园里和学生接触最多的、最了解学生的就是辅导员,学生有什么问题感到疑惑时最早会反映给他认可的辅导员。"打铁还需自身硬",为了当好人生导师这一角色,辅导员自身不仅要知识面广,能随时解决学生的各种困惑,还要思想品德高尚,为人楷模,通过言传身教,"辅"之"导"之,培养学生健全的人格和高尚的道德品质。

(3)配备具有专业素养的性心理咨询师或心理学教师。现实生活中,学生一旦存在性心理障碍,或感情发生了问题,不是思政理论教师和辅导员能够解决的,还必须配备性心理咨询师或心理学教师,让学生得到科学的指导、疏导,从而释放自己内心的彷徨和困惑。具有专业素养的性心理咨询师和心理学教师,有着丰富的心理指导和治疗的方法,可以用专业的水平来为学生服务,这样能有效干预性道德引发的问题和危机,增强学生的自信心,促进学生健康发展。

(三)充分发挥学生主观能动性,树立正确的性道德观念

唯物辩证法认为事物的内部矛盾(即内因)是事物自身运动的源泉和动力,是事物发展的根本原因。要提高学生的性道德水平,仅从课程、师资等方面来加强是不够的,起决定性作用的是要充分发挥学生的主观能动性,提高自我管理水平,强化自身修养,从而达到自律的状态。从法律上讲,大学生是具有完全民事行为能力的人,要让他们明白,自己要为自己的行为

负责,要学会对自己的性冲动进行自我约束和合理释放,以免造成严重的乃至以付出生命为代价的后果。

首先,要培养大学生自主学习的意识,要求学生主动学习有关性生理、性心理、性法律和性伦理等知识,提高自我保护意识,遇到不能解决的性心理、性生理等问题时要及时与同学、家长及教师沟通,学会自我疏导,通过合理的渠道宣泄不良的情绪。特别是女生,要爱惜自己,学会自我保护,在遇到感情挫折时,要保持积极乐观的生活态度,正确地区别爱情和友情。其次,要培养正确的恋爱观。爱情是由性爱、共同理想和责任三部分所构成的,是三者的有机统一,处理好了三者之间的关系才能有助于自身的成长。要让学生明白真正的爱情不能只重过程不重结果。性爱只是爱情的一部分,不能拿性爱来衡量爱与不爱,以免造成未婚先孕、由爱生恨等后果。要认真思考爱情与婚姻的关系,要明白爱是一种奉献,爱是一种责任,不能功利化地对待爱情。

总之,当代大学生是高智力群体,学习能力都比较强,如果调动了大学生的主观能动性,使其积极主动地学习有关的性知识,主动对自己的性心理素质进行调节和优化,教育效果将会事半功倍。

第四节 性 文 化

人们常说,在不同的文化环境长大,会有相异的习惯、观念,甚至价值观和人生观,大家可明显感受到不同的国家、民族、地域的文化有显著差异;同时也发现文化既具有横向的融合性,又具有纵向的传承性。那么在讨论了现代性观念和性道德之后,接着讨论两者产生的土壤——性文化。

一、性文化概念

文化是每个人常挂在嘴边的词,而其定义是什么呢?查阅了很多论文、著作,发现真是仁者见仁,智者见智。综合来说,文化是人类创造的精神和物质产品的总和。这些有形无形的产品,对人们的心理过程产生着当期或长远的影响,甚至决定他们的价值观和人生态度。性文化显然是与性有关的精神和物质产品的总和,其包括的内容相当广泛,涵盖生活用品、日常行为、精神产品,如语言、文学、艺术等。

二、西方性文化渊源

性文化产生是历史积淀与现实需要相结合的结果。中外性文化发展到今天,都有一个从开放、自由、封闭、禁锢,到解放、逐步尊重个人选择的过程。漫长的人类历史进程,展现着性文化的变迁。下面来看看西方性文化产生和发展的历史吧。

西方性文化发展的历史大体经历了七个阶段,分别为史前时期、古希腊时期、古罗马时期、中世纪、文艺复兴时代、维多利亚时代、近现代,这些阶段的文化对后世乃至今天的西方都有着不同程度的影响。

1. 史前时期 史前性文化有记载的大约在2万年前到新石器时代,直到新石器时代后期,农牧业出现前,人类是靠打猎、摘野果为生的,生活环境的恶劣,使得新生命诞生是部落生存延续的唯一机会。当时还不知生育是两性结合的结果,误以为是女性一手创造。因此,出现了高度的女性生殖器官崇拜,社会的统治者也是女性,这就是母系社会。在新石器时代后期,当农牧业发展,男性从事种植和放牧,女性可以专心养育子女和照顾家庭,生活开始有了剩余产品,男性成为这些产品的拥有者和支配者,并考虑继承这些产品的人选,自然是自己的血亲后代。在公元前9000—公元前2000年间,各地先后社会转型,进入了父系社会,性崇拜的作品中,男性生殖器开始出现,此时的性文化是张扬的,以生殖为目的的。

2. 古希腊时期(公元前800年—公元前30年) 古希腊人以性为美的性态度和丰富多样的性表达方式,造就了当时的性文化,并对后来的西方性文化产生了深远的影响。古希腊人认为性行为不限于婚内,以快乐享受为主。在当时的艺术中,大量描绘各种充满阳刚之气的男性和丰腴肥美的女性。雕塑中常反映出男性隆起的肌肉、健美的身材与强壮的姿态,以及女性丰润的臂膀、高耸的乳房和温婉的姿态。在希腊文化中,男女是平等的,在人类历史上首次将性看成创造快乐的工具。甚至有人认为与高层次(经过多方面专业训练)的妓女交往,可以启迪头脑、激发思维、产生活力,进而创作出新的作品。希腊人将这种文化运用在本民族神话的创造中,奥林匹克神殿里的众神们,在万神之主宙斯的率领下,过着唯美的快乐生活。这些神话对西方文化的影响一直在延续着。

3. 古罗马时期(公元前240年—5世纪) 古罗马时期性文化与古希腊时期性文化有很多相似之处,其根本的差异为古罗马人对性持犹豫态度。一方面,古罗马人非常重视家庭,制定了严格的法律来保护家庭的稳定,但对女人在家庭中的权力给予了很大限制。这与古希腊人一样! 不一样的地方表现在女性可以享有性以外的一些权力,如接受初级教育、和丈夫参加社交活动、观看斗兽表演等。另一方面,古罗马人也像古希腊人一样,爱好各种性行为方式。不同的是,古希腊人追求文雅细腻,而古罗马人粗犷朴素。妓女在古罗马也分不同层次,但表现不像古希腊同行那样注重柔美和智慧。从古罗马共和国到古罗马帝国,曾经稳固的社会家庭结构,受到了统治者和贵族阶层荒淫无度生活的侵蚀和削弱,同时禁欲主义逐渐盛行。这就是古罗马帝国走向灭亡时的性文化。

4. 中世纪(5—14世纪) 这个时期大约持续了1000年。在古罗马帝国濒临灭亡的时期,人民生活在水深火热之中,在公元1世纪诞生的基督教逐渐成为古罗马帝国的国教,并逐渐成为中世纪欧洲封建社会的主要精神支柱。其教义和理想成为广大民众的精神支柱。在之后的中世纪里,其一直处于统治地位。他们认为,人类性行为可以在崇高的精神生活中得到升华,各种性欲和性行为都是罪恶的。基督教尊重家庭,但家庭中性的功能只是生育,其他想法都是罪恶。家庭一旦形成就不能中止。在如此禁欲的时代,人们的性感情如何抒发呢?这种环境造就压抑和欲望结合的产物——骑士的爱情。这是一种包含浪漫理想并尽力迎合基督教禁欲思想的文化,通过诗歌来歌颂女人的美丽、优雅和高贵,歌颂不能实现的爱情。这种爱情是发生在婚姻之外的男女之间。因为当时的人们认为婚内不可能有爱情。因此,骑士的爱情从理论上崇尚精神的满足而不是性欲满足,他们相信真正的爱情不是索取。这种爱情在某种程度上使骑士们发泄了积郁,焕发斗志。

5. 文艺复兴时代(15—17世纪) 中世纪漫长而黑暗,人们早就试图奋起反抗。工商业的发达、大学教育影响力的扩大、新兴中产阶级的迅速崛起及印刷术的发明和推广等,促使人们思想、观念的转变,表现在文化方面的高度繁荣。这个时期的作品,集中体现了人文主义思想:主张个性解放,反对中世纪的禁欲主义和宗教观;提倡科学文化,反对蒙昧主义,摆脱教会对人们思想的束缚;肯定人权,反对神权;拥护中央集权,反对封建割据,这是人文主义的主要思想。其中,代表性作品包括但丁的《神曲》、薄伽丘的《十日谈》、马基亚维利的《君主论》、拉伯雷的《巨人传》等。同时,希腊-罗马时代的性文化复苏了,很多文艺作品中体现了当时人们追求并实践的性开放观念。著名意大利建筑师和雕塑家米开朗基罗和画家达·芬奇的作品及个人生活都能证实这一点。但这种景象大概持续到16世纪初。此时巫术迫害出现并日益猖獗,使中世纪性禁锢和迫害女性的势力抬头,后被罗马教廷利用,成为消除异己的借口,造成性压抑,导致人们惧怕性甚至出现疾病。

6. 维多利亚时代(19—20世纪初) 此时,工业革命使城市中产阶级获得发展。生产的发展和资本的积累对男女性别分工内容提出了新的要求,对性行为的规范顺应了大生产的需要。稳定的性关系是生产力的保障。因此,贞洁、节制和规范性行为是这个时期性文化的主流。而对女性的约束和对流动工人(男性)的松动,使得这是一个压抑与反叛并存的时代。这个时期年轻未婚的维多利亚继承英国王位,她身体力行,提倡清白无暇、收敛有度的言行。此期,提倡将性欲望升华为道德责任感,尽可能控制自己的性欲。女性应没有性欲,但要满足丈夫和生育。此时,妓院虽被认为是不道德的,但仍很繁荣,色情读物也很畅销。有学者认为,维多利亚时代是禁欲主义极端发展的时代,但私下看又是性放纵的时代。

7. 近现代(20世纪初至今) 维多利亚时代表面上的性禁锢和现实中的性混乱,以及文艺复兴时代留下的人文主义思想,使得在资本主义经济日益发达、扩张主义者不断挑起战争的20世纪出现了性解放、性科学、性自由、性泛滥、性回归等几个阶段。性解放是人们针对上个时代性压抑的反抗,提出要尊重人的性权利,回归女性性权利。性科学开始受到重视,医学、心理学、社会学等的学者对性进行了多方位的研究,对人类生理性反应周期中各阶段特点进行了临床观察并得出数据,对人类性行为方式的生理和心理基础做了研究,对以往的很多观念和认识给予澄清和纠正。例如,手淫危害论,试验结果为其正了名,消除了历史加给人们的心理重负。此期,弗洛伊德精神分析理论中,对性本能作用的论述,使人们开始正视性冲动,要将其从压抑状态解放出来,以获得身心的健康。但人们推崇的是婚内性行为,青少年的性纯洁。妓院仍然生意兴隆,同性恋是不被赞同的。20世纪中叶开始,由于第二次世界大战结束及美国在朝鲜和越南战中的失利,加上全球经济的衰落,带来了大量失业,青年对前途失望,颓废、空虚、麻木的生活态度,使他们尽情释放自己年轻的能量,吸毒,性放纵,到处游荡。在以释放性能量为目的的性行为中,他们采用了能想到的所有方式。很多家庭受到了冲击,不少年幼孩子的教养被忽略。直到20世纪80年代第一例艾滋病的出现,人们才意识到这种由性行为传播的疾病是不治之症,其传播会造成人类种族的灭绝、经济的重创,才开始对性权利的保障提出了前提要求——自愿、无伤。性行为过程中要使用安全套,既可避免意外妊娠,也可以防止艾滋病的感染。在中产阶层中,提倡家庭责任。

三、性审美与性文化

性审美的主要研究对象和人类其他审美活动一样,包含审美的主体、客体及主体与客体的相互关系。其中性审美的客体(对象)有审美的内容(如性别美、容貌美、体格美等)、性审美的特征规律等;性审美的主体有性美感、性审美意识、性审美心理等;性审美主体与客体的相互关系包括性审美的规律特征等。性审美的人类文化发展经历了三个时期:第一个时期是性器官崇拜时期,直接而质朴,性审美的对象是男女显露的第一性征外部性器官;第二个时期是注重第二性征时期;第三个时期是注重气质风度美的时期。

非常有趣的是,个人性审美能力的发展,似乎也要经历人类性审美的这种"种系发展"的演化过程。个体的幼年和童年期,他(她)关心的是"为什么我的身体和别人的身体不同",于是，其兴趣投向是要了解别人，尤其异性的性器官的构造。从表面上似乎是在纯粹学习性的知识，其实其中糅合了对性器官的审美意念的理解。青春期直至性成熟期，个体的性审美指向对准了男女两性的身体外表特征，即所谓的男性特征和女性特征及其附属的男女性别服饰特征。如果个人的性的社会化过程发展得比较完善，即个人不仅具备一般的文化素养，而且在学校学习和社会生活实践中获得了足够的性文化涵养，他（她）的性审美情趣必定会得到提升，上升到对男女的性气质的审美方面，更加注重男女各自的性品质内涵，对性审美的文化本质有了一定的修养，并从这种性审美的过程中加深了对生命本质的理解。

究竟怎样才算"美"呢？通常人所谓"美"大半就是指"好看"，指"愉快"。不仅普通人如此，许多声名显赫的文艺批评家也将美感和快感混为一谈。英国19世纪有一位学者叫做罗斯金，他有大量建筑和图画相关著作，就曾经很坦白地说："我从来没有看见过一座希腊女神雕像，有一位血色艳丽的英国姑娘的一半美。"从愉快的标准看，血色艳丽的姑娘引诱力自然是比女神雕像大；但是你觉得一位姑娘"美"和你觉得一座女神雕像"美"是否相同呢？英国姑娘的"美"和希腊女神雕像的"美"显然是两件事，一个是只能引起快感的，一个是只能引起美感的。只有"高等感官"可以尝到美感而"低等感官"则只能尝到快感。美感有普遍性，快感没有普遍性。美感经验是直觉的而不是反省的。美感所伴随的快感，在当时都不觉得，到过后才回忆起来。例如，读一首诗或是看一幕戏，当时我们只是心领神会，后来回想，才觉得这一番经历很愉快。

在社会生活和家庭生活中，性审美的内容不可避免地要牵涉男女性征和气质的所有方面。个人在人际相互关系中，通过自我合适的性展现和欣赏他人的性美特征，肯定自我存在价值和社会生活意义。当然，处于不同人际关系中的男女之间，性审美的内容或者指向的对象必定有所侧重。夫妻之间的性审美可以说没有什么可"遮掩"的，在私密情形下完全可以"放开"，相互欣赏和相互美化。但是，普通男女之间的性审美，却必定有所限制，不能什么都"放得很开"。一个人可以赞美与其相处的异性"漂亮"或"英俊"，甚至在合适场合称赞他（她）"性感"，但肯定不能将"漂亮""英俊"和"性感"与所赞美对象的身体特征，尤其与个人的第一性征相联系。在性别交往中，一个人能够以赞许的眼光目视异性，这会让对方感到惬意和感到自豪；但在某些文化中却禁止用眼神凝视对方，这样会冒犯对方。

性文学艺术品的生产和消费，可以弥补人们直接性别交往中所"缺席"的某些内容，是人际性别交往的补充。去看一个性艺术品的展览或阅读性文学作品，实际上是一种间接的人际性别交往。性文学艺术品的提供者给人观赏的所有内容，就是其对别人的性审美所能"容忍"的程度。换句话说，其给人观赏的"东西"就是人们所需要欣赏的东西，是人们在直接的人际性别交往中所不能够"直露"欣赏的方面。因为人的需要除了温饱以外，还有性的生活"消费"，需要不仅从配偶的性接触中，而且还要从社会人际性别交往和欣赏性文学艺术品的间接性别交往中获得性审美的心理补偿。

第五节　中国性文化变迁

中国的性文化，历史上也经历了从开放到禁忌的变化，女性的性权利同样是被剥夺、被剥削的，甚至有让女性从三四岁开始裹脚，成年后若脚长三寸被视为美的风俗。

在春秋战国时期，人们对性爱闺房之事并未视为隐私，可以公开谈论。到了汉代，性便被视为男女的私事,不可公开谈论了,但也未视为丑事。在唐代,性风俗更为开放。到了宋代理学盛行以后,中国社会才实行了其八百年的性禁锢与性封闭,但也是禁下不禁上,表面上禁而实际上禁不住。到了清朝,封建礼教的巨大压力,对女性的束缚,以及性禁锢、性封闭,都到了无以复加的程度。总括中国的历史,中国人所受的儒、佛、道教的熏陶甚深:儒家视性为人类自然的本性与需要之一;佛家认为诸天神佛大部分都是男女同体、集雌雄于一身的;道家更进了一步,视男女交合是采阴补阳、长生不老之道。中国古代传至现代的一些与性相关的书籍,在当时具有十分先进的内容。应该说,中国古代性文化总地来看,具有多层次、多侧面的特点,十分丰富、复杂,但又是曲折发展的。

中国古代性文化的变迁,受当朝者对性的控制程度的影响很大,有的朝代对性的控制较为宽松,而有的朝代则对性的控制十分严酷,这当然与某个朝代是否强大,对自己的统治是否有信心是分不开的。在中国历史上,唐朝是封建社会的盛世,空前的繁荣与强大使统治者相对比较开明,对性的控制也相当宽松。从宋朝以后,封建社会由盛转衰,对性的控制也渐转严,而到了明、清封建社会的后期,对性的控制非常严酷。的确是可以从性的文明状况看社会的文明程度。虽然在中国几千年的性文化发展过程中,有一种从自由到宽松,再到严酷的发展趋势,在这种发展趋势下,各个朝代在性文化方面有各自的特点,但是,各个朝代自身的性文化又呈多元状态,也不能一概而论。例如,唐朝,在封建王朝中对性的控制是最宽松的,人们享有较大的性自由度,可是其还是一个人剥削人的封建社会,女性总的来说仍旧处于被压迫、被玩弄的地位,而这就是本质,某种程度的性宽松改变不了这种性文化的本质。再如,程朱理学与封建礼教的加强始于宋朝,可是宋朝在一个相当长的时期内性封闭和性禁锢还不是太严重,只是到明、清两代才达到空前的严酷。但与此同时,反对者也越来越多,当漫漫长夜到了最黑暗的时候,黎明的曙光也开始出现,中国的性文化也开始走向进步、开明的新阶段。中国的女性解放、婚姻自主、婚内女性性权利的提出及受到重视,是从"五四运动"开始的,而大面积推进是在新中国成立以后。以上这些情况都说明了性文化在各个不同的时期所呈现出的复杂性,而各个时期又有其自身的特点。在观察与分析不同历史时期的性文化时,不能只看到一个方面,不能"有此无彼",而要看到相互矛盾又相互依存的不同状况。

第六节　发展看性文化

中外性文化从古至今经历了自由、压抑、禁锢、放松、革命的历程,这个变化自然离不开社会经济基础的变革和统治阶级对政权统治的稳固程度。性文化中既有表现高雅、升华人们情操的精华,也有展示粗俗、发泄本能欲望的糟粕。过分压抑和禁锢,不会产生高雅和精华;一味自由与放纵,也难有身心健康和社会的蒸蒸日上。欧洲文艺复兴时人们理性而文雅,性本能通过文学、艺术、戏剧、诗歌等多种形式抒发,是留下经典最多的时期;而罗马帝国的覆灭,当今艾滋病的传播,正是过分自由甚至混乱的结果。因此,科学、发展地看待性本能是性文化史发展到今天为人们提供的机会和选择。客观地说,人类是幸运的,因为历史告知了我们什么是健康、快乐和可持续发展,没有人愿意在同一个地方再次摔得伤痕累累,甚至丧命,而享受性文化历史遗留下来的精华是每个正常人的心愿,同时也渴望为性文化历史长河留下新的精华。因此,以客观的态度看待性本能,以科学的态度研究性文化,以理性的态度运用性权利,创造出新时代的性文化,体现当代的社会文明,是每个大学生的明智选择!

第五章 男性生殖系统疾病

第一节 男性性功能障碍

男性性功能是在神经-内分泌系统及多种生物因子调节下的一系列生理功能,包括性欲、性兴奋、阴茎勃起、性高潮和射精及勃起消退等多个环节。由于性功能如同身体的循环、呼吸、消化、排泄系统等功能一样重要,一旦发生心理性或器质性病理变化,就会导致男性性功能障碍。在性欲方面的影响,表现为性欲低下、性厌恶、性欲亢进;在阴茎正常勃起方面的影响,为勃起功能障碍或阴茎异常勃起;在射精方面的影响,表现为早泄、不射精、逆行射精、射精疼痛及性高潮障碍等。男性性功能障碍是男科学中一类常见疾病,发病率甚高,据统计,占成年男性人群的 50% 以上。其中以勃起功能障碍和射精障碍最为常见,本节主要讨论这两类疾病。

一、勃起功能障碍

勃起功能障碍(erectile dysfunction,ED)的定义是指阴茎持续(至少三个月)不能达到和(或)维持充分的勃起以获得满意的性生活。本病早先在西方被称为性无能,我国称为阳痿,两者都是医患双方不愿意接受的贬义词,ED 确切地定义了这种性功能障碍的本质。在美国麻省男性增龄研究(Massachusetts male aging study,MMAS)中,1290 名 40~70 岁男性的 ED 患病率为 52%,其中轻、中、重度 ED 患病率分别为 17.2%、25.2% 和 9.6%。

(一)勃起功能障碍的病因及分类

ED 的病因错综复杂,通常是多因素所导致的结果。ED 主要分为心理性、器质性及混合性三大类。研究者们以往认为 86%~90% 的 ED 是心理障碍所致。近年来,应用先进科学技术检测,发现器质性 ED 占 50% 以上。Virag 等认为器质性 ED 占 50%~80%。值得强调的是,所有的 ED 患者,均有不同程度的心理障碍,单纯心理性 ED 者,一般占半数以下。

1. 心理性 ED 紧张、压力、抑郁、焦虑和夫妻感情不和等不良心理因素引起大脑中枢的抑制造成的 ED。由于每个人心理素质的差别,虽然遇到相似的精神心理刺激,可能会有不同的反应。对于心理创伤,多数人不会发生 ED,有些人却有可能发生勃起障碍。心理压力与 ED 密切相关,如日常夫妻关系不协调、性知识缺乏、不良的性经历、工作或经济压力、对媒体宣传的不正确理解、对疾病和处方药副作用的恐惧所致的焦虑和抑郁性心理障碍及环境因素等。常见因素为缺乏性教育或接受了错误的性教育,如:对手淫、遗精的自责与恐惧,视性行为是肮脏、下流的行为等;幼年时受过性骚扰所致的精神创伤;有初始性交失败经历、人际关系过度紧张、性交场合不适当、惧怕怀孕及染病等。长期焦虑情绪促使交感神经过度兴奋,释放去甲肾上腺素,引起血管收缩。心理性 ED 不是单纯的功能性疾病,下丘脑可能参与了心理性 ED 的病理生理过程,心理性 ED 也可能存在未被人们认识的潜在病因和病理生理机制。

2. 器质性 ED

(1) 血管性原因:任何可能导致阴茎海绵体动脉血流减少的疾病及阴茎静脉漏等,如动脉粥样硬化、高血压、心脏病等。

(2) 神经性原因:脊髓和中枢神经系统疾病、脊髓外伤、周围神经病变等。

(3) 外伤及手术:引起与阴茎勃起有关神经血管损伤。

(4) 内分泌疾病:糖尿病、甲状腺、肾上腺及性腺疾病等。

(5) 阴茎本身疾病:如阴茎解剖或结构异常、阴茎海绵体硬结症、严重包茎等。

(6) 药物性因素(如抗高血压药、抗精神病药、抗雄激素药等)、吸烟、酗酒、吸毒等均可导致不同程度的 ED。

3. 混合性 ED 心理性和器质性原因同时存在,是临床最常见的情况。

(二) 勃起功能障碍的诊断及特殊检查

1. 病史、体格检查及实验室检查

(1) 病史应包括可能为致病因素的慢性病史、药物史、手术史,尤其是患者与配偶的性生活史、婚姻史。有些患者难以表达亦可采用书面或表格填写方式,主要内容如下:①ED 发生诱因、病程长短、严重程度;②夜间、晨醒、手淫及视学刺激时能否勃起;③性交体位变动对勃起硬度有无影响;④性欲与射精有无改变;⑤社会、家庭中发生的心理精神创伤;⑥有无慢性疾病、药物服用及手术创伤史;⑦有无吸烟、酗酒、吸毒史。根据病史获得资料可对心理性或器质性 ED 有初步判断。心理性 ED 往往多见于青壮年,有精神心理创伤史,表现为突发、间断或境遇性 ED,夜间或手淫时可有正常勃起,性欲或射精功能多无变化,无外伤、手术、慢性病或长期服药史。

(2) 对每位患者均应进行全面、系统的体格检查,重点是生殖系统检查(注意阴茎大小、有无畸形或硬结及睾丸质地大小)、第二性征的发育(注意皮肤、体型、骨骼及肌肉发育情况,有无喉结,胡须、体毛分布与疏密程度,有无男性乳房发育)及局部神经感觉(会阴及阴茎感觉、提睾肌反射等)。生殖系统与第二性征发育异常,往往提示有原发性或继发性性腺功能低下及垂体病变所致的内分泌性 ED。足背动脉搏动减弱或消失、球海绵体肌反射消失、会阴感觉迟钝表明有血管或神经性 ED 的可能。

(3) 实验室检查应包括血、尿常规、血糖血脂及血睾酮的检查,可以发现糖尿病、血脂代谢异常及内分泌疾病。若怀疑有慢性肝、肾疾病者应做肝、肾功能检查,怀疑睾酮分泌低下时,应测清晨睾酮水平两次,同时查泌乳素及黄体酮水平。

2. 评估 ED 诊断及疗效评价最具权威的是国际勃起功能指数问卷调查表(international index of erectile function,IIEF),该表由 Rosen 等于 1997 年设计,共有 15 个问题。次年,Rosen 等根据 ED 的定义,将 IIEF 进一步简化为 5 个主要问题,即 IIEF-5,收到了较好的评价效果。IIEF-5 要求患者根据过去 6 个月内性生活的情况,对 5 个问题进行自我评分,将每项得分相加得总分。5~7 分,重度 ED;8~11 分,中度 ED;12~21 分,轻度 ED;22 分及以上,勃起功能正常。怀疑精神心理性 ED 者应做心理评估。

3. 特殊检查 近年来为了诊断 ED 的性质和病因,先后设计和开展了许多有关 ED 的特殊检查,如阴茎海绵体内注射(intracavernous injection,ICI)试验、彩色双功能多普勒超声(color duplex doppler ultrasound,CDDU)检查、阴茎-肱动脉血压指数(penile brachial index,

PBI)、夜间阴茎勃起（nocturnal penile tumescence，NPT）、阴茎海绵体内压测定（cavemosometry，CM）、阴茎海绵体造影（cavernosography）、选择性阴茎动脉造影、海绵体血氧张力测定、勃起反射神经通路检查、阴茎海绵体活检等。

（三）勃起功能障碍的治疗

1. 药物治疗

（1）口服药物治疗：ED 的第一线治疗方法。根据作用部位，分中枢性和周围性两大类。作用于阴茎勃起的中枢性药物有育亨宾、多巴胺能药物、5-羟色胺受体拮抗剂、阿片拮抗剂等；作用于外周使阴茎平滑肌松弛的药物有西地那非、酚妥拉明、己酮可可碱、L-精氨酸等。

（2）海绵体内注射药物治疗：用血管活性物质如罂粟碱、α受体阻滞剂、前列腺素 E_1 等。为提高疗效和减少副作用，主张使用多种药物小剂量优化组合配伍使用。

（3）局部外用治疗：用药有硝酸甘油贴片或乳剂、米诺地尔或罂粟碱及酚妥拉明油膏等。经尿道途径治疗 ED 的外用药物有前列地尔栓剂、比法尔乳膏等。

（4）性激素药物替代治疗：主要为补充外源性睾酮，对原发性性腺功能低下和老年雄激素水平低下者有一定的疗效。促性腺激素替代治疗可用于继发性性腺功能低下，可使睾丸增大，刺激精子生成，提高性欲和性功能。

2. 手术治疗

（1）勃起功能障碍血管手术治疗：可以分为阴茎动脉阻塞性 ED 的手术治疗及阴茎静脉漏性 ED 的外科治疗。

（2）阴茎假体植入术：阴茎海绵体纤维化或严重的血管病变所致的 ED 患者的治疗方法。假体的种类包括可延展阴茎假体、机械性阴茎假体、单件套可膨胀假体、两件套假体与三件套假体。随着假体性能及术后满意度的不断提高，植入假体的患者日益增加，美国泌尿外科协会（AUA）已将阴茎假体植入术作为治疗 ED 的标准方法。

3. 物理治疗 真空负压装置利用真空负压提高阴茎海绵体血流，使阴茎充血胀大以达到最大长度和硬度，再将弹力收缩环置于阴茎根部，阻断阴茎静脉回流，延长勃起维持时间及硬度，是治疗 ED 最成功的方法之一。

4. 心理治疗 ED 心理治疗的目标是创造和恢复夫妻间的性乐趣和性满足，而不应当在其性表现能力上。在进行心理治疗前，首先应详细询问病史，进行全面的体格检查、实验室检查（血糖、睾酮、FSH、LH、PRL 等）和与 ED 相关的特殊检查（如 NPT、多普勒超声检查、阴茎海绵体内压测定、阴茎海绵体造影等），并采用 IIEF-5 等问卷，对 ED 患者进行正确的诊断和全面的评价。治疗方案分为第一阶段（即性认识的一致与焦虑的松弛），以及第二阶段（即行为治疗）。经过以上各阶段治疗后，部分患者可获得正常的性交。

5. 中医治疗 中医药治疗 ED 经过数千年来的临床实践，不仅积累了合理的论述，也积累了丰富的治疗经验并提供了各种方剂。中医治疗 ED 的关键在于辨证施治，归纳为以下几点：一是滋阴降火，改善全身状况；二是清热化湿，解除外界干扰；三是温补肾元，调整内分泌；四是疏肝理气，改善局部血液循环。

6. 基因治疗 ED 的基因治疗研究尚处于动物实验阶段，尚未见人体研究的报道，应用于临床还需要一段时间。相信随着基因工程技术的进展、男科学工作者的努力，ED 的基因治疗最终将应用于临床，为 ED 的治疗带来新的希望。

二、射精障碍

射精是性感应链的最后阶段,此时性兴奋达到极点,射精管、前列腺和精囊收缩之后,出现尿道周围和盆底肌肉强烈收缩,精液经尿道外口射出,射精同时产生强烈的欣快感。射精障碍是常见的一种性功能障碍,其分类很不统一,多数学者为方便临床诊断和治疗的原则,将射精障碍分为早泄、不射精、逆行射精和射精痛几种类型。

1. 早泄　早泄是射精障碍中最常见的疾病,发病率占成年男性的35%～50%,占射精障碍的90%。早泄的定义多种多样且有争议,概括地说,男性在性交时失去控制射精的能力,阴茎插入阴道之前或插入阴道性交时很快(少于1 min)就射精,可定义为早泄。

(1) 发病原因:传统观点认为早泄大多是心理性原因。最近研究发现:①早泄患者和正常人精神心理方面并无显著性差异,只在忧郁、焦虑、精神症状、敌对心理方面有一定异常趋势。②早泄患者阴茎头感觉较正常人灵敏,性交时对刺激感受的性冲动过高,射精反射控制的阈值过低而发生早泄。③早泄患者阴茎头诱发电位潜伏期比正常人短,感觉神经兴奋性比正常人高,以致性交时射精反射异化,而诱发早泄。④外生殖器及尿道疾病,如慢性前列腺炎、包皮过长、包皮炎、尿道炎等亦可诱发早泄。

(2) 治疗:应首先分析早泄的发病原因,根据其发病原因选择以下适当的治疗方法,如:进行性感集中训练和行为治疗、脱敏治疗或性交技巧、频率、体位的指导等;可口服某些药物,如抗抑郁药、α-肾上腺素受体阻滞剂、5-羟色胺再摄取抑制剂;抑制大脑皮层和骶髓中射精中枢的兴奋性及治疗某些诱发疾病,如慢性前列腺炎、尿道炎等;也可阴茎表面用药,以局部麻醉药制成的喷雾剂和软膏为主,于性交前涂抹在阴茎头表面。

2. 射精延迟　射精延迟指虽然有性欲望,能够产生有效勃起,但是在长时间的性刺激下才能发生射精。在男性射精功能障碍中其发病率低,通常患者若不进行有效治疗,最终可导致不射精。

(1) 发病病因:射精延迟的病因主要是心理因素造成的,部分是由于神经系统的损伤和药物、精神活性物质(如海洛因、可卡因等)的滥用造成的。

(2) 治疗:对有心理因素者需要进行精神心理治疗,可获得较满意的效果。对患有脊髓疾病或脊柱损伤、交感神经节损伤、糖尿病者,以及饮酒或服用镇静安定药物等器质性原因者,可进行针对原发病的治疗,也可利用性感集中训练法,或利用阴茎振动器振动刺激诱导射精来辅助治疗。对于严重射精迟缓导致不孕者,可用振动刺激诱导射精来取得精子,用于人工授精。

3. 不射精　不射精,性交时间延长,但难以达到性高潮,甚至无性高潮,大有枯燥乏味之感,常导致不育症。不射精者可能有正常性欲及勃起功能。

(1) 发病原因:不射精多由外伤等引起的器质性原因造成,如脊柱损伤、交感神经损伤等;糖尿病及其他神经性疾病、慢性酒精中毒、服用过量安定药等均可抑制射精。心理性原因亦是青年人不射精的常见原因,如性无知、不做阴茎插入阴道后的抽动,女方不配合、刺激不够或精神及感情因素等。

(2) 治疗:进行性知识教育和技术指导等心理方面的治疗,以去除心理性病因,对外伤、糖尿病、饮酒或服安定药等进行原发病的治疗。利用阴茎震动器震动刺激诱发射精,对器质性或心理性病因造成的不射精症均有良好效果,其他的治疗方法还包括中药及针灸治疗。

4. 逆行射精　逆行射精的患者在性生活时有性高潮及射精感,但精液未射出尿道口外,逆向进入膀胱内。本病是男性不育症的原因之一。

(1) 发病原因：糖尿病、膀胱尿道炎症、膀胱颈部肌肉功能异常、局部神经支配失调、膀胱及前列腺手术损伤神经等均可造成逆行射精，特别是经尿道前列腺切除术造成的逆行射精可高达89%。本病诊断主要依靠人工诱导射精或性交后尿液检查精子来诊断。

(2) 治疗：口服交感神经兴奋药物治疗，如去甲麻黄碱等，有效率在40%左右，严重者需要手术重建膀胱颈部。

5. 射精痛　射精痛是指在性交达到高潮而射精时发生性器官的疼痛。射精痛也是常见的一种性功能障碍。引起射精痛最常见的原因有精囊炎、前列腺炎、附睾炎、前列腺及精囊结石症、生殖系统肿瘤、尿道狭窄、严重包茎、阴茎结石等症。治疗应查明原因，以治疗原发病为主。

第二节　男性不育症

正常情况下，生育力正常的夫妇单月妊娠率为20%~25%，半年妊娠率为75%，1年妊娠率为90%。男性不育症(male infertility)是指育龄夫妻，有正常性生活且未采取避孕措施，由男方因素导致女方在一年内未能自然受孕。据WHO调查显示，15%育龄夫妇存在不育问题，而发展中国家某些地区可高达30%，男女双方原因各占50%。男性不育症分为原发性不育和继发性不育。原发性不育是指男子从未使女性受孕；继发性不育是指男子曾有使女性受孕史。不孕不育的发病率约15%，男女因素各占一半。

一、男性不育症的病因

男性不育症是由某一种或多种疾病和(或)因素造成的结果，通常根据疾病和因素干扰或影响生殖环节的不同，分为睾丸前、睾丸和睾丸后三个因素，病因不明者称为特发性男性不育。

(一) 睾丸前因素

该类患者生育功能的损害主要为下丘脑、垂体疾病等因素所致。

1. 下丘脑疾病

(1) 原发性低促性腺激素型性腺功能减退综合征：由于下丘脑促性腺激素释放激素(GnRH)分泌障碍，导致促性腺激素分泌减少而继发性腺功能减退，导致睾丸生精功能障碍。常见的如卡尔曼氏综合征，本病于1944年由Kallmann报告，病变部位在下丘脑，伴嗅觉障碍或减退。

(2) 选择性黄体生成素(luteinizing hormone, LH)缺乏症：该病又称生殖性无睾症，罕见。临床表现为不同程度的雄性化和男乳女性化的类无睾体征，患者睾丸大小正常或略大，精液量少，偶见少许精子。镜下可见成熟的生精上皮，但间质细胞少见，血清激素检查提示LH缺乏。

(3) 选择性卵泡刺激素(follicle stimulating, FSH)缺乏症：该病极为罕见，垂体FSH分泌不足，而LH正常，患者临床表现为有正常的男性性征和睾丸体积，但表现为无精子症或重度少精子症。

(4) 先天性低促性腺激素综合征：继发于数种综合征的性腺功能低下，如Prader-Willi综合征和Laurence-Moon-Bardet-Biedl综合征。

2. 垂体疾病

（1）**垂体功能不足**：由于肿瘤、感染、梗死、手术、放射、浸润和肉芽肿性病变等影响垂体功能所致，表现为血睾酮水平低下伴促性腺激素低下或正常偏低。全垂体功能障碍者，同时还伴有血清皮质类固醇低下、血 FSH 和生长激素水平低下。

（2）**高泌乳素血症**：原发性高泌乳素血症常见于垂体腺瘤。泌乳素过高会引起 FSH、LH 和睾酮降低，可以导致生精障碍和性欲丧失、ED、溢乳、男性乳腺增生，有时还伴有其他激素代谢紊乱。

3. 内源性或外源性激素异常

（1）**雄激素和（或）雌激素过多**：雄激素过多见于口服类固醇激素、先天性肾上腺增生、有内分泌功能的肾上腺肿瘤或睾丸间质细胞肿瘤；雌激素过多常见于过度肥胖、肝功能不全等，此外，还与一些能分泌雌激素的肿瘤如肾上腺皮质肿瘤等有关。

（2）**糖皮质激素过多**：过多的糖皮质激素能抑制 LH 的分泌，导致精子发生、成熟障碍，多见于库欣综合征或医源性摄入增加。

（3）**甲状腺功能亢进或减退**：甲状腺功能的异常主要通过垂体影响生精，甲状腺功能亢进或减退可改变下丘脑激素的分泌和雌/雄激素比值，影响精子的发生与成熟。

（二）睾丸因素

1. 先天性异常

（1）**染色体或基因异常**：遗传学异常是临床上导致男性不育症的重要因素，包括染色体核型异常、Y 染色体微缺失、基因突变异常及精子染色质异常等。

①Klinefelter 综合征：又称克氏综合征。常见核型为（47,XXY），占 80%～85%；嵌合体（47,XXY/46,XY）约占 15%，其余为（48,XXXY）、（49,XXXXY）等，其表型随着 X 染色体数目的增加而加重。患者通常身材高大（与父母相比），第二性征发育异常，睾丸体积小，激素检查提示 FSH、LH 明显升高，睾酮稍低或者正常，伴有不育。

②Y 染色体微缺失：Y 染色体长臂上存在控制精子发生的基因，称为无精子因子（azoospermia factor, AZF）。在无精子症和少精子症的患者中，AZF 缺失者占 3%～29%，发生率仅次于 Klinefelter 综合征，是居于第二位的遗传因素。

③XYY 综合征：患者通常身材高大，智力正常或轻度低下，性格孤僻，易发生攻击行为，生育力正常至无精子症均可发生。（47,XYY）理论上可形成 4 种类型的精子（X、Y、YY、XY），但实际上异常核型精子比例很低。

④XX 男性综合征（又称性倒错综合征）：该病是由于 Y 染色体上睾丸决定区基因（SRY）在减数分裂时易位到了 X 染色体或其他染色体，但控制生精的基因（AZF）仍在 Y 染色体，因此导致无精子症。

⑤Noonan 综合征：又称男性 Turner 综合征，染色体核型大部分为正常（46,XY），少数为（45,X0）或嵌合型（45,X0/46,XY）。

（2）**隐睾**：小儿常见的泌尿生殖系统先天性畸形。早产儿隐睾发病率约 30%，新生儿为 3.4%～5.8%，1 岁时约 0.66%，成人为 0.3%。

2. 睾丸炎
青春期后的流行性腮腺炎 30% 合并睾丸炎，常为单侧，双侧发病率为 10%～30%，睾丸萎缩是病毒性睾丸炎最常见的严重后果，但其较少见于细菌感染。

3. 睾丸损伤
睾丸损伤，除导致睾丸萎缩外，还可激发异常免疫反应，两者均可导致不育；睾丸血管的医源性损伤也会导致不育。睾丸扭转可引起睾丸缺血性损伤。

4. 精索静脉曲张 在不育症患者中的发病率近40%。精索静脉曲张引起不育往往包含多种因素综合作用的结果。

(三) 睾丸后因素

睾丸后因素造成的不育症可以分为梗阻因素、性功能相关因素及特发性病因。

1. 梗阻因素 输精管道梗阻是男性不育的重要病因之一，梗阻性无精子症在男性不育患者中占7%~10%。通常是根据患者梗阻的部位来分类，常见的包括附睾梗阻、输精管梗阻、射精管梗阻。

(1) 附睾梗阻：造成梗阻性无精子症的最常见病因，30%~67%的无精子症由附睾梗阻造成。多数附睾梗阻病因不清，少数病因明确，包括先天性因素和继发性因素。引起附睾梗阻的先天性因素主要为囊性纤维化、扬氏综合征、慢性鼻窦炎、支气管扩张和梗阻性无精子症等。此类患者常由于浓缩物质阻塞附睾而表现为无精子症，外科重建效果差，不建议手术治疗。附睾炎是造成继发附睾梗阻的常见原因。输精管梗阻引起的继发附睾梗阻也较常见，如输精管结扎后附睾梗阻。

(2) 输精管梗阻（缺如）：常见于输精管结扎术后、儿时双侧腹股沟处手术（疝修补、鞘膜积液手术等），少部分也可能继发于各类感染。输精管梗阻是一类特殊的输精管梗阻，目前的研究认为与CFTR基因突变相关。

(3) 射精管梗阻：约占无精子症病因的5%，可以由先天性的沃尔夫管囊肿、苗勒管囊肿或炎症导致射精管口阻塞，还有部分医源性因素。

2. 性功能相关因素 性欲减退、ED、射精功能障碍是不育症的原因，除部分器质性原因外，大部分通过性咨询和药物治疗可以治愈；尿道下裂等解剖学异常由于射出精液距宫颈过远可导致不育；糖尿病、膀胱尿道炎症、膀胱颈部肌肉异常、尿道下裂、手术或外伤损伤神经也可导致不射精或逆行射精；不良的性习惯如性交过于频繁，应用兴奋剂、润滑剂等也会影响生育。

3. 特发性病因 特发性病因所致不育是指男性不育症找不到明确病因者，其影响生殖的环节可能涉及睾丸前、睾丸本身、睾丸后的一个或多个环节。目前倾向与遗传或环境等因素相关。

二、男性不育症的诊断

(一) 诊断方法

1. 病史 病史采集包括以下内容。

(1) 主诉及现病史：如未避孕未育时间XX年（月）。

(2) 婚育史及性生活史：需要了解结婚或同居时间，尝试妊娠的时间；应详细了解配偶的既往生育史；需要了解性生活频率、勃起功能、射精情况；初步了解是否为性功能障碍导致的不育。

(3) 生育力检测及治疗史：要详细询问既往不育相关的检查和治疗情况，尤其是精液的情况；了解患者曾经的治疗手段、治疗时间及治疗效果。

(4) 既往史：主要包括生长发育史、过去疾病史、传染病史、用药史等。要重点询问与生育相关的疾病和因素，主要包括腮腺炎、附睾炎、睾丸炎等泌尿生殖器官感染史、手术外伤史、内分泌病史等可能影响睾丸生精功能、性功能和附属性腺功能的疾病、因素；同时要了解有无化疗、放疗及应用影响生育的药物等情况。

（5）家族史、遗传性疾病史：父母有无近亲结婚，有无遗传性疾病史，母亲生育情况及兄妹健康、生育情况等。应充分了解有无影响优生优育的家族性遗传因素，必要时描绘出家族系谱图。

2. 体格检查 重点应注意体型及第二性征。重点了解体毛分布情况及有无男性乳房发育等表现，应特别注意腹股沟区域是否有瘢痕。应注意有无阴茎畸形，阴茎检查时应注意有无尿道下裂、尿道上裂、尿道外口狭窄等可能妨碍性交或阴道内射精的疾病。检查阴囊时应注意睾丸及附睾的位置、质地、大小，有无压痛、肿块及鞘膜积液。输精管检查时应注意有无缺如、增粗、结节或者触痛，有无精索静脉曲张及其程度。射精功能障碍的患者，可进行球海绵体肌反射等检查以排除神经系统疾病。必要时参考 ED、PE 指南。

3. 辅助检查

（1）精液分析：精液检查结果的分析推荐参照《WHO 人类精液及精子-宫颈黏液相互作用实验室检验手册》第 5 版进行（表 5-1，表 5-2），若第一次精液分析结果正常，通常不需要进行第二次分析，精液分析结果必须与临床检查相印证。若再次精液分析结果与第一次相差显著，则需进行第三次精液分析。无精子症诊断要特别慎重，至少要进行 3 次以上严格的精液采集和检查，且所有显微镜检查未见精子的精液标本都应离心确定沉渣中无精子。

表 5-1 精液特性的参考值下限（第 5 百分位数，95% 可信区间）

参数	参考值下限
精液体积(mL)	1.5(1.4～1.7)
精子总数(10^6/一次射精)	39(33～46)
精子浓度(10^6/mL)	15(12～16)
总活力(PR＋NP,%)	40(38～42)
前向运动(PR,%)	32(31～34)
存活率(活精子,%)	58(55～63)
精子形态学(正常形态,%)	4(3.0～4.0)
其他共识临界点	
pH 值	≥7.2
过氧化物酶阳性白细胞(10^6/mL)	<1.0
MAR 试验(与颗粒结合的活动精子,%)	<50
免疫珠试验(与免疫珠结合的活动精子,%)	<50
精浆锌(μmol/一次射精)	≥2.4
精浆果糖(μmol/一次射精)	≥13
精浆中性葡萄糖苷酶(mU/一次射精)	≥20

表 5-2 各种精液状态的诊断名称

诊断名称	诊断标准
无精液症(aspermia)	无精液（没有精液射出或逆行射精）
弱精子症(asthenozoospermia)	前向运动(PR)精子百分率低于 32%

续表

诊断名称	诊断标准
弱畸精子症(asthenoteratozoospermia)	前向运动(PR)精子百分率和正常形态精子百分率低于32%和4%
无精子症(azoospermia)	精液中无精子
隐匿精子症(cryptozoospermia)	新鲜精液制备的玻片中没有精子,但在离心沉淀团中可观察到精子
血精症(haemospermia)	精液中有红细胞
白细胞精液症(脓性精液症)[leukospermia(pyospermia)]	精液中的白细胞数超出 $1.0\times10^6/mL$
死精子症(necrozoospermia)	精液中活精子百分率低,不活动精子百分率高
正常精子症(normozoospermia)	精子总数(或浓度,取决于报告结果)*、前向运动(PR)精子百分率和正常形态精子百分率分别等于或高于 39×10^6 ($15\times10^6/mL$)、32%和4%
少弱精子症(oligoasthenozoospermia)	精子总数(或浓度,取决于报告结果)*和前向运动(PR)精子百分率低于 39×10^6 ($15\times10^6/mL$)和32%
少弱畸精子症(oligoasthenoteratozoospermia)	精子总数(或浓度,取决于报告结果)*、前向运动(PR)精子百分率和正常形态精子百分率分别低于 39×10^6 ($15\times10^6/mL$)、32%和4%
少畸精子症(oligoteratozoospermia)	精子总数(或浓度,取决于报告结果)*和正常形态精子百分率低于 39×10^6 ($15\times10^6/mL$)和4%
少精子症(oligozoospermia)	精子总数(或浓度,取决于报告结果)*低于 39×10^6 ($15\times10^6/mL$)
畸形精子症(teratozoospermia)	正常形态精子百分率低于4%

(2) 生殖内分泌激素检查:建议上午10点前空腹血液检测,常用的生殖内分泌激素指标有睾酮(T)、雌二醇(E_2)、泌乳素(PRL)、黄体生成素(LH)、卵泡刺激素(FSH)等。

(3) 生殖系统超声检查:生殖系统超声检测包括阴囊超声及经直肠超声。阴囊超声主要检测双侧睾丸、附睾、精索静脉及近端输精管。通过测量睾丸上下径、左右径、前后径,并使用公式校正后计算睾丸体积(体积=睾丸上下径×左右径×前后径×0.71)。经直肠超声主要针对前列腺、精囊、输精管和射精管进行检查。

根据病史、体格检查以及精液分析等检查结果,还可选择下列有关检查。

(4) 精浆生化检查:精浆生化常用指标包括果糖、中性 α-葡糖苷酶、酸性磷酸酶、锌和弹性蛋白酶等,重点了解果糖、中性 α-葡糖苷酶的含量,对不育的诊断及外科治疗有指导意义。果糖浓度的测定可以反映精囊腺的分泌功能,果糖浓度降低时亦可见于射精管梗阻、双侧输精管先天性缺如、精囊发育不全、不完全逆行射精和雄激素缺乏等。中性 α-葡糖苷酶活性高低反映附睾分泌功能,附睾管梗阻时可出现降低。

(5) 男性生殖遗传学检查:与男性不育相关的遗传学检查主要包括染色体核型、Y染色体微缺失、基因突变、基因多态性、基因芯片等方法。Y染色体微缺失推荐以下8个位点,包含位点 AZFa:sY84、sY86，AZFb:sY127、sY134，AZFc:sY254、sY255，AZFd:sY145、sY152，不同位点的缺失其临床意义不同。

(6) 精子DNA完整性检查：精子DNA的完整性是父系遗传信息传递给子代的前提。精子DNA完整性异常会严重影响到精子受精、受精后原核形成，并可能导致流产。临床常用精子DNA碎片指数(DNA fragment index, DFI)来评价精子DNA的完整性。精子DFI升高可造成配偶不孕、反复流产、胎停育等，也是宫腔内人工授精(IUI)、IVF/ICSI成功率的影响因素，对上述患者建议常规筛查。目前常用的为基于流式细胞术的染色质结构分析方法来检测DFI。

(7) 生殖道相关支原体、衣原体等病原微生物检测：对于精液参数异常患者及不明原因不育者，尤其是精液白细胞增多、合并尿道分泌物的患者应进行支原体、衣原体等病原微生物检测。RNA检测技术因其灵敏度高、特异性强、更准确地判定疗效等特点，更适于生殖道常见病原微生物的检测。

(8) 精子存活率检测：主要用于反映不活动精子中活精子所占比例，可用染色排除法或低渗肿胀实验来鉴定。前者多为伊红染色，后者主要是精子低渗肿胀试验。

(9) 射精后尿液离心检查：主要针对无精液或精液量少者，根据射精后尿液离心检查是否找到精子，可以辅助诊断逆行射精或部分逆行射精。

(10) 抗精子抗体(AsAb)检测：对于不明原因不育、精子大量特异性凝集、性交后试验异常等情况，可进行抗精子抗体检测。临床上检测精子表面结合抗体是诊断自身免疫性不育的特异性方法。

(11) 睾丸活检：睾丸活检是无精子症中常用的诊断方法。对于条件具备的单位可以同时冷冻保存精子或睾丸组织，以备将来应用于辅助生殖技术。拟行输精管附睾吻合手术的患者，术前不推荐睾丸/附睾活检。

(12) 其他检查：包括精子-宫颈黏液体内(外)试验、盆腔MRI影像学检查等。

(二) 诊断流程

根据患者的病史、生殖腺毒素接触情况、体格检查及辅助检查结果等，按照诊断流程可以得出初步诊断(图5-1，图5-2，图5-3)。

三、男性不育症的治疗

对于不育患者，首先应根据生活习惯、工作环境等进行有针对性的生殖健康宣传教育，然后根据患者及配偶的具体情况，推荐选择药物治疗、手术治疗或辅助生殖技术。药物治疗在临床上广泛使用，创伤和费用较小，患者易于接受。进行药物治疗应该覆盖1~2个生精周期(3~6个月)，同时进一步评价药物治疗的适应证和疗效。

(一) 药物治疗

1. 基础性治疗 适用于少精子症、弱精子症、畸形精子症及同时存在上述几种情况的患者，同时也适用于拟行自精辅助生殖助孕前的患者。基础性治疗包括三大类，分别为抗氧化治疗、改善细胞能量代谢的治疗及改善全身和生殖系统(睾丸、附睾等)微循环的治疗。

(1) 抗氧化治疗：抗氧化治疗可改善全身或局部的微环境，对精子生成及保护精子的结构和功能都有积极意义。每一种抗氧化药物都具有特定的作用机制，其作用不能互相替代，且具有协同作用，从而达到对细胞的全面保护。抗氧化剂在体内可通过对抗ROS所导致的

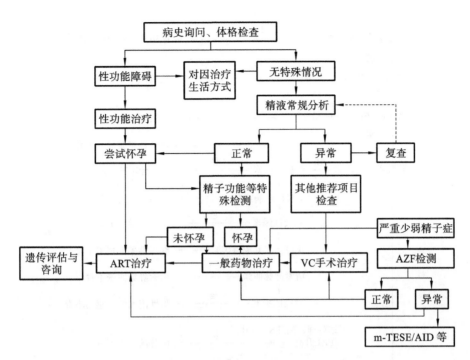

图 5-1 男性不育症诊疗策略流程图

膜脂质过氧化损伤,保护精子的结构与功能,提高男性精子的浓度、活力及形态正常精子百分率。

(2)改善细胞能量代谢的治疗:该类药物可在提高细胞线粒体氧化功能等多个方面改善全身组织和细胞代谢能力,并且多兼具抗氧化作用,进而调节睾丸支持细胞功能,改善精子的形成和成熟过程。附睾内精子主要依靠长链脂肪酸和磷脂等物质在线粒体内通过 β-氧化供能,但脂肪酸不能直接透过线粒体内膜,必须由卡尼汀转运完成。卡尼汀不但可将脂肪酸和磷脂转运进入线粒体内,同时也可将脂肪酸转运至附睾上皮,再经附睾上皮转运至附睾管腔和精子细胞内。

(3)改善全身和生殖系统微循环的治疗:此类药物通过提高血管的弹性及收缩功能、改善血流状态、增加组织血流量来改善全身或局部组织的微循环功能,通过改善睾丸与附睾血液循环,提供睾丸生成和成熟的理想微环境,进而促进睾丸的生精作用以及附睾内的精子成熟,此外,还可促进精子 ATP 酶的活性,增加精子活力,改善顶体功能,有利于顶体反应顺利进行,促进精子穿透透明带。

2. 病因治疗 病因治疗主要指针对男性不育病因明确或影响男性生育的高危因素,进行针对性的药物治疗,其使用机制相对明确。

(1)附属性腺感染对降低男性生育力有潜在的影响。男性附属性腺感染可根据其临床症状和细菌学检查确诊,使用敏感的抗生素治疗。

(2)促性腺激素包括促性腺激素释放激素(GnRH)、人绒毛膜促性腺激素(hCG)和人绝经期促性腺激素(hMG)。hCG 和 hMG 适用于各种诊断明确的原发性或继发性促性腺激素低下性性腺功能减退症,效果较为确切。治疗前需排除高泌乳素血症,对于怀疑垂体肿瘤者应行 MRI 检查。常用剂量为 hCG 2000～5000 IU,肌注,2～3 次/周。对于原发性(先天性)促性腺激素分泌不足的,在上述基础上加用 hMG 75～150 IU,肌注,2～3 次/周。有报道微

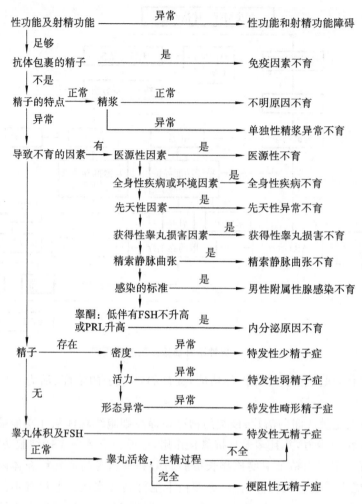

图 5-2　WHO 男性不育症诊断程序

量泵脉冲式皮下注射 GnRH 治疗用于 Kallmann 综合征和特发性促性腺激素低下性性腺功能减退症的患者,但使用不方便、治疗费用较高,临床应用较少。

(3) 继发于先天性肾上腺皮质增生的男性不育可用糖皮质激素治疗。对于抗精子抗体阳性的患者,系统回顾和 Meta 分析显示抗精子抗体并未对精子数量、活力、前向运动能力和精子形态造成显著影响,使用免疫抑制剂治疗可能出现一系列的副作用,建议慎重使用。

(4) 排除需手术治疗垂体肿瘤的高泌乳素血症可采用多巴胺受体激动剂溴隐亭等治疗。

(5) 对于甲状腺功能减退者补充甲状腺素可能改善其生育力。

3. 其他治疗

(1) 调控雌激素作用类药物:

①雌激素受体拮抗剂:此类药物通过阻断雌激素的负反馈抑制效应而促进垂体分泌促性腺激素,继而提高血清中 LH 和 FSH 水平,以刺激睾丸间质细胞产生睾酮和促进精子生成。临床常用的有氯米芬和他莫昔芬。

②芳香化酶抑制剂:此类药物通过阻断睾酮转化为 E_2 所需的芳香化酶的作用来抑制睾酮转化为 E_2,从而增加睾酮水平,降低雌激素水平,以促进精子成熟和精子数量的增加。临床常

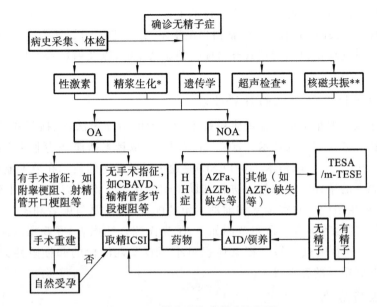

图 5-3　无精子症诊疗策略流程图

注：①＊精浆生化和超声检查：根据患者情况可选。②＊＊核磁共振检查对部分患者在鉴别有无射精管开口梗阻时选择，并非全部患者需要检查。

用的有来曲唑和阿那曲唑。

（2）其他：如重组人生长激素、非甾体抗炎药物、锌、硒、氨基酸、维生素 A、维生素 D、α-受体阻滞剂等也均有文献报道使用，这些药物可能有改善精液质量、提高受孕率的作用，但缺乏大规模临床研究证实。

（二）性功能障碍的综合治疗策略

参照第一节中性功能障碍的治疗。

（三）手术外科治疗

1. 精索静脉曲张　精索静脉曲张手术治疗包括传统经腹股沟途径/经腹膜后途径精索静脉结扎术、显微腹股沟途径/腹股沟下途径精索静脉结扎术及腹腔镜精索静脉结扎术等。多项 Meta 分析显示显微手术在效果和并发症等方面略优于其他方式。临床型精索静脉曲张伴精液质量异常的不育患者，可选择手术。亚临床型精索静脉曲张一般不推荐手术。并发症主要有鞘膜积液、睾丸动脉损伤、精索静脉曲张持续存在或复发等。

2. 梗阻性无精子症　绝大多数梗阻性无精子症都可以通过外科手术得到治疗，根据梗阻部位选择不同的手术方式，最常见的梗阻部位在附睾和射精管开口。手术前应该评估睾丸的生精功能，同时要考虑女性的生育力及年龄。

（1）附睾梗阻的治疗：显微输精管附睾吻合术用于治疗由附睾炎、输精管结扎术后和不明原因导致的继发性附睾梗阻性无精子症。手术复通率60%～87%，受孕率10%～43%。吻合技术和疾病情况（附睾精子活动与否、吻合部位等）是手术复通成功率的关键。

（2）输精管梗阻的治疗：输精管结扎复通、外伤或医源性损伤输精管远端（睾丸侧）的患者可行输精管吻合术，显微输精管吻合术效果好，复通率可达90%以上。因为输精管梗阻可能继发附睾梗阻，准备进行输精管吻合手术的术者必须具备显微输精管附睾吻合的技术。对于输精管梗阻部位在近端（输精管腹侧，如输精管壶腹处等）或输精管多节段梗阻的情况，吻合困难,建议睾丸穿刺取精,通过辅助生殖技术生育。

(3) 射精管开口梗阻:手术方式包括精囊镜手术、经尿道射精管区囊肿开窗术、经尿道射精管口切开术。其适应证包括射精管开口梗阻的无精子症,以及射精管开口不全梗阻造成的严重弱精症、严重少精子症。

(四) 非梗阻性无精子症的外科处理

通过外科手段获取精子进行辅助生殖技术为目的的治疗方法,包括睾丸(穿刺/切开)取精术以及显微镜下睾丸切开取精术。睾丸(穿刺/切开)取精术适应证为非梗阻性无精子症及睾丸体积大于 6 mL。显微取精术(m-TESE)是通过显微外科的技术在手术显微镜下从非梗阻性无精子症患者的睾丸中提取精子进行辅助生殖的手术。不仅需要男性生殖手术设备和技术力量,还需要生殖中心的实验室和辅助生殖的配合,而且要与患者和家属充分沟通和告知,包括成功率和遗传等事宜。适用范围如下:①克氏综合征患者;②隐睾术后患者;③Y 染色体缺失(c 区或 c+d 区)患者;④睾丸体积过小不宜睾丸活检的非梗阻性无精子症患者;⑤睾丸活检未找到精子的患者等。

(五) 中医药治疗

中医药治疗男性不育症有着悠久的历史。对于特发性不育症,在现阶段中医药治疗具有明显优势,可以以中医药为主进行治疗;对于因精索静脉曲张、性腺功能低下、性功能障碍、免疫因素、全身和系统性疾病等其他因素导致的不育症,可以用中医药辅助治疗。

(六) 辅助生殖技术

辅助生殖技术指运用各种医疗措施,使患者受孕的方法的统称,包括人工授精、试管婴儿和供精辅助生育。试管婴儿技术包括体外受精-胚胎移植(IVFET)、卵胞质内单精子注射(ICSI)、移植前遗传学诊断(PGD)/移植前遗传学筛查(PGS)等。

男科医师应该对不育症患者进行规范的检查和正确的诊断,进而制订合理的治疗方案,基本原则如下:①优先选择简单、便宜、创伤小的方法和技术,再选择复杂、昂贵、创伤大的方法。②优先考虑自然生育,再依次考虑 IUI、IVF、ICSI 和 PGD 等辅助生殖技术。根据不同的适应证,选择针对性的辅助生殖技术。③注意女方生育力。④降低子代治疗风险,降低夫妇及社会治疗成本。

四、男性不育症影响因素及预后

1. 影响男性生育力的配偶因素 在夫妇之间,生育力强的一方可以弥补生育力弱的一方,因此,精液参数异常并不代表一定无法生育。女方的年龄因素也是影响生育的重要因素,当女方大于 34 岁时,尝试妊娠 6 个月而未使女方妊娠就可以进行检查和治疗,因为 35 岁、38 岁和 40 岁女性的生育能力分别是 25 岁女性生育力的 50%、25% 和 5%。此外,性生活的时机、频率、是否存在性功能障碍都将影响受孕,性交时间应该选择在排卵期间,但不应仅限于预测排卵当天,非排卵期间也应有适当频率的性生活。自然不育的时间对于预测其未来生育能力是重要的,那些不育病史不到三年的不育夫妇,有较好的自然受孕机会,如果自然不育时间越长,则存在的问题越严重。

2. 影响男性生育力的其他因素 不良生活习惯如吸烟、酗酒、吸毒、穿紧身裤、桑拿等对生育有明确的影响;久坐、缺乏运动也会影响生育。长期暴露在有毒的装饰材料和油漆涂料、香烟烟雾、二硫化碳、二溴氯丙烷、甲基乙基酮、甲醛、家用煤气、汽车废气、电磁波(如雷达、移动发射基站,长期不当使用电脑、微波炉、电视、洗衣机、充电器等),放射线及高温工作均可降低生育能力。快速增肥的动物饲料、各种塑料器皿、化学稀释剂、多氯联苯、双酚 A、烷基苯酚、邻苯二甲酸盐等 70 多种内分泌干扰物源,可在环境中产生类雌激素成分,其他重金属类物质(如铅、镉、汞、铝、铜、锰等)、化学物质(如杀虫剂、除草剂等),进入男性机体后,也可干扰内分泌系统,影响生育。此外,化疗药物、激素药物、利尿药物、治疗消化道溃疡的药物西咪替丁、抗高血压的钙离子拮抗剂可影响精子的数量和活力。对以上药物尽量使用不影响生精功能的替代药物,若必须使用,可以考虑在治疗前冷冻保存精液。

3. 精液检查注意事项 精液分析的结果只能说明生育可能性的大小,其波动性较大,可能会受到身体情况、各种外界环境的影响。因此,精液检查前的注意事项尤为重要。禁欲时间的长短会影响精液分析的参数。因此,应向受检者充分告知,精液标本采集前应禁欲至少 48 h,但不超过 7 天。手淫法为推荐的精液标本采集方法,采集前先清洗双手和阴茎,通过手淫的方法把全部精液射入容器中。取精过程不得使用润滑油或者唾液,精液标本不要被尿液、水、肥皂等污染。

第三节 前列腺疾病

一、前列腺炎

前列腺炎是一组临床综合征,主要表现为尿道灼烧感,尿频、尿痛、尿不尽及尿滴沥。有时出现尿流变细、无力,在会阴、耻骨上或腹股沟、腰骶区的疼痛或不适。前列腺炎是成年男性的常见疾病。有资料显示约有 50% 的男性在一生中的某个时期会受到前列腺炎的影响,部分前列腺炎可能严重地影响患者的生活质量,并造成巨大的经济负担。

(一)前列腺炎的分类

1995 年美国国立卫生研究院(National Institutes of Health,NIH)根据当时对前列腺炎的基础和临床研究情况,将前列腺炎分为以下四种类型。

1. Ⅰ型 相当于传统分类方法中的急性细菌性前列腺炎。起病急,可表现为突发的发热性疾病,伴有持续和明显的下尿路感染症状,尿液中白细胞数量升高,血液和(或)尿液中的细菌培养阳性。

2. Ⅱ型 相当于传统分类方法中的慢性细菌性前列腺炎,占慢性前列腺炎的 5%~8%。有反复发作的下尿路感染症状,持续时间超过 3 个月,前列腺按摩液/精液/前列腺按摩后尿液中白细胞数量升高,细菌培养结果阳性。

3. Ⅲ型 慢性前列腺炎/慢性骨盆疼痛综合征(CP/CPPS),相当于传统分类方法中的慢性非细菌性前列腺炎和前列腺痛,是前列腺炎中最常见的类型,占慢性前列腺炎的 90% 以上。主要表现为长期、反复的骨盆区域疼痛或不适,持续时间超过 3 个月,可伴有不同程度的排尿症状和性功能障碍,严重影响患者的生活质量;前列腺按摩液/精液/前列腺按摩后尿液细菌培养结果阴性。

根据前列腺按摩液/精液/前列腺按摩后尿液常规显微镜检结果,该型又可再分为ⅢA(炎症性 CPPS)和ⅢB(非炎症性 CPPS)2 种亚型:ⅢA 型患者的前列腺按摩液/精液/前列腺按摩后尿液中白细胞数量升高;ⅢB 型患者的前列腺按摩液/精液/前列腺按摩后尿液中白细胞在正常范围。ⅢA和ⅢB 2种亚型各占50%左右。

4. Ⅳ型 无症状性前列腺炎(AIP),无主观症状,仅在有关前列腺方面的检查(前列腺按摩液、精液、前列腺组织活检及前列腺切除标本的病理检查等)时发现炎症证据。

(二)前列腺炎的病因和发病机制

前列腺炎发病的重要诱因包括吸烟、饮酒、嗜辛辣食品、不适当的性活动、久坐引起前列腺长时间充血和盆底肌肉长期慢性挤压、受凉、疲劳等导致机体抵抗力下降或特异体质等。

1. Ⅰ型前列腺炎 病原体感染为主要致病因素。由于机体抵抗力低下,毒力较强的细菌或其他病原体感染前列腺并迅速大量生长繁殖而引起,多为血行感染、经尿道逆行感染。病原体主要为大肠埃希菌,其次为肺炎克雷伯菌、变形杆菌、假单胞菌属、金黄色葡萄球菌等,绝大多数为单一病原菌感染,先前有下尿路操作史者前列腺炎的细菌毒力及耐药性与自发感染者不同。

2. Ⅱ型前列腺炎 致病因素也主要为病原体感染,但机体抵抗力较强和(或)病原体毒力较弱,以逆行感染为主,病原体主要为葡萄球菌属,其次为大肠埃希菌、棒状杆菌属及肠球菌属等。前列腺内尿液反流、生物膜、前列腺结石等可能是病原体持续存在和感染复发的重要原因。

3. Ⅲ型前列腺炎 发病机制未明,病因学十分复杂,多数学者认为其主要病因可能是病原体感染、排尿功能障碍、精神心理因素、神经内分泌因素、免疫反应异常、氧化应激学说、盆腔相关疾病因素、下尿路上皮功能障碍等共同作用导致发病。

4. Ⅳ型前列腺炎 无临床症状,常因其他相关疾病检查时被发现,所以缺乏发病机制的相关研究资料,可能与Ⅲ型前列腺炎的部分病因与发病机制相同。

(三)前列腺炎的诊断

1. 诊断标准 推荐按照NIH分型诊断前列腺炎。以患者临床表现为诊断的起点,Ⅰ型为急性病程,多具有典型临床表现;Ⅱ型和Ⅲ型为慢性病程,临床表现类似。

(1)Ⅰ型:主要依靠病史、体格检查和血、尿的细菌培养结果。常规对患者进行直肠指检,但禁忌进行前列腺按摩。在应用抗生素治疗前,应进行中段尿培养或血培养。经36 h规范处理,患者病情未改善时,建议进行经直肠B超等检查,全面评估下尿路病变,明确有无前列腺脓肿。

(2)Ⅱ型和Ⅲ型(慢性前列腺炎):须详细询问病史(尤其是反复下泌尿道感染史),进行全面体格检查(包括直肠指检)、尿液和前列腺按摩液常规检查。推荐应用NIH慢性前列腺炎症状评分(NIH-CPSI)进行症状评分。临床表现的UPOINT(S)分型有助于进行以症状为导向的个体化综合治疗。推荐"两杯法"或"四杯法"进行病原体定位试验。

(3)Ⅳ型:无临床症状,在前列腺按摩液、精液、前列腺按摩后尿液、前列腺组织活检及前列腺切除标本的病理检查时被发现。

2. 诊断方法

(1)临床症状:诊断前列腺炎时,应详细询问病史,了解发病原因或诱因;询问疼痛性质、特点、部位、程度和排尿异常等症状;了解治疗经过和复发情况;评价疾病对生活质量的影响;了解既往史、个人史和性生活情况。

①Ⅰ型:常突然发病,表现为寒战、发热、疲乏无力等全身症状,伴有会阴部和耻骨上疼痛,尿路刺激症状和排尿困难,甚至急性尿潴留。

②Ⅱ和Ⅲ型：临床症状类似，多有疼痛和排尿异常等。Ⅱ型可表现为反复发作的下尿路感染。Ⅲ型主要表现为骨盆区域疼痛，可见于会阴、阴茎、肛周部、尿道、耻骨部或腰骶部等部位，尤以射精痛更为影响患者。排尿异常可表现为尿急、尿频、尿痛和夜尿增多等。由于慢性疼痛久治不愈，患者生活质量下降，并可能有性功能障碍、焦虑、抑郁、失眠、记忆力下降等。

③Ⅳ型：无临床症状。

④慢性前列腺炎症状评分：由于诊断慢性前列腺炎的客观指标相对缺乏并存在诸多争议，因此，推荐应用 NIH-CPSI 进行症状评估。NIH-CPSI 主要包括 3 部分内容，有 9 个问题（0～43 分）。第一部分评估疼痛部位、频率和严重程度，由问题 1～4 组成（0～21 分）；第二部分评估排尿症状，评估排尿不尽感和尿频的严重程度，由问题 5～6 组成（0～10 分）；第三部分评估对生活质量的影响，由问题 7～9 组成（0～12 分）。目前已被翻译成多种语言，广泛应用于慢性前列腺炎的症状和疗效评估。

(2) 体格检查：诊断前列腺炎，应进行全面体格检查，重点是泌尿生殖系统。检查患者下腹部、腰骶部、会阴部、阴茎、尿道外口、睾丸、附睾和精索等有无异常，有助于进行诊断和鉴别诊断。直肠指检对前列腺炎的诊断非常重要，且有助于鉴别会阴、直肠、神经病变或前列腺其他疾病，同时通过前列腺按摩获得前列腺按摩液。

①Ⅰ型：体检时可发现耻骨上压痛、不适感，有尿潴留者可触及耻骨上膨隆的膀胱。直肠指检可发现前列腺肿大、触痛、局部温度升高和外形不规则等。禁忌进行前列腺按摩。

②Ⅱ型和Ⅲ型：直肠指检可了解前列腺大小、质地、有无结节、有无压痛及其范围与程度，盆底肌肉的紧张度、盆壁有无压痛，按摩前列腺获得前列腺按摩液。直肠指检前，建议留取尿液进行常规分析和尿液细菌培养。

(3) 实验室检查：

①前列腺按摩液常规检查：常规检查通常采用湿涂片法和血细胞计数板法镜检，后者具有更好的精确度。正常的前列腺按摩液中白细胞<10 个/HP，卵磷脂小体均匀分布于整个视野，pH 6.3～6.5，红细胞和上皮细胞不存在或偶见。当白细胞>10 个/HP，卵磷脂小体数量减少，有诊断意义。白细胞的多少与症状的严重程度不相关。

②尿常规分析及尿沉渣检查：尿常规分析及尿沉渣检查是排除尿路感染、诊断前列腺炎的辅助方法。

③细菌学检查：Ⅰ型应进行中段尿的染色镜检、细菌培养与药敏试验，以及血培养与药敏试验；Ⅱ型和Ⅲ型推荐"两杯法"或"四杯法"病原体定位试验；Ⅱ型和Ⅲ型患者如有淋病感染史，可选择进行前列腺按摩液淋球菌检测。

④其他病原体检查：如沙眼衣原体、支原体（溶脲脲原体、人型支原体），由于以上病原体也可能存在于男性尿道中，建议先取尿道拭子检测，在排除尿道感染后，再进行前列腺按摩液检测，以进一步明确是否为前列腺感染。

⑤其他实验室检查：有生育要求的前列腺炎患者可进行精液检查。在部分慢性前列腺炎患者中也会出现 PSA 升高的情况。建议年龄>50 岁的患者常规进行血清 PSA 检测。

(4) 影像学检查：

①B 超：前列腺炎患者的前列腺超声表现易出现前列腺结石或钙化，且其大小与症状成正相关。B 超检查还可以发现前列腺回声不均、前列腺周围静脉丛扩张等表现，但各型之间无特异性表现，仍无法利用 B 超对前列腺炎进行分型。此外，B 超可以较准确地了解前列腺炎患者肾脏、膀胱及残余尿等情况，对于除外尿路器质性病变有一定帮助。经直肠 B 超对于

鉴别前列腺、精囊和射精管病变有价值。

②CT 和 MRI：对除外泌尿系统其他器质性病变，鉴别精囊、射精管等盆腔器官病变有潜在应用价值，对于持续发热或药物治疗效果不佳的前列腺炎患者，CT 或 MRI 有助于诊断前列腺脓肿，但对于前列腺炎本身的诊断价值仍不清楚。

（四）前列腺炎的治疗

（1）Ⅰ型前列腺炎的抗生素治疗是必要而紧迫的。一旦得到临床诊断，立即使用抗生素治疗，治疗前留取血尿标本进行细菌培养，待培养结果出来后，再选用敏感抗生素治疗。推荐开始时经静脉应用抗生素，如广谱青霉素、三代头孢菌素、氨基糖苷类或氟喹诺酮等。待患者的发热等症状改善后，推荐使用口服药物（如氟喹诺酮），疗程至少 4 周。症状较轻的患者也应使用抗生素 2～4 周。

（2）Ⅳ型前列腺炎一般无需治疗。若患者合并血清 PSA 升高或不育症等，应注意鉴别诊断并进行相应治疗。

（3）Ⅱ型和Ⅲ型慢性前列腺炎的临床进展性不明确，不足以威胁患者的生命和重要器官功能，并非所有患者均需治疗。慢性前列腺炎的治疗目标主要是缓解疼痛、改善排尿症状和提高生活质量，疗效评价应以症状改善为主：①一般治疗即健康教育、心理和行为辅导，患者应戒酒，忌辛辣刺激食物；避免憋尿、久坐，注意保暖，加强体育锻炼及规律的性生活有助于改善前列腺炎患者的症状。②药物治疗，最常用的药物是抗生素、α-受体阻滞剂、植物制剂和非甾体抗炎镇痛药，其他药物如 M-受体阻滞剂托特罗定、抗抑郁药及抗焦虑药及中医中药对缓解症状也有不同程度的疗效。③其他治疗，如前列腺按摩、生物反馈治疗、热疗、经会阴体外冲击波治疗及心理治疗等。

（4）前列腺按摩是传统的治疗方法之一，研究显示适当的前列腺按摩可促进前列腺腺管排空并增加局部的药物浓度，进而缓解慢性前列腺炎患者的症状，故推荐为Ⅲ型前列腺炎的辅助疗法。联合其他治疗可有效缩短病程。Ⅰ型前列腺炎患者禁用。

（5）研究表明慢性前列腺炎患者存在盆底肌的协同失调或尿道外括约肌的紧张。生物反馈合并电刺激治疗可使盆底肌松弛，并使其趋于协调，同时松弛外括约肌，从而缓解慢性前列腺炎的会阴部不适及排尿症状。生物反馈治疗要求患者通过生物反馈治疗仪主动参与治疗。该疗法无创伤，为可选择性治疗方法。

（6）热疗主要利用多种物理手段所产生的热效应，增加前列腺组织血液循环，加速新陈代谢，有利于消炎和消除组织水肿，缓解盆底肌肉痉挛等。有经尿道、经直肠及会阴途径，应用微波、射频、激光等物理手段进行热疗的报道。短期内虽有一定的缓解症状作用，但尚缺乏长期的随访资料。对于未婚及未生育者不推荐使用。

（7）经会阴体外冲击波治疗对Ⅲ型前列腺炎的症状缓解有一定的作用。

二、良性前列腺增生

良性前列腺增生（BPH）是引起中老年男性排尿障碍最为常见的一种良性疾病，主要表现为组织学上的前列腺间质和腺体成分的增生、解剖学上的前列腺增大、尿动力学上的膀胱出口梗阻和以下尿路症状为主的临床症状。组织学上 BPH 的发病率随年龄的增长而增加，最初通常发生在 40 岁以后，到 60 岁时大于 50%，80 岁时高达 83%。与组织学表现相类似，随着年龄的增长，排尿困难等症状也随之增加。大约有 50%组织学诊断 BPH 的男性有中度到重度 LUTS。有研究表明亚洲人较美洲人更易于产生中、重度的 BPH 相关症状。

1. 病因学　BPH 的发生必须具备年龄的增长及有功能的睾丸两个重要条件。国内学者调查了 26 名清朝太监老人,发现 21 人的前列腺已经完全不能触及或明显萎缩。但 BPH 发生的具体机制尚不明确,可能是由于上皮和间质细胞增殖和细胞凋亡的平衡性破坏引起。相关因素包括雄激素及其与雌激素的相互作用、前列腺间质—腺上皮细胞的相互作用、生长因子、炎症细胞、神经递质及遗传因素等。

2. 病理　前列腺可分为外周带、中央带、移行带和尿道周围腺体区。所有 BPH 结节均发生于移行带和尿道周围腺体区。早期尿道周围腺体区的结节完全为间质成分,而早期移行带结节则主要表现为腺体组织的增生,并有间质细胞数量的相对减少。间质组织中的平滑肌也是构成前列腺的重要成分,这些平滑肌及前列腺尿道周围组织受肾上腺素能神经、胆碱能神经或其他酶类递质神经支配,其中以肾上腺素能神经起主要作用。在前列腺和膀胱颈部有丰富的 α 受体,尤其是 $α_1$ 受体,激活这种肾上腺素能受体可以明显提高前列腺尿道阻力。

前列腺的解剖包膜和下尿路症状密切相关。由于有该包膜的存在,增生的腺体受压而向尿道和膀胱膨出从而加重尿路梗阻。前列腺增生后,增生的结节将腺体的其余部分压迫形成"外科包膜",两者有明显分界。增生部分经手术摘除后,遗留下受压腺体,故术后直肠指诊及影像学检查仍可以探及前列腺腺体。

BPH 导致后尿道延长、受压变形、狭窄和尿道阻力增加,引起膀胱高压并出现相关排尿期症状。随着膀胱压力的增加,出现膀胱逼尿肌代偿性肥厚、逼尿肌不稳定并引起相关储尿期症状。若梗阻长期未能解除,逼尿肌则失去代偿能力。继发于 BPH 的上尿路改变(如肾积水及肾功能损害),其主要原因是膀胱内压力升高。

3. 临床表现　前列腺增生症的症状是随着病理改变而逐渐出现的,患者多在 50 岁以上出现症状。症状的严重程度与前列腺大小不成比例,而与梗阻程度及是否存在感染有关。主要表现有下尿路症状和并发症。临床症状包括储尿期症状、排尿期症状及排尿后症状。储尿期症状包括尿频、尿急、尿失禁及夜尿增多等;排尿期症状包括排尿踌躇、排尿困难及间断排尿等;排尿后症状包括排尿不尽、尿后滴沥等。BPH 是中老年男性最常见的病因之一。

4. 良性前列腺增生的诊断　以下尿路症状为主诉就诊的 50 岁以上男性患者,首先应该考虑 BPH 的可能。

(1) 询问病史:包括下尿路症状的特点、持续时间及其伴随症状;手术史、外伤史,尤其是盆腔手术或外伤史;既往史、性传播疾病、糖尿病、神经系统疾病、可能与夜尿症有关的心脏疾病病史等;药物史,可了解患者目前或近期是否服用了影响膀胱出口功能或导致 LUTS 的药物;患者的一般状况;国际前列腺症状评分(IPSS);生活质量(QOL)评分。

国际前列腺症状评分(IPSS)是目前国际公认的判断 BPH 患者症状严重程度的最佳手段,是 BPH 患者下尿路症状严重程度的主观反映,其与最大尿流率、残余尿量及前列腺体积无明显相关性。IPSS 总分对应的患者分类如下:轻度症状,0~7 分;中度症状,8~19 分;重度症状 20~35 分。生活质量(QOL)评分是了解患者对其目前 LUTS 水平的主观感受,其主要关心的是 BPH 患者受 LUTS 困扰的程度及是否能够忍受,因此,又称为困扰评分。以上两种评分虽不能完全概括下尿路症状对 BPH 患者生活质量的影响,但是能够帮助医生更好地了解患者的疾病状态。

(2) 体格检查:

①外生殖器检查:除外尿道外口狭窄或其他可能影响排尿的疾病(如包茎、阴茎肿瘤等)。

②直肠指诊(DRE):BPH 患者重要检查项目之一,需在膀胱排空后进行。DRE 可以了解

前列腺的大小、形态、质地、有无结节及压痛、中央沟是否变浅或消失及肛门括约肌张力情况。DRE 对前列腺体积的判断不够精确,目前经腹超声或经直肠超声检查可以更精确描述前列腺的形态和体积。DRE 还是前列腺癌筛查的一个重要手段。国外学者临床研究证实,DRE 异常的患者最后确诊为前列腺癌的比例为 26%～34%,而且其阳性率随着年龄的增加呈上升趋势。

③局部神经系统检查(包括运动和感觉):肛周和会阴外周神经系统的检查可以提示是否存在神经源性疾病导致的神经源性膀胱功能障碍。

(3)尿常规:尿常规可以确定下尿路症状患者是否有血尿、蛋白尿、脓尿及尿糖等。

(4)血清前列腺特异性抗原(PSA):血清 PSA 不是前列腺癌特有的,前列腺癌、BPH、前列腺炎都可能使血清 PSA 升高。另外,泌尿系统感染、前列腺穿刺、急性尿潴留、留置导尿、直肠指诊及前列腺按摩等也可以影响血清 PSA 值。血清 PSA 与年龄和种族有密切关系。一般 40 岁以后血清 PSA 水平会升高,不同种族的人群 PSA 水平也不相同。血清 PSA 水平升高可以作为前列腺癌穿刺活检的指征。一般临床将 PSA≥4 ng/mL 作为分界点。血清 PSA 作为一项危险因素可以预测 BPH 的临床进展,从而指导治疗方法的选择。

(5)前列腺超声检查:可以了解前列腺形态、大小、有无异常回声、突入膀胱的程度,以及残余尿量。经直肠超声还可以精确测定前列腺体积(计算公式为前列腺体积=0.52×前后径×左右径×上下径)。经腹部超声检查可以了解膀胱壁的改变及有无结石、憩室或占位性病变。

(6)尿流率检查:尿流率检查有两项主要指标(参数):最大尿流率(Q_{max})和平均尿流率(Q_{ave}),其中最大尿流率更为重要。但是最大尿流率下降不能区分梗阻和逼尿肌收缩力减低,必要时行尿动力学等检查。最大尿流率存在个体差异和容量依赖性。因此,尿量在 150～200 mL 时进行检查较为准确,重复检查会增加可靠性。

(7)根据初始评估结果需要的进一步检查如下。

①以夜尿或尿频为主的下尿路症状患者应记录排尿日记,24 h 排尿日记不但可发现饮水过量导致的排尿次数增加,而且也有助于鉴别尿崩症、夜间多尿症和膀胱容量减少。

②BPH 导致的膀胱出口梗阻可以引起肾功能损害、血肌酐升高。MTOPS 的研究数据认为如果膀胱排空正常的情况下可以不必检测血肌酐,因为由于 BPH 所致的肾功能损害在达到血肌酐升高过程中已经有许多其他的变化,如肾积水、输尿管扩张反流等,而这些可以通过超声检查及静脉尿路造影检查得到明确的结果。

③如果下尿路症状患者同时伴有反复泌尿系统感染、镜下或肉眼血尿、怀疑肾积水或者输尿管扩张反流、泌尿系统结石,应行静脉尿路造影检查。应该注意,当患者造影剂过敏或者肾功能不全时禁止行静脉尿路造影检查。

④怀疑尿道狭窄时建议尿道造影检查。

⑤对引起膀胱出口梗阻的原因有疑问或需要对膀胱功能进行评估时建议行尿动力学检查。BPH 患者拟行手术及微创治疗前建议行尿动力学检查。

⑥怀疑 BPH 患者合并尿道狭窄、膀胱内占位性病变时建议行尿道膀胱镜检查。通过尿道膀胱镜检查可了解以下情况:a.前列腺增大所致的尿道或膀胱颈梗阻特点;b.膀胱颈后唇抬高所致的梗阻;c.膀胱小梁及憩室的形成;d.膀胱结石;e.残余尿量测定;f.膀胱肿瘤;g.尿道狭窄的部位和程度。

⑦上尿路超声检查可了解肾、输尿管有无扩张、积水、结石或占位病变。

5. 良性前列腺增生的治疗　下尿路症状及其所致生活质量的下降是BPH患者寻求治疗的主要原因，也是治疗措施选择的重要依据。目前，治疗上主要包括观察等待、药物治疗及外科治疗；治疗目的是减轻症状，改善生活质量，延缓疾病进展及预防并发症发生。

观察等待是一种非药物、非手术的治疗措施，包括患者教育、生活方式指导、定期监测等。因为BPH是组织学上一种进行性的良性增生过程，其发展过程较难预测，经过长时间的监测，BPH患者中只有少数可能出现尿潴留、肾功能不全、膀胱结石等并发症。因此，对于大多数BPH患者来说，观察等待是一种合适的处理方式，特别是患者生活质量尚未受到下尿路症状明显影响的时候。

BPH患者药物治疗的短期目标是缓解患者的下尿路症状，长期目标是延缓疾病的临床进展，预防并发症的发生。在减少药物治疗副作用的同时保持患者较高的生活质量是BPH药物治疗的总体目标。常用药物有α-受体阻滞剂、5α-还原酶抑制剂、M-受体拮抗剂、植物制剂，还可使用中药及联合治疗等。

手术治疗方法有经尿道前列腺电切术、经尿道前列腺切开术及开放性前列腺摘除术。目前TURP仍是BPH治疗的"金标准"。

三、前列腺癌

前列腺癌（prostate cancer）是世界上最常见的男性恶性肿瘤之一，在美国，前列腺癌发病率居男性肿瘤之首，死亡率仅次于肺癌。流行病学的显著特征如下：与年龄呈显著的相关性，且黑人的发病率明显高于白人，其发病率有明显的地理差异，欧美人明显高于东方人，但移居欧美后，其发病率明显高于其原住地人的发病率，提示环境因素可能较遗传特征更为重要。在我国，前列腺癌的发病率远低于欧美国家，但随着人群寿命的延长，发病率有逐渐上升的趋势。

1. 病因　前列腺癌的病因不完全清楚。目前认为性激素与前列腺癌的发病有关。不同地区与不同种族的前列腺癌的发病率不同，其恶性程度也不一致，所以，环境、营养、职业等与发病是否有关有待研究。直系亲属中，前列腺癌发病率较非直系亲属前列腺癌发病率高，提示遗传因素与前列腺癌有关。过多热量、脂肪、动物蛋白摄入者，易患前列腺癌。镉可诱发动物的前列腺癌，所以与镉组成的化合物是否为诱因也受到重视。前列腺曾有淋病奈瑟菌、病毒或沙眼衣原体感染及性活动增强等也认为是相关因素。

2. 临床表现　前列腺癌发病年龄多在65岁以上。早期多无症状。当肿瘤发展到引起下尿路梗阻时，才有与BPH类似的症状，如尿频、尿线变细、排尿困难、尿痛、尿潴留、血尿等。发生血尿不如BPH多见。疼痛发生在尿道、阴茎头、会阴，常放射到下肢，有时可出现急性尿潴留。

由于前列腺癌症状早期不明显，故多在常规体检时发现。晚期可由于转移而发现。前列腺癌最常转移到淋巴结。骨是第二个常见的转移部位。有浸润及癌细胞分化不良的病例，淋巴转移率特别高。约1/3病例可转移至内脏器官，转移到肺的较多，脑、胰腺、肾上腺、泌尿生殖系统也可转移。

3. 诊断　直肠指检是诊断前列腺癌的重要方法，可扪及坚硬如石的前列腺硬结，或呈孤立性结节，或波及整个前列腺。

凡发现前列腺硬结，或有异常突起，疑为前列腺癌肿时，应做活组织检查。可用针吸或针刺活检，必要时配以流式细胞学检查，进一步估计恶性程度。

血清酸性磷酸酶正常值为 48.8~208.6 U/mL,若持续明显增高,可视为前列腺癌的阳性表现。但其值若正常,不能排除前列腺癌。当癌肿局限于腺体内时,其值往往正常。另一方面,雌激素亦可降低酸性磷酸酶浓度。反之,雄激素又能刺激酸性磷酸酶浓度升高。骨肿瘤时,其值也升高。

PSA 为前列腺上皮分泌,仅存在于前列腺组织中。目前认为 PSA 是敏感性较高的前列腺肿瘤标志物。其正常值为不超过 4 ng/mL,也有定于 2.0~7.0 ng/mL 之间的,其值受前列腺体积等因素的影响。近来有研究者提出 PSA 密度(PSAD)的概念,认为 PSAD<0.1,正常,0.1<PSAD<0.2,可疑,PSAD>0.2,异常。

经直肠前列腺 B 超可准确观察腺体大小、内部形态变化、包膜是否完整,有无直肠、精囊、膀胱浸润,并可引导可疑部位的穿刺活检。

静脉尿路造影、膀胱尿道造影、精囊造影、淋巴管造影等,对前列腺癌的诊断、治疗和预后均有重要意义。但淋巴管造影在判断淋巴结转移情况时并不准确,有较高的假阳性和假阴性率。此外,骨骼的 X 线检查对前列腺癌的诊断治疗也很重要。CT 及 MRI 检查有助于确定局部肿瘤分期,并对治疗和预后有帮助。核素骨扫描可判断有无骨转移。

4. 治疗

(1) 手术治疗:高度恶性的前列腺癌、无转移症状者、患者年龄及一般情况较好,能耐受手术者、临床直肠指检肿块局限于前列腺内者采用手术治疗。根治性前列腺切除术的手术范围包括前列腺腺体、前列腺包膜、精囊等。盆腔淋巴结清扫术及扩大盆腔淋巴结清扫术是在切除前列腺后,清扫双侧髂总血管远端、髂内外血管主干及闭孔淋巴结。扩大清扫术清扫范围还包括髂总血管周围、骶骨前方和两侧的淋巴结。经尿道电切术仅能缓解梗阻症状。

(2) 内分泌治疗:采用药物或去势手术切除双侧睾丸,达到去除体内雄激素来源的目的,疗效令人满意,约 80% 患者的症状得到改善,骨疼缓解,食欲改善,体重增加,原发肿瘤缩小甚至消失,淋巴结肿大消失,骨扫描转移癌消失,血清酸性磷酸酶检查恢复正常等,患者病情稳定。但 2~3 年后可复发。内分泌治疗药物包括己烯雌酚、抗雄激素药物、促性腺激素释放激素类药物、促黄体生成素释放激素类似物、抗肾上腺药物等。

(3) 化学治疗:仅能作为晚期前列腺癌的辅助治疗。5-氟尿嘧啶(5-Fu)、环磷酰胺,单独或联合使用能使一些对抗内分泌治疗的病例减轻症状,而对前列腺包膜及盆腔淋巴结转移的患者化学治疗更有价值。

(4) 放射治疗:分体外照射、组织内放射治疗和全身照射,有一定的不良反应。

(5) 冷冻治疗:以液氮冷冻前列腺,局部温度可以降至 -180~-190 ℃,然后间断加温,使局部癌组织坏死。前列腺组织释放抗原,引起免疫反应,可控制肿瘤扩散。

(6) 免疫治疗:可用于清除其他方法治疗后残存的极微量的癌肿组织,常用的药物有 β-干扰素。

第四节　男性泌尿生殖系统感染

泌尿生殖系统感染包括泌尿系统感染及生殖系统感染,是指病原体侵入泌尿生殖系统生长繁殖引起炎症反应所致的急性和慢性疾病,是仅次于呼吸道感染的常见社区感染。泌尿系统感染可发生于上、下尿路,上尿路感染包括肾脓肿、肾盂肾炎、输尿管炎,下尿路感染包括膀胱炎、尿道炎。上尿路感染常并发下尿路感染,而后者可单独存在。常见男性生殖系统感染有前列腺炎、附睾炎等。泌尿系统和生殖系统解剖学上联系紧密,感染常相互影响或同时发生。

一、病原学

可致泌尿系统感染的病原体包括细菌、衣原体、支原体、真菌、滴虫及病毒等,其中细菌感染最为常见。最常见致病菌为大肠埃希菌,占60%~80%,其次为肺炎克雷白杆菌、变形杆菌、葡萄球菌、粪链球菌及铜绿假单胞菌等。急性泌尿系统感染和细菌尿患者,约85%由大肠埃希菌所致。而变形杆菌、葡萄球菌、克雷白杆菌、铜绿假单胞菌则是泌尿道梗阻、畸形、神经性膀胱、糖尿病或导尿等行器械操作等诱因所致感染的致病菌。长期慢性泌尿系统感染或有并发症及结石的患者,可有厌氧菌感染发生,需行厌氧菌细菌培养证实。淋病奈瑟菌、衣原体、支原体、滴虫所致的尿道炎常与性行为有关,腺病毒可导致出血性膀胱炎。糖尿病患者及接受免疫抑制治疗或肾上腺皮质激素治疗的患者可有白色假丝酵母菌、新型隐球菌感染。结核分枝杆菌所致的泌尿及男性生殖系统感染属特异性感染。

男性生殖系统感染常累及前列腺、精囊、附睾及睾丸。急性细菌性前列腺炎多由泌尿道上行感染所致。此外,疖、痈、扁桃体炎、龋齿及呼吸道感染等亦可经血行传播致前列腺炎。急性膀胱炎、急性尿潴留、急性尿道炎时尿液经前列腺管逆流亦可导致前列腺炎。致病菌多数为大肠埃希菌,其次为金黄色葡萄球菌、肺炎克雷伯菌、变形杆菌及假单胞菌属等,绝大多数为单一病原菌感染。慢性细菌性前列腺炎的主要途径为尿道逆行感染,患者常有反复泌尿道感染史。致病菌仍以大肠埃希菌为主,少数为变形杆菌、克雷伯菌属、肠球菌等。精囊炎由于精囊与前列腺均开口于后尿道,所以两种感染往往同时或先后发生,常为同一致病菌感染。导致附睾炎的常见致病菌为大肠埃希菌、葡萄球菌、结核分枝杆菌等。

二、感染途径

感染途径主要有上行感染、血行感染、淋巴感染及直接感染四种方式,以前两种方式为主。

1. 上行感染 又称逆行感染,是最主要的感染途径。大约一半的下尿路感染会导致上尿路感染,致病菌由尿道进入膀胱,亦可沿输尿管腔内播散至肾脏。当尿道黏膜有损伤,或细菌毒力大、黏附力强,或输尿管正常蠕动受阻时,易发生尿液反流,侵袭膀胱及肾脏,导致感染。此类感染多发生于女性及尿路有梗阻的患者,致病菌大多为大肠埃希菌。

2. 血行感染 较为少见,不及10%。在机体免疫能力低下或身体其他部位合并感染时较易发生,如疖、痈、扁桃体炎、鼻窦炎、中耳炎及龋齿等感染灶内的细菌侵入血流,血行传播至泌尿生殖器官,常见肾皮质多发性小脓肿,然后沿肾小管向下扩散至肾乳头及肾盏、肾盂黏膜。血行感染多见于新生儿,致病菌多为金黄色葡萄球菌。

3. 淋巴感染 更为少见。下腹部及盆腔器官的淋巴管与肾周围的淋巴管有多数交通支,升结肠与右肾之间亦有淋巴管沟通,致病菌从盆腔、腹腔及腹膜后等邻近感染灶经淋巴管传播至泌尿生殖系统。

4. 直接感染 十分罕见。外伤或邻近器官感染直接蔓延所致。盆腔器官炎症、阑尾炎及结肠炎时,细菌可直接侵袭肾脏导致感染。

三、发病机制

大肠埃希菌有黏附于泌尿道黏膜的能力,其表面有两种菌毛,即Ⅰ型菌毛及P型菌毛,Ⅰ型菌毛为复合纤维,长 1~3 μm 不等,直径约 7nm,包含 Fim 亚单位及 3 种小亚单位 FimF、FimG 及 FimH。FimH 位于菌毛尖端,可与膀胱黏膜上的甘露糖受体结合,故又称甘露糖敏感菌毛,是大肠埃希菌定植于膀胱导致炎症的关键。P 型菌毛由 pap 基因编码,有 11 个 pap 蛋白,即 pap A~pap K,其中,pap G 能与肾盂黏膜上的糖脂 α-gal-1-4-β-gal 受体结合,是导致肾盂肾炎最重要的毒性因子。带菌毛的细菌能产生溶血素。内毒素(细菌 LPS)介导的炎症反应显示与 P 菌毛有协同作用,证实了泌尿道致病菌产生的外毒素属于 RTX 毒素家族。菌毛除参与细菌与黏膜的黏附外,亦可促使细菌内化进入宿主细胞内,介导细菌对细胞的入侵。此外,尿道致病菌株还可通过非菌毛的机制与黏膜黏附,主要通过非菌毛黏附素实现。

近年研究认为铜绿假单胞菌导致泌尿系统感染主要与以下因素有关:①多种代谢产物有致病性,弹性酶、磷脂酶 C、外毒素 A 及胞外酶 S 是重要的致病因子,而内毒素在致病上无重要意义;②铜绿假单胞菌能在导管表面形成生物膜,其主要成分是藻(朊)酸盐或胞外多糖。生物膜对抗菌药具有抗药性,同时能抵御宿主其他防御机制,是持续感染及复发的重要因素;③通过群体感应行为与周围环境进行信息交流,从而改变一系列生理活性;④在致尿路感染的过程中,铜绿假单胞菌处于与环境因素的不断作用中。尿液作为主要的环境因素,其渗透压、pH 值、TH 蛋白及金属离子(如铁)的含量对细菌的外膜蛋白结构、外膜孔道大小及外源凝集素的黏附能力均可能有影响;⑤在巨噬细胞与病原体相互作用中,铜绿假单胞菌借助巨噬细胞分泌产物,导致慢性感染及复发。

此外,天然免疫,如巨噬细胞、中性粒细胞及细胞因子等作为第一道防线,是泌尿生殖系统抵御微生物感染的有效免疫机制。Toll 样受体通过识别进化高度保守的病原体相关分子(如 LPS 或肽聚糖)来杀灭或清除病原体:当 LPS 被 TLR 4 识别,炎症级联信号即被启动,NF-κB 信号通路活化,分泌致炎因子(IL-6、IL-8、TNF-α 等)以杀灭或清除病原体。然而,一旦感染的防御功能被破坏,泌尿生殖系统病理发生改变,致病菌就可以乘虚而入诱发感染。

四、临床表现

泌尿系统、生殖系统感染的典型症状有疼痛、排尿改变、尿液改变、出现尿道分泌物及男性性功能症状等。患者症状与感染的真实部位及程度往往无关,泌尿系统不同部位感染都可出现一个或全部典型症状;相反许多泌尿道感染常无特异性症状。尤其是儿童泌尿系感染症状往往不具特异性,若出现不明原因的血尿、腹痛、腰痛、哭闹、遗尿、少尿、尿道口红肿及顽固性尿布皮炎等,患儿应行尿常规等相关检查。

1. 膀胱刺激征 尿频、尿急、尿痛,亦称尿道刺激征。为膀胱颈和膀胱三角区受刺激所致。

2. 上尿路感染症状 有腰痛,病侧肾区有压痛及叩击痛,可伴有膀胱刺激征。

3. 输尿管梗阻症状 输尿管绞痛,可放射到下腹及会阴部。

4. 肾、输尿管压痛点 ①季肋点:腹直肌外缘与肋弓交点处,相当于肾盂位置;②上输尿管点:脐水平线上腹直肌外缘;③中输尿管点:髂前上棘水平腹直肌外缘,相当于输尿管第二狭窄处;④肋脊点:背部第 12 肋骨与脊柱的夹角的顶点;⑤肋腰点:背部第 12 肋骨与腰肌外缘的夹角顶点。

五、实验室诊断方法

急性泌尿系统感染因有泌尿系统感染的症状,诊断较容易,但要对病变部位、程度及病原体做出准确诊断需进行尿液等检查。可采取分段留尿(取中段尿)、导尿(常用于女性患者)及耻骨上膀胱穿刺取尿(新生儿或截瘫患者)等方法收集尿液,避免污染,应在 2 h 内迅速处理或冷冻。

1. 尿细菌培养 诊断尿路感染的必备检查。尿液细菌培养阳性是诊断尿路感染的金标准。可做膀胱穿刺细菌培养,但女性应注意排除无症状细菌尿;可做中段尿培养菌落计数,对培养阳性菌落的鉴定可明确病原学诊断:菌落数$>10^5$个/mL,为有意义菌尿,提示尿路感染;$<10^4$个/mL 则考虑污染,应重复培养;$10^4 \sim 10^5$个/mL 为可疑,需复查。对于慢性感染者及已使用抗菌药物者上述数值并不适用,需结合临床症状进行综合判定。

2. 影像学检查 根据临床表现有针对性地选择超声、X 线、泌尿道造影、CT、磁共振水成像(MRU)及放射性核素等检查,有助于明确泌尿系统有无畸形、梗阻、反流及肾功能状况等。

3. 分子生物学诊断 近年发展的快速、敏感的病原体诊断技术。可采用聚合酶链反应(PCR)等方法对怀疑有特殊病原体感染的尿液进行基因水平的诊断。

六、治疗原则

在做出泌尿道感染的临床诊断后应尽力获得病原学诊断,并明确诱因。

1. 治疗的基本原则 ①加强支持治疗,多饮水(每日尿量>2000 mL);②去除病因,缓解症状;③根据药敏试验结果选择肾毒性小的抗菌药物足量足疗程使用。

2. 应注意合理使用抗菌药物 ①在无培养结果时,可根据革兰染色涂片结果经验性选择抗菌药物;②有典型泌尿系统感染症状,而涂片结果阴性,则应充分结合病史,如有无不洁性行为、妇科炎症、腹泻等,判断感染来源,以便选择抗菌药物;③选择以尿液排出为主的抗菌药物,以使尿液中药物浓度显著高于血药浓度,达到彻底治愈细菌尿的目的;④抗菌药物的疗程应维持到症状消失,尿培养无菌生长后 2 周。

泌尿系统的畸形、梗阻及输尿管尿液反流是儿童期发生泌尿系统感染的主要诱因,感染易导致瘢痕形成。有证据表明,所有慢性肾衰竭患者中约 20% 有肾脏瘢痕形成,因此,对于儿童期泌尿系统感染更需仔细查找诱因并及时、彻底治疗。

七、预防

1. 一般预防措施 在日常生活中,养成良好的卫生习惯,提高自我保健意识,绝大多数的泌尿生殖系统感染可以预防。日常生活中应注意如下几点:①养成良好的卫生习惯,大便后应从前至后擦拭,女性大小便后应保持会阴部干燥;睡前洗澡或清洗会阴部,清洗会阴应先洗外生殖器,后洗肛门,以避免交叉感染;性生活应有规律,且每次性交前男女双方都应先洗澡,或者清洗会阴,避免不洁性生活;性交后女性应排空膀胱,可起到冲洗尿道的作用,减少感染;怀孕期及月经期应注意外阴清洁,避免性生活。②外出旅游、乘车等不便排尿时,出发前应先解小便,不可憋尿;要养成多饮水的习惯。每日饮水量应在 1500~2000 mL;多饮水能增强利尿作用及肾脏的免疫功能,起到冲洗尿道的作用,有利于细菌及毒素排出。③男童包茎可行包皮环切术;尽量避免导尿或泌尿道器械检查。④多食新鲜水果及饮果汁饮料,使尿液处于偏碱状态,以使细菌不易生长繁殖;为减少慢性感染的发作,饮食宜清淡,多食富含水分的新鲜蔬菜、瓜果,如西瓜、冬瓜、黄瓜、梨等;禁食辣椒、花椒、生姜、胡椒、蒜、韭菜等辛辣刺激性食物,且需禁酒戒烟。

2. 药物与免疫预防 导尿等器械操作是泌尿系统感染的重要诱因之一。有排泄功能障碍的患者常采用清洁间断自行导尿术以缓解症状,研究证实预防性抗生素疗法可有效阻止细菌感染,常用药物有甲氧苄啶/磺胺甲基异唑及呋喃妥因。

下尿路感染虽经抗菌药物治疗有效,但常复发,尤其在绝经前女性。绝经期女性应注意尿路感染与阴道酸性环境改变有关,可服用尼尔雌醇增强局部尿路黏膜抵抗力,或阴道局部应用雌激素软膏,可降低尿路感染的近期复发率。预防性使用抗生素疗法作为一线措施已被明确推荐,但导致耐药菌株不断产生。近年来,国际多中心临床研究已证实口服免疫活性大肠埃希菌组分可防止尿路感染复发,需更多研究以证实其具有抗菌药物同等的预防疗效。

第六章　女性生殖系统疾病

第一节　女性性功能障碍

女性性功能障碍(female sexual dysfunction,FSD)是指发生在性反应周期内影响女性在性生活中获得满足感的一类疾病。女性性反应在由性欲、性唤起、性高潮组成的性生理反应周期中的一个或多个过程均可产生异常。女性在性生活中出现性欲障碍、性唤起障碍、性高潮障碍和性交疼痛障碍等均可直接影响女性甚至男女双方性生活质量,继而使女性产生自卑、愧疚及精神压力,长期不和谐的性生活与负面心理将危害人际关系和家庭幸福,严重威胁女性生殖健康。FSD是女性的一种常见健康问题,其发病率为20%~50%,病因复杂,既有器质性因素,亦有社会心理因素。

一、女性性功能障碍的分类

FSD分为心理性或器质性的性欲障碍、性唤起障碍、性高潮障碍和性交疼痛障碍。

1. 性欲障碍　包括性欲低下和性厌恶。①性欲低下指持续或反复地缺少或缺乏性幻想或性交欲望。诊断时需考虑如年龄、个人生活背景等可能影响性功能的因素。②性厌恶指持续和反复地极度厌恶和回避所有(或几乎所有)与性伴侣的性接触。

2. 性唤起障碍　持续性或间断性发生不能获得和维持足够的性兴奋并导致患者感到痛苦,主要表现为缺乏主观性兴奋或缺乏性器官反应、躯体其他部位的性反应。性唤起障碍包括阴道的湿润不足或干涩、阴蒂及阴唇的敏感性下降、阴蒂和阴唇充血降低、阴道平滑肌不松弛等。

3. 性高潮障碍　持续或反复的正常性兴奋后性高潮延迟或缺失。引发女性性高潮的刺激类型和强度表现不同,在考虑年龄、性经验和性刺激是否充分的因素后其获得性高潮的能力仍降低。

4. 性交疼痛障碍　包括性交痛和阴道痉挛。①性交痛泛指在性交时伴有的急性或反复发生的生殖器或盆腔的疼痛。性交痛的特点是性交时经常伴有下腹部疼痛,疼痛剧烈且反复发作,往往性交后数小时疼痛仍不能消失,有时不得不拒绝性交,从而为夫妻双方的性关系和婚姻关系蒙上阴影。②阴道痉挛指反复发作或持续存在的阴道外1/3的平滑肌不自主地发生痉挛性收缩,使阴茎的插入受阻。

5. 非接触式性交痛　由非直接性交刺激引起的反复发作或持续存在的生殖器疼痛。

上述性功能障碍又可以进一步分为终生性或获得性、非选择性或境遇性、器质性或心理性或器质-心理混合性,病因也是多方面的。

二、器质性病变引起的女性性功能障碍

1. 生殖器官先天性异常 女性生殖器官先天性异常以生殖道发育异常为多见,对性生活影响较大。较严重的有先天性无阴道、阴道闭锁、阴道狭窄、阴道横隔、无孔处女膜等,大多影响性生活。主要是导致阴茎不能插入,或进入深度不够而影响快感。女方虽有性欲,但阴蒂缺少摩擦,阴道性敏感点亦多缺如,故性快感很弱,难以获得性高潮。这类疾病若能及时发现,及时手术治疗,婚前男方有思想准备,多能通过重建阴道获得满意的性生活。

2. 泌尿生殖器官炎症

(1) 泌尿器官炎症:急慢性尿道炎、膀胱炎、肾盂肾炎。大多因有尿频、尿急、尿痛或腰痛等不适症状,或在膀胱和尿道区域有灼热样不舒适感而影响性功能的正常发挥。

(2) 生殖器官炎症:非特异性外阴炎、前庭大腺炎和脓肿、真菌性阴道炎、滴虫性阴道炎、老年性阴道炎、子宫颈炎、附件炎及性传播性疾病如淋病、梅毒、尖锐湿疣等。由于各种疾病带来的外阴、阴道或盆腔深部的疼痛,可使性欲减退,快感消失。勉强性交将出现性交痛,对性交产生恐惧感,甚至出现阴道痉挛。此外,炎症造成的肿胀感、难以忍受的瘙痒、腹痛腰酸、疲乏无力、月经失调等,亦可导致无性快感、难以获得性高潮及性欲减退等。

(3) 生殖器官其他疾病:

①阴蒂疾病:阴蒂有丰富的神经供给,对触摸、按压与温度感觉很敏感,在性唤起中具有重要作用。阴蒂若发生感染、肿瘤、炎症、瘢痕、萎缩等病变可引起性功能改变。阴蒂肥大,可能是长期过量雄激素刺激及经常手淫刺激的结果。阴蒂粘连和阴蒂包皮过长,阴蒂疼痛、感染、局部刺激,以及糖尿病女性的神经炎,均可成为引起阴蒂疼痛的原因。

②子宫内膜异位症:患子宫内膜异位症后性欲多受影响。日益加重的痛经使性欲淡漠;可能存在的性交痛引起性快感下降和性冷淡;治疗子宫内膜异位症的药物为雄激素时可促进性欲,但用达那唑行假孕疗法时可抑制垂体促性腺激素的分泌和释放,使卵巢雌激素合成减少,血中雌激素水平下降,或因根治术切除双侧卵巢出现绝经期综合征,均可继发乳腺萎缩、阴道干燥,造成性交不适,性欲下降。

③妇科肿瘤、妇科手术及骨盆外伤:各种妇科良性、恶性肿瘤可以因肿瘤的机械压迫、组织坏死、继发感染造成性交疼痛;放射治疗出现的放射性阴道炎、直肠炎、瘘管形成等,外阴阴道及子宫切除术后的生殖器解剖状态(如形态、长短、相对位置、瘢痕等)的改变、化疗或放疗后严重的全身反应均可导致FSD。外阴阴道手术、卵巢及子宫切除术、盆腔肿瘤根治术、骨盆骨折、骨盆钝性伤等若导致髂腹下阴部动脉损伤,可致阴道和阴蒂血流减少,明显增加海绵体组织纤维化和减少平滑肌含量而引起FSD。下丘脑肿瘤、垂体腺瘤、化疗或放疗及卵巢切除亦是引起FSD的内分泌原因。亦有报道指出,虽保留卵巢,仅切除子宫,但可因钳夹或结扎损伤了供应卵巢的血管,造成卵巢功能衰退而影响女性的性功能。

④盆腔支持组织疾病:盆底肌肉,特别是肛提肌和会阴部肌群参与女性性功能和性反应,会阴部肌群的随意收缩能增强性唤起和性高潮,参与高潮时非随意性节律性收缩,肛提肌可调节高潮和阴道感受时的运动反应。子宫脱垂、膀胱或直肠膨出通常是由于分娩损伤了支持盆腔的肌肉或韧带引起。这些疾病除了造成严重的解剖异常而导致性功能障碍外,还可能因手术治疗这类疾病造成的阴道口和阴道狭窄而导致顽固性性交疼痛障碍。

三、评估与治疗

1. 评估 判断FSD是否由器质性病变引起,要仔细询问病史,详细查体,配合必要的实

验室检查及相关辅助检查后,才能做出诊断。两性比较解剖学的研究成果表明,男女的性生理机制是一致的,或至少是平行的;表面呈现的某些差别,实际上是性功能的男女互补表现,因此可以推测,FSD 的诊断可以借鉴男性勃起功能障碍(ED)的已有成果。而针对造成 FSD 的疾病进行积极治疗,才是解决由器质性病变引起的 FSD 的根本措施。但要提出的是,在治疗中不要忽略由于疾病或疾病的治疗后果给患者带来的精神心理改变对性功能的影响,如子宫切除术后由于"子宫丧失"等,所造成的"女性丧失感"的心理性障碍所造成的性障碍,而应同时给予咨询及心理治疗,才能获得最佳治疗效果。

对所有患者都应了解是否服用了影响性欲和性功能的药物,如 β-肾上腺素受体阻断剂、中枢神经系统抑制剂和抗胆碱能药。特别值得一提的是选择性改变细胞功能的再摄取抑制剂(SSRI),其对女性性功能有极大的破坏性。此外,还应了解有无干扰下丘脑-垂体轴功能或导致女性性激素缺乏的疾病或治疗,如化疗或双侧输卵管-卵巢切除术,这些也会影响女性性功能,并且与心理因素无关,单纯药物治疗就可奏效。

2. 康复治疗

(1) 心理治疗:绝大多数 FSD 的患者会存在精神心理因素,性心理治疗在治疗 FSD 方面起着十分重要的作用,情绪及其相关的因素可影响性冲动,如自尊心过重、与丈夫的关系及需要丈夫在性功能方面的共同默契,都要由心理疏导来消除和改善。此外,心理失常患者如压抑、强迫观念与行为的紊乱,治疗抑郁症的药物如 5-羟色胺重吸收抑制剂,可以减少女性性欲及性唤起,减少女性生殖器的敏感及导致女性缺乏性高潮。

(2) 机械治疗:由于阴道痉挛的治疗目标是逆转引起痉挛的条件反射。夫妇双方了解了问题的性质后,可指导他们使用引导扩张器逐步扩张阴道。方法如下:夫妇共同参与,在妻子的监视和控制下,将涂有消毒润滑油的扩张器插于阴道。扩张器由小号开始,逐渐加大至相当于阴茎直径大小。一旦较大的扩张器能成功地插入,将其保留在阴道内几个小时。如此操作就可使阴道痉挛逐渐减轻直至消失,女方也在此过程中学会适应阴道内放置东西。此后转入进一步的性治疗。

(3) 药物治疗:关于 FSD 的药物治疗目前除了雌激素治疗外,其他的药物治疗还处于早期临床试验阶段。①雌激素替代疗法:适用于绝经期女性,无论是自然绝经还是手术或药物绝经。②甲羟孕酮:用于绝经前女性以提高性欲或消除阴道痉挛。③西地那非:单独使用或与其他血管活性药物合用,适用于 SSRI 诱发的 FSD。④其他:如左旋精氨酸、前列腺素 E_1、酚妥拉明等。

第二节　女性不孕症

女性不孕症指育龄夫妇有正常性生活,未避孕 1 年,女性仍未孕。对年龄大于 35 岁的女性,如果试孕 6 个月未孕就应开始诊疗。从未妊娠者称为原发性不孕;有过妊娠而后未避孕 1 年未孕者称为继发性不孕;由于男方因素造成的不孕称为不育;反复流产和异位妊娠而未能获得活婴属于不育范畴。不孕夫妇的受孕能力低于正常人群,对于大多不孕夫妇,定义为生殖力降低更为准确。

不孕症发病率因国家、民族和地区不同存在差别,我国不孕症发病率为 7%~10%。WHO 已将不孕症归为疾病,不孕症患者夫妇承受着来自心理、生理、家庭和社会的压力,需要积极处理。

不孕的原因复杂,夫妇任何一方或双方异常都可导致不孕,另有部分夫妇以目前的诊断技术不能发现异常而归为不明原因不孕。不孕原因中女方因素占40%～50%,男方因素占25%～40%,不明原因占10%～20%。

1. 女方因素 以排卵障碍和输卵管因素为主。

(1) 排卵障碍:约占女方因素40%,导致排卵障碍的主要原因如下。①下丘脑-垂体-卵巢轴功能低下,表现为内源性雌激素低落,垂体促性腺激素FSH、LH水平低下,病变在下丘脑或垂体,可能原因有精神应激、环境改变、过度运动、神经性厌食、下丘脑及垂体肿瘤等功能障碍或器质性病变。②卵巢病变,垂体功能正常或亢进,病变在卵巢,如先天性卵巢发育不良、多囊卵巢综合征、卵巢早衰、卵巢不敏感综合征等。③其他内分泌腺功能异常也能影响卵巢功能,如高催乳素血症、甲状腺功能异常,导致垂体促性腺激素分泌异常,抑制排卵。

(2) 输卵管因素:约占女方因素40%,慢性输卵管炎(淋病奈瑟菌、结核分枝杆菌、沙眼衣原体)、子宫内膜异位症是引起输卵管伞端闭锁、积水或输卵管黏膜破坏的主要原因。

(3) 子宫内膜异位症:约占女方因素10%。典型的症状为痛经和不孕,引起不孕的机制不完全清楚,可能与免疫机制紊乱引起的排卵障碍、输卵管功能异常及子宫内膜容受性改变等多个环节有关。

(4) 子宫因素:子宫颈黏液分泌异常、宫颈炎症及宫颈解剖结构异常,影响精子上游;子宫内膜病变如子宫内膜炎,内膜息肉、结核、粘连,导致受精卵植入障碍;子宫黏膜下肌瘤和体积较大的肌壁间肌瘤等可导致不孕。

(5) 生殖道发育畸形:主要有纵隔子宫、鞍状子宫、单角子宫和双子宫;先天性输卵管发育异常等,均可引起不孕和流产。

2. 男方因素 引起女性不孕症的男方因素主要是生精异常和输精障碍。

(1) 精子发生和成熟障碍:男性不育最常见的原因,主要表现为精子形态异常(畸精)、运动异常(弱精)或数量降低(少精)甚至无精,可能的原因包括睾丸肿瘤和炎症、内分泌异常、染色体异常及精索静脉曲张等。

(2) 精子输送障碍:输精管堵塞,可以是先天性的或遗传缺陷,也可以因泌尿生殖系统手术瘢痕引起等。

(3) 性功能异常:外生殖器发育不良或勃起障碍、早泄、不射精、逆行射精等使精子不能正常射入阴道内,可造成男性不育。

(4) 免疫因素:在男性生殖道免疫屏障被破坏的条件下,精子、精浆在体内产生抗精子抗体,使射出的精子产生凝集而不能穿过宫颈黏液。

3. 不明原因不孕 属于男女双方均可能存在不孕因素,占不孕病因的10%～20%。不明原因不孕夫妇可能有异常情况存在,如卵子质量、输卵管功能或精子功能异常,目前的临床检查方法尚不能发现不孕的原因。

二、女性不孕症的诊断

询问病史了解月经史、生育史、既往史、男方病史及性生活情况;进行体格检查、染色体检查了解有无先天性、遗传性疾病或其他内分泌疾病;进行妇科检查、影像检查了解有无生殖器畸形、炎症和器质性病变;进行基础体温测定、阴道脱落细胞、子宫颈粘液周期检查、性激素周期测定、子宫内膜病理检查及B超检查等了解有无排卵;进行输卵管通液、造影等了解输卵管是否通畅;进行宫腔镜、腹腔镜检查进一步了解子宫内外、输卵管、卵巢及盆、腹腔情况;进行性交后试验、免疫学检查了解有无免疫性不孕等。

三、女性不孕症的治疗

应针对不同病因给予相应治疗。

1. 一般治疗 如抗炎、生殖器整形、治疗器质性病变及其他内分泌疾病等。

2. 排卵障碍及内分泌异常的治疗 可用抗雌激素类药物、促性腺激素、促性腺激素释放激素等诱发排卵。黄体功能不足的治疗如下。

(1) 黄体酮 10 mg,排卵后 2～3 天开始用药,每日 1 次肌注或 20 mg 隔日 1 次肌注,在排卵后第 14 天或月经来潮时停药。若延期不见来潮作早孕试验,证实为妊娠时继续给药至 12 孕周。

(2) 排卵后 3～4 天起,人绒毛膜促性腺激素 2000～3000 U 隔日肌注 1 次共 3～4 次,或 1000 U 每日肌注 1 次,连用 7～8 日。

(3) 月经周期第 3 天起用克罗米芬 50 mg,每日 1 次,连用 5 天。

(4) 伴血催乳素升高者加用溴隐亭。

3. 子宫及子宫颈异常的治疗

(1) 治疗器质性病变。

(2) 治疗宫颈炎。

(3) 子宫颈黏液不足:己烯雌酚每日 0.1～0.2 mg,或结合雌激素 0.3～0.625 mg,月经周期第 7 天开始,连用 8 天。

(4) 宫腔内人工授精或体外授精。

4. 输卵管异常的治疗

(1) 输卵管狭窄:透明质酸酶 1500 U、庆大霉素 8 万 U、地塞米松 2～4 mg、0.25% 普鲁卡因溶液 20 mL 混匀,用双腔管经宫腔注药或宫腔镜引导下输卵管插管注药,于月经干净 3 天后开始,每周 2～3 次,至排卵前结束;或用特制的金属导丝在宫腔镜或 B 超引导下插入输卵管内疏通粘连组织。

(2) 输卵管闭塞:应用显微外科技术行复通术,间质部闭塞用输卵管子宫角植入术,中段闭塞用端端吻合术,伞端闭塞用造口术。

(3) 输卵管腔外粘连用粘连松解术。

5. 免疫性不孕的治疗

(1) 避孕套疗法:性交用避孕套 6～12 个月后在排卵期不再用避孕套性交。

(2) 免疫抑制剂阴道局部应用。

(3) 人工授精或体外授精及胚胎移植等。

6. 辅助生育技术 人工授精、体外授精及胚胎移植、配子输卵管内移植等。

第三节　女性生殖系统感染

女性生殖系统感染是指发生在女性生殖器官的一组感染性疾病,包括外阴、阴道、宫颈及盆腔内子宫、输卵管、卵巢、盆腔腹膜及盆腔结缔组织的炎症。引起炎症的病原体包括多种微生物如细菌、病毒、真菌及原虫等。一些性传播疾病,也可表现为生殖系统炎症。炎症可局限于一个部位,或多个部位同时受累;病情可轻可重,轻者无症状,重者引起败血症甚至感染性休克而死亡。女性生殖系统感染不仅危害患者,还可危害胎儿。因此,对女性生殖系统感染应积极防治。

一、女性生殖道的自然防御功能

女性生殖道的解剖、生理生化特点使其具有比较完善的自然防御功能,增强了对感染的防御能力。外阴皮肤为鳞状上皮,抵御感染能力强。外阴两侧大阴唇自然合拢,遮掩阴道口、尿道口,防止外界微生物污染。阴道由于盆底肌的作用,阴道口闭合,阴道前后壁紧贴,减少外界微生物的侵入;阴道分泌物中的黏蛋白可形成网状的非特异性物理屏障,防止微生物损伤阴道上皮细胞;生理情况下,雌激素使阴道上皮增生变厚并富含糖原,增加对病原体的抵抗力,阴道乳杆菌可使糖原分解为乳酸,维持正常阴道的酸性环境(pH≤4.5,多在 3.8~4.4),抑制其他病原体生长,称为阴道自净作用。宫颈内口紧闭,宫颈管黏膜为分泌黏液的高柱状上皮所覆盖,分泌大量黏液,形成胶冻状黏液栓,为上生殖道感染的机械屏障;宫颈管黏膜形成皱襞、嵴突或陷窝,从而增加黏膜表面积;黏液栓内含乳铁蛋白、溶菌酶,可抑制细菌侵入子宫内膜。育龄女性子宫内膜周期性剥脱,是消除宫腔感染的有利条件。此外,子宫内膜分泌液也含有乳铁蛋白、溶菌酶,可清除少量进入宫腔的病原体。输卵管黏膜上皮细胞的纤毛向宫腔方向摆动及输卵管的蠕动,均有利于阻止病原体的侵入。输卵管液与子宫内膜分泌液一样,含有乳铁蛋白、溶菌酶,可清除偶然进入输卵管的病原体。生殖道黏膜如宫颈和子宫聚集有不同数量的淋巴组织及散在的淋巴细胞,包括 T 细胞和 B 细胞。此外,中性粒细胞、巨噬细胞、补体及一些细胞因子均在局部有重要的免疫功能,发挥抗感染作用。当自然防御功能遭到破坏,或机体免疫功能下降、内源性菌群发生变化或外源性致病菌侵入时,均可导致炎症发生。

二、外阴及阴道炎症

外阴及阴道炎症是妇科最常见疾病,各年龄组均可发病。外阴阴道与尿道、肛门毗邻,局部潮湿,易受污染;生育年龄女性性活动较频繁,且外阴阴道是分娩、宫腔操作的必经之道,容易受到损伤及外界病原体的感染;绝经后女性及婴幼儿雌激素水平低,局部抵抗力下降,也易发生感染。外阴及阴道炎症可单独存在,也可两者同时存在。

1. 非特异性外阴炎 因外阴不洁或异物刺激而引起的非特异性炎症。外阴与尿道、肛门邻近,经常受到经血、阴道分泌物、尿液、粪便的刺激,若不注意皮肤清洁,易引起外阴炎。糖尿病患者尿液的刺激、粪瘘患者粪便的刺激及尿瘘患者尿液的长期浸渍,穿紧身化纤内裤导致局部透气性差,局部潮湿及经期使用卫生巾的刺激等,均可引起非特异性外阴炎。

临床表现为外阴皮肤瘙痒、疼痛、烧灼感,于活动、性交、排尿及排便时加重。检查见局部充血、肿胀、糜烂,常有抓痕,严重者形成溃疡或湿疹。慢性炎症可使皮肤增厚、粗糙、皲裂,甚至苔藓样变。

治疗上应积极寻找病因,若发现糖尿病,应及时给予治疗,若有尿瘘、粪瘘,应及时行修补术。可用 0.1% 碘伏液或 1:5000 高锰酸钾液坐浴,每日 2 次,每次 15~30 min。坐浴后涂抗生素软膏或紫草油。急性期还可选用微波或红外线局部物理治疗。注意个人卫生,穿纯棉内裤并经常更换,保持外阴清洁和干燥。

2. 前庭大腺炎 前庭大腺可因病原体(如细菌、淋病奈瑟菌或沙眼衣原体)感染而发生炎症，或形成脓肿。前庭大腺位于两侧大阴唇后 1/3 深部，腺管开口于处女膜与小阴唇之间。因其解剖结构的特点，在性交、分娩及其他情况污染外阴部时，病原体容易侵入而引起前庭大腺炎。此病以育龄女性多见，幼女及绝经后女性少见。主要病原体为内源性病原体及性传播疾病的病原体，前者如葡萄球菌、大肠埃希菌、链球菌、肠球菌，后者主要为淋病奈瑟菌及沙眼衣原体。急性炎症发作时，病原体首先侵犯腺管，腺管呈急性化脓性炎症，腺管开口往往因肿胀或渗出物凝聚而阻塞，脓液不能外流、积存而形成脓肿，称前庭大腺脓肿。

临床表现为炎症多发生于一侧。初起局部肿胀、疼痛、灼热感，行走不便，有时会致大小便困难。检查见局部皮肤红肿、发热、压痛明显。若为淋病奈瑟菌感染，挤压局部可流出稀薄、淡黄色脓汁。当脓肿形成时，疼痛加剧，可触及波动感，严重者脓肿直径可达 5~6 cm，患者出现发热等全身症状，腹股沟淋巴结可呈不同程度增大。当脓肿内压力增大时，表面皮肤变薄，脓肿自行破溃，若破孔大，可自行引流，炎症较快消退而痊愈；若破孔小，引流不畅，则炎症持续不消退，并可反复急性发作。

急性炎症发作时，需卧床休息，局部保持清洁。可取前庭大腺开口处分泌物进行细菌培养，确定病原体。根据病原体选用口服或肌内注射抗生素。在获得培养结果之前，可选广谱抗生素。脓肿形成后可切开引流并行造口术，因单纯切开引流只能暂时缓解症状，切口闭合后，仍可形成囊肿或反复感染。

3. 前庭大腺囊肿 前庭大腺囊肿为前庭大腺管阻塞炎症后或损伤阻塞，其分泌物积聚所致。前庭大腺囊肿系因前庭大腺管开口部阻塞，分泌物积聚于腺腔而形成。前庭大腺管阻塞的原因如下：①前庭大腺脓肿消退后，腺管阻塞，脓液吸收后由黏液分泌物所代替；②先天性腺管狭窄或腺腔内黏液浓稠，分泌物排出不畅，导致囊肿形成；③前庭大腺管损伤，如分娩时会阴与阴道裂伤后疤痕阻塞腺管口，或会阴后-侧切开术损伤腺管。前庭大腺囊肿可继发感染形成脓肿反复发作。

前庭大腺囊肿大小不等，多由小逐渐增大，有些可持续数年不变。若囊肿较小且无感染，患者可无自觉症状，往往于妇科检查时方被发现；若囊肿较大，患者可感到外阴有坠胀感或有性交不适。检查见囊肿多为单侧，也可为双侧，囊肿多呈椭圆形。

治疗上可行前庭大腺囊肿造口术取代以前的囊肿剥出术，造口术方法简单，损伤小，术后还能保留腺体功能。

4. 滴虫阴道炎 滴虫阴道炎由阴道毛滴虫引起，是常见阴道炎。阴道毛滴虫适宜在温度 25~40 ℃、pH 5.2~6.6 的潮湿环境中生长。滴虫有嗜血及耐碱的特性，故于月经前后阴道 pH 发生变化（月经后接近中性）时，隐藏在腺体及阴道皱襞中的滴虫得以繁殖引起炎症发作。滴虫能消耗、吞噬阴道上皮细胞内的糖原，并可吞噬乳杆菌，阻碍乳酸生成，使阴道 pH 升高。滴虫不仅寄生于阴道，还常侵入尿道或尿道旁腺，甚至膀胱、肾盂及男方的包皮皱褶、尿道或前列腺中。滴虫阴道炎往往与其他阴道炎并存，美国报道约 60% 患者同时合并细菌性阴道病。

潜伏期为 4~28 日。25%~50% 患者感染初期无症状，其中 1/3 将在 6 个月内出现症状，症状轻重取决于局部免疫因素、滴虫数量多少及毒力强弱。主要症状是阴道分泌物增多及外阴瘙痒，间或有灼热、疼痛、性交痛等。分泌物特点为稀薄脓性、黄绿色、泡沫状、有臭味。分泌物呈脓性是因分泌物中含有白细胞；呈泡沫状、有臭味是因滴虫无氧酵解碳水化合物，产生腐臭气体。瘙痒部位主要为阴道口及外阴。若尿道口有感染，可有尿频、尿痛，有时可见血尿。阴道毛滴虫能吞噬精子，并能阻碍乳酸生成，影响精子在阴道内存活，可致不孕。检查见阴道黏膜充血，严重者有散在出血斑点，甚至宫颈有出血点，形成"草莓样"宫颈，后穹隆有多量白带，呈灰黄色、黄白色稀薄液体或黄绿色脓性分泌物，常呈泡沫状。带虫者阴道黏膜无异常改变。

典型病例容易诊断，若在阴道分泌物中找到滴虫即可确诊。因滴虫阴道炎可同时有尿道、尿道旁腺、前庭大腺滴虫感染，欲治愈此病，需全身用药，主要治疗药物为甲硝唑及替硝唑。

滴虫阴道炎主要由性行为传播，性伴侣应同时进行治疗，治疗期间禁止性交。有复发症状的病例多数为重复感染，为避免重复感染，内裤及洗涤用的毛巾，应煮沸5～10分钟以消灭病原体，并应对其性伴侣进行治疗。

5. 外阴阴道假丝酵母菌病 外阴阴道假丝酵母菌病是由假丝酵母菌引起的一种常见外阴阴道炎，曾被称为外阴阴道念珠菌病。国外资料显示，约75%女性一生中至少患过1次外阴阴道假丝酵母菌病，其中40%～50%经历过1次复发。

80%～90%病原体为白假丝酵母菌，10%～20%为光滑假丝酵母菌、近平滑假丝酵母菌、热带假丝酵母菌等。酸性环境适宜假丝酵母菌的生长，有假丝酵母菌感染的阴道pH值多在4.0～4.7，通常pH＜4.5。白假丝酵母菌为双相菌，有酵母相及菌丝相，酵母相为芽生孢子，在无症状寄居及传播中起作用；菌丝相为芽生孢子伸长成假菌丝，侵袭组织能力加强。假丝酵母菌对热的抵抗力不强，加热至60℃1h即死亡；但对干燥、日光、紫外线及化学制剂等抵抗力较强。

白假丝酵母菌为条件致病菌，10%～20%非孕女性及30%孕妇阴道中有此菌寄生，但菌量极少，呈酵母相，并不引起症状。只有在全身及阴道局部免疫能力下降，尤其是局部细胞免疫力下降，假丝酵母菌大量繁殖，并转变为菌丝相时，才引发阴道炎症状。常见发病诱因主要有妊娠、糖尿病、大量应用免疫抑制剂及广谱抗生素。妊娠时机体免疫力下降，雌激素水平高，阴道组织内糖原增加，酸度增高，有利于假丝酵母菌生长。此外，雌激素可与假丝酵母菌表面的激素受体结合，促进阴道黏附及假菌丝形成。糖尿病患者机体免疫力下降，阴道内糖原增加，适合假丝酵母菌繁殖。大量应用免疫抑制剂如皮质类固醇激素或患免疫缺陷综合征时，机体抵抗力降低。长期应用抗生素，改变了阴道内病原体之间的相互制约关系，尤其是抑制了乳杆菌的生长。其他诱因有胃肠道假丝酵母菌、含高剂量雌激素的避孕药、穿紧身化纤内裤及肥胖，后者可使会阴局部温度及湿度增加，假丝酵母菌易于繁殖引起感染。

感染途径：①主要为内源性感染，假丝酵母菌除寄生阴道外，也可寄生于人的口腔、肠道，这3个部位的假丝酵母菌可互相传染，一旦条件适宜，可引起感染；②少部分患者可通过性交直接感染；③极少患者可能通过接触感染的衣物间接感染。

假丝酵母菌在阴道寄居以致形成炎症，要经过黏附、形成菌丝、释放侵袭性酶类等过程。假丝酵母菌通过菌体表面的糖蛋白与阴道宿主细胞的糖蛋白受体结合，黏附宿主细胞；然后菌体出芽形成芽管和假菌丝，菌丝可穿透阴道鳞状上皮吸收营养，假丝酵母菌进而大量繁殖；假丝酵母菌生长过程中，分泌多种蛋白水解酶并可激活补体旁路途径，产生补体趋化因子和过敏毒素，导致局部血管扩张、通透性增强和炎性反应。

临床症状主要表现为外阴瘙痒、灼痛，还可伴有尿频、尿痛及性交痛，部分患者阴道分泌物增多。外阴瘙痒程度居各种阴道炎症之首，严重时坐卧不宁，异常痛苦。阴道分泌物由脱落上皮细胞和菌丝体、酵母菌和假菌丝组成，其特征是白色稠厚呈凝乳或豆渣样。若为外阴炎，妇科检查外阴可见地图样红斑，即在界限清楚的大红斑周围有小的卫星病灶，另可见外阴水肿，常伴有抓痕。若为阴道炎，阴道黏膜可见水肿、红斑，小阴唇内侧及阴道黏膜上附有白色块状物，擦除后露出红肿黏膜面，少部分患者急性期可能见到糜烂及浅表溃疡。

典型病例不难诊断。若在分泌物中找到假丝酵母菌的芽孢及菌丝即可确诊。治疗上主要是消除诱因，选择局部或全身应用抗真菌药物，根据患者的临床分类决定疗程的长短。

6. 细菌性阴道病　细菌性阴道病为阴道内正常菌群失调所致的一种混合感染。在不同年代由于对其病原体的认识不同曾被命名为非特异性阴道炎(1894)、嗜血杆菌阴道炎(1955)、棒状杆菌阴道炎(1963)、加德纳菌阴道炎(1980)，1984年在瑞典召开的专题会上命名为细菌性阴道病。

本病非单一致病菌所引起，而是多种致病菌共同作用的结果。正常阴道内以产生过氧化氢的乳杆菌占优势。细菌性阴道病时，阴道内产生过氧化氢的乳杆菌减少而其他微生物大量繁殖，主要有加德纳菌、动弯杆菌、普雷沃菌、紫单胞菌、类杆菌、消化链球菌等厌氧菌及人型支原体，其中以厌氧菌居多，这些微生物的数量可增加100~1000倍。随着微生物的繁殖，其代谢产物使阴道分泌物的生化成分发生相应改变，pH值升高，胺类物质(如尸胺、腐胺、三甲胺等)、有机酸及一些酶类(如黏多糖酶、唾液酸酶、磷脂酶、IgA蛋白酶等)增加。胺类物质可使阴道分泌物增多并有臭味。酶和有机酸可破坏宿主的防御机制，溶解宫颈黏液，促进微生物进入上生殖道，引起炎症。但微生物群发生改变的机制目前仍不清楚，可能与多个性伴侣、频繁性交或阴道灌洗使阴道碱化有关。碱性环境不利于乳杆菌的黏附和生长，而利于加德纳菌等厌氧菌的生长，从而引发细菌性阴道病。

本病多发生在性活跃期女性。10%~40%患者无临床症状，有症状者主要表现为阴道分泌物增多，有鱼腥臭味，性交后加重，可伴有轻度外阴瘙痒或烧灼感。分泌物呈灰白色，均匀一致，稀薄，常黏附于阴道壁，但黏度很低，容易将分泌物从阴道壁拭去，阴道黏膜无充血的炎症表现。

细菌性阴道病的临床诊断标准(下列4项中有3项阳性者可诊断)：①匀质、稀薄、白色的阴道分泌物。②阴道pH值>4.5(pH值通常为4.7~5.7，多为5.0~5.5)。③胺臭味试验阳性。取阴道分泌物少许放在玻片上，加入10% KOH 1~2滴，产生一种烂鱼肉样腥臭气味，这是由于胺遇碱释放氨气所致。④线索细胞阳性。取少许分泌物放在玻片上，加一滴生理盐水混合，高倍显微镜下寻找线索细胞，线索细胞即阴道脱落的表层细胞，于细胞边缘贴附颗粒状物即各种厌氧菌，尤其是加德纳菌，细胞边缘不清。

妊娠期细菌性阴道病可导致绒毛膜羊膜炎、胎膜早破、早产。非妊娠女性可引起子宫内膜炎、盆腔炎、子宫切除术后阴道断端感染。

治疗选用抗厌氧菌药物，主要有甲硝唑、克林霉素。甲硝唑抑制厌氧菌生长，而不影响乳杆菌生长，是较理想的治疗药物，但对支原体效果差。

三、宫颈炎症

宫颈炎症是妇科常见疾病之一。正常情况下，宫颈具有多种防御功能，包括黏膜免疫、体液免疫及细胞免疫，是阻止病原菌进入上生殖道的重要防线，但宫颈亦易受分娩、性交及宫腔操作的损伤，且宫颈管单层柱状上皮抗感染能力较差，易发生感染。宫颈炎症包括宫颈阴道部及宫颈管黏膜炎症。因宫颈阴道部鳞状上皮与阴道鳞状上皮相延续，阴道炎症均可引起宫颈阴道部炎症。临床多见的宫颈炎是宫颈管黏膜炎，由于宫颈管黏膜皱襞多，一旦发生感染，很难将病原体完全清除，久而导致慢性宫颈炎症。若宫颈炎症得不到及时彻底治疗，可引起上生殖道炎症。

1. 宫颈炎 宫颈炎的主要病原体如下：①性传播疾病病原体：淋病奈瑟菌、沙眼衣原体、单纯疱疹病毒和生殖支原体，主要见于性传播疾病的高危人群。②内源性病原体：部分宫颈炎的病原体与引起细菌性阴道病的病原体相同。但部分患者的病原体不清楚。沙眼衣原体及淋病奈瑟菌均感染宫颈管柱状上皮，沿黏膜面扩散引起浅层感染，病变以宫颈管明显。除宫颈管柱状上皮外，淋病奈瑟菌还常侵袭尿道移行上皮、尿道旁腺及前庭大腺。

大部分患者无症状。有症状者主要表现为阴道分泌物增多，呈黏液脓性，阴道分泌物刺激可引起外阴瘙痒及灼热感。此外，可出现经间期出血、性交后出血等症状。若合并尿路感染，可出现尿急、尿频、尿痛。妇科检查见宫颈充血、水肿、黏膜外翻，有黏液脓性分泌物附着甚至从宫颈管流出，宫颈管黏膜质脆，容易诱发出血。若为淋病奈瑟菌感染，因尿道旁腺、前庭大腺受累，可见尿道口、阴道口黏膜充血、水肿及大量脓性分泌物。

出现两个即具有诊断性体征：①于宫颈管或宫颈管棉拭子标本上，肉眼见到脓性或黏液脓性分泌物；②用棉拭子擦拭宫颈管时，容易诱发宫颈管内出血。显微镜检查阴道分泌物白细胞增多，可做出宫颈炎症的初步诊断。宫颈炎症诊断后，需进一步做衣原体及淋病奈瑟菌的检测。由于宫颈炎也可以是上生殖道感染的一个征象，因此，对宫颈炎患者应注意有无上生殖道感染。

主要为抗生素药物治疗。有性传播疾病高危因素的患者，尤其是年龄＜25岁的年轻女性，未获得病原体检测结果即可给予治疗，方案为阿奇霉素1g单次顿服；或多西环素100mg，每日2次，连服7日。对于获得病原体者，针对病原体选择抗生素。

2. 宫颈炎症相关疾病

（1）宫颈糜烂样改变：宫颈外口处的宫颈阴道部外观呈细颗粒状的红色区，称为宫颈糜烂样改变。以往的教科书称为"宫颈糜烂"，并认为是慢性宫颈炎的最常见病理改变。随着阴道镜的发展及对宫颈病理生理认识的提高，"宫颈糜烂"这一术语不再恰当。"宫颈糜烂"并不是上皮脱落、溃疡的真性溃烂；也不等同于病理学上的慢性宫颈炎的诊断标准。宫颈糜烂样改变可能是生理性的柱状上皮异位，即宫颈阴道部的鳞状上皮被颈管的柱状上皮所取代，阴道镜下表现为宽大的转化区及内侧的柱状上皮；也可能是病理性的，如炎症时的宫颈柱状上皮充血、水肿；或宫颈上皮内瘤变及宫颈癌的早期表现。对存在宫颈糜烂样表现者，需做宫颈刮片排除宫颈上皮内瘤变及宫颈癌；有充血、水肿者需进行感染的相关检查。宫颈糜烂样改变只是妇科检查时常见的一个体征，是否需要治疗需根据具体情况而定。生理性柱状上皮异位一般可不予处理，但由于覆盖在宫颈阴道部的单层柱状上皮具有分泌功能，并且质脆，有些患者可表现为阴道分泌物增多及性交后出血，对有症状的患者可给予物理治疗，如激光、微波、冷冻治疗。对生理性柱状上皮异位合并感染者或者糜烂样改变是因感染所致，需进行抗感染治疗。

（2）宫颈息肉：宫颈管黏膜增生形成的局部突起病灶，称为宫颈息肉。息肉常有蒂自基底部向宫颈外口突出。息肉可为一个或多个不等，直径一般约1cm，色红，呈舌形，表面光滑或分叶状，质软而脆，易出血，蒂细长，根部多附着于宫颈外口，少数在宫颈管壁。关于宫颈息肉的发生机制尚不明确，光镜下有些息肉中心的结缔组织常有充血、水肿及炎性细胞浸润，因此，认为息肉可能是炎症的长期刺激，导致宫颈黏膜增生而形成。但有些息肉的发生可能与炎症无关，50%的宫颈息肉发生在绝经后。绝经后的宫颈炎症较生育年龄妇女少见。但由于宫颈管恶性肿瘤以及子宫体的恶性肿瘤也可呈息肉状从宫颈口突出，因此对于宫颈息肉应予切除，并送病理组织学检查。

（3）宫颈腺囊肿：宫颈转化区中，鳞状上皮取代柱状上皮过程中，新生的鳞状上皮覆盖宫颈腺管口或伸入腺管，将腺管口阻塞，导致腺体分泌物引流受阻、潴留形成囊肿。镜下可见囊壁被覆单层扁平宫颈黏膜上皮。检查时见宫颈表面突出多个青白色小囊泡，内含无色黏液。宫颈腺囊肿是宫颈转化区生理改变的结果，而非炎症，其意义在于提示此处曾为原始鳞柱交接的起始处，一般无需治疗。

（4）宫颈肥大：宫颈较正常大，但尚无具体数值标准。其形成原因可能与炎症的长期刺激，导致腺体及间质增生有关；另有可能是在腺体深部有黏液潴留形成囊肿，使宫颈呈不同程度肥大、硬度增加。宫颈肥大本身并无特殊的治疗方法，往往无需治疗。但对于宫颈管肥大者，需除外宫颈管病变，尤其宫颈腺癌。

四、盆腔炎性疾病

盆腔炎性疾病（PID）指女性上生殖道及其周围组织的一组感染性疾病，主要包括子宫内膜炎、输卵管炎、输卵管卵巢脓肿、盆腔腹膜炎。炎症可局限于一个部位，也可同时累及几个部位，最常见的是输卵管炎。PID大多发生在性活跃期、有月经的妇女，初潮前、绝经后或未婚者很少发生PID。若发生PID也往往是邻近器官炎症的扩散。严重的PID发展可引起弥漫性腹膜炎、败血症、感染性休克，严重者可危及生命。若PID未能得到及时正确的治疗，则可由于盆腔粘连、输卵管阻塞，导致不孕、输卵管妊娠、慢性盆腔痛，炎症反复发作等PID的后遗症，严重影响妇女健康，增加家庭与社会经济负担。

盆腔炎性疾病的病原体有外源性及内源性两种来源，外源性病原体主要为性传播疾病的病原体，常见的病原体为淋病奈瑟菌、沙眼衣原体；内源性病原体又包括需氧菌及厌氧菌。主要的需氧菌及兼性厌氧菌有金黄色葡萄球菌、溶血性链球菌、大肠埃希菌、阴道加德纳菌；厌氧菌有脆弱类杆菌、消化球菌、消化链球菌、普雷沃菌。金黄色葡萄球菌、溶血性链球菌等需氧菌多数通过生殖道黏膜上行感染，也可通过损伤的宫颈到达宫旁结缔组织引发炎症。厌氧菌感染的特点是容易形成盆腔脓肿、感染性血栓静脉炎，脓液有粪臭并有气泡。据文献报道，70%～80%盆腔脓肿可培养出厌氧菌。外源性及内源性两种病原体可分别单独存在，也可同时存在，通常为混合感染。不同病原体有不同的传播途径及致病特点，了解这些特点可以根据经验判断致病菌，从而为治疗时选择抗生素提供帮助。

盆腔炎性疾病的感染途径主要有沿生殖道黏膜上行蔓延（如淋病奈瑟菌、衣原体及葡萄球菌）、经淋巴系统蔓延、经血循环传播及直接蔓延。临床表现可因炎症轻重及范围大小而有不同。患者体征差异较大，轻者无明显异常发现或妇科检查仅发现宫颈举痛或宫体压痛或附件区压痛。严重病例呈急性病容，体温升高，心率加快，下腹部有压痛、反跳痛及肌紧张，甚至出现腹胀、肠鸣音减弱或消失。盆腔检查时阴道可见脓性臭味分泌物；宫颈充血、水肿，将宫颈表面分泌物拭净，若见脓性分泌物从宫颈口流出，说明宫颈管黏膜或宫腔有急性炎症。穹隆触痛明显，须注意是否饱满；宫颈举痛；宫体稍大，有压痛，活动受限；子宫两侧压痛明显，若为单纯输卵管炎，可触及增粗的输卵管，压痛明显；若为输卵管积脓或输卵管卵巢脓肿，则可触及包块且压痛明显，不活动；宫旁结缔组织炎时，可扪及宫旁一侧或两侧片状增厚，或两侧宫骶韧带高度水肿、增粗，压痛明显；若有盆腔脓肿形成且位置较低时，可扪及后穹隆或侧穹隆有肿块且有波动感，三合诊常能协助进一步了解盆腔情况。

根据病史、症状、体征及实验室检查可做出初步诊断。最低诊断标准提示在性活跃的年轻女性或者具有性传播疾病的高危人群,若出现下腹痛,并可排除其他引起下腹痛的原因,妇科检查符合最低诊断标准,即可给予经验性抗生素治疗。

附加标准可增加诊断的特异性,多数 PID 患者有宫颈黏液脓性分泌物,或阴道分泌物0.9%氯化钠溶液涂片中见到白细胞,若宫颈分泌物正常并且镜下见不到白细胞,PID 的诊断需慎重。特异标准基本可诊断 PID,但由于除 B 型超声检查外,均为有创检查或费用较高,特异标准仅适用于一些有选择的病例。腹腔镜诊断 PID 标准如下:①输卵管表面明显充血;②输卵管壁水肿;③输卵管伞端或浆膜面有脓性渗出物。腹腔镜诊断输卵管炎准确率高,并能直接采取感染部位的分泌物做细菌培养,但临床应用有一定局限性。

在做出 PID 的诊断后,需进一步明确病原体。宫颈管分泌物及后穹窿穿刺液的涂片、培养及核酸扩增检测病原体,虽不如通过剖腹探查或腹腔镜直接采取感染部位的分泌物做培养及药敏准确,但临床较实用,对明确病原体有帮助。涂片可作革兰染色,若找到淋病奈瑟菌可确诊。除查找淋病奈瑟菌外,可以根据细菌形态为选用抗生素及时提供线索;培养阳性率高,并可做药敏试验。除病原体检查外,还可根据病史(如是否为性传播疾病高危人群)、临床症状及体征特点初步判断病原体。

急性盆腔炎应与急性阑尾炎、输卵管妊娠流产或破裂、卵巢囊肿蒂扭转或破裂等急症相鉴别。

盆腔炎性疾病的治疗主要为抗生素药物治疗,必要时手术治疗。抗生素治疗可清除病原体、改善症状及体征、减少后遗症。经恰当的抗生素积极治疗,绝大多数 PID 能彻底治愈。抗生素的治疗原则为经验性、广谱、及时及个体化。根据药敏试验选用抗生素较合理,但通常需在获得实验室结果前即给予抗生素治疗,因此,初始治疗往往根据经验选择抗生素。由于 PID 的病原体多为淋病奈瑟菌、衣原体及需氧菌、厌氧菌的混合感染,需氧菌及厌氧菌又有革兰阴性及革兰阳性之分,故抗生素的选择应涵盖以上病原体,选择广谱抗生素以及联合用药。在 PID 诊断 48 小时内及时用药将明显降低后遗症的发生。

五、生殖器结核

由结核分枝杆菌引起的女性生殖器炎症称为生殖器结核,又称结核性盆腔炎,多见于20～40 岁女性,也可见于绝经后的老年女性。近年因耐药结核、艾滋病的增加及对结核病控制的松懈,生殖器结核发病率有升高趋势。

生殖器结核是全身结核的表现之一,常继发于身体其他部位结核如肺结核、肠结核、腹膜结核、肠系膜淋巴结的结核病灶,也可继发于淋巴结核、骨结核或泌尿系统结核,约 10%肺结核患者伴有生殖器结核。生殖器结核潜伏期很长,可达 1～10 年,多数患者在日后发现生殖器结核时,其原发病灶多已痊愈。生殖器结核常见的传染途径如下:①血行传播:最主要的传播途径。青春期时正值生殖器官发育,血供丰富,结核分枝杆菌易借血行传播。结核分枝杆菌感染肺部后,大约 1 年内可感染内生殖器官,由于输卵管黏膜有利于结核分枝杆菌的潜伏感染,结核分枝杆菌首先侵犯输卵管,然后依次扩散到子宫内膜及卵巢,侵犯宫颈、阴道或外阴者较少。②直接蔓延:腹膜结核、肠结核可直接蔓延到内生殖器官。③淋巴传播:较少见。消化道结核可通过淋巴管逆行传播感染内生殖器官。④性交传播:极罕见。男性患泌尿道结核,通过性交传播,上行感染。

临床表现因病情轻重、病程长短而异。有些患者无任何症状,有些患者则症状较重。具体临床表现如下。①多数生殖器结核导致不孕。在原发性不孕患者中生殖器结核为常见原因之一。由于输卵管黏膜破坏与粘连,常使管腔阻塞;或因输卵管周围粘连,有时管腔尚保持部分通畅,但黏膜纤毛被破坏,输卵管僵硬、蠕动受限,丧失运输功能;子宫内膜结核妨碍受精卵的着床与发育,也可致不孕。②月经失调。早期因子宫内膜充血及溃疡,可有经量过多;晚期因子宫内膜遭不同程度破坏而表现为月经稀少或闭经。多数患者就诊时已为晚期。③下腹坠痛。由于盆腔炎症和粘连,可有不同程度的下腹坠痛,经期加重。④全身症状。若为活动期,可有结核病的一般症状,如发热、盗汗、乏力、食欲不振、体重减轻等。轻者全身症状不明显,有时仅有经期发热,经期发热是生殖器结核典型临床表现之一,症状重者可有高热等全身中毒症状。

由于病变程度与范围不同而有较大差异,较多患者因不孕行诊断性刮宫、子宫输卵管碘油造影及腹腔镜检查时,发现患有盆腔结核,而无明显体征和其他自觉症状。若同时患有腹膜结核,检查时腹部有柔韧感或腹水征,形成包裹性积液时,可触及囊性肿块,边界不清,不活动,表面因有肠管粘连,叩诊空响。妇科检查:子宫一般发育较差,往往因周围有粘连使活动受限。双侧输卵管增粗、变硬,如条索状。较严重病例,在子宫两侧可触及大小不等、形状不规则、边界不清的囊性肿物,或质硬肿块,或表面不平、呈结节或乳头状突起,或可触及钙化结节。宫颈结核可见乳头状增生及小溃疡。

多数患者缺乏明显症状,阳性体征不多,故诊断时易被忽略。为提高确诊率,应详细询问有关结核病史,尤其当患者有原发不孕、月经稀少或闭经时;未婚女青年有低热、盗汗、盆腔炎或腹水时;盆腔炎性疾病久治不愈时;若患者既往有结核病接触史或本人曾有肺结核、胸膜炎、肠结核病史时,均应考虑有生殖器结核的可能。子宫内膜病理检查、X线检查、腹腔镜检查、结核分枝杆菌检查、结核菌素试验等可协助诊断。若能找到病原学或组织学证据即可确诊。需与子宫内膜异位症、卵巢囊肿、盆腔炎性疾病后遗症盆腔炎等疾病鉴别诊断。

治疗上采用抗结核药物治疗为主,休息营养为辅的治疗原则,同时应增强体质,做好卡介苗接种,积极防治肺结核、淋巴结结核和肠结核等。

六、女性生殖系统炎症的诊断要点

女性生殖系统炎症包括下生殖道炎症及上生殖道炎症,前者主要表现为阴道分泌物异常(色、量、气味异常),后者主要为下腹痛,也可伴有阴道分泌物异常。因此,女性生殖系统炎症的正确诊断依赖于异常阴道分泌物及下腹痛的鉴别诊断。诊断妇科炎症的一般步骤是根据病史、临床特征初步判定感染部位,再根据辅助检查,确定具体疾病。

(1) 应仔细询问近期有无不洁性生活史、宫腔操作史及盆腔炎性疾病史。

(2) 腹部检查注意有无下腹压痛及揉面感。妇科检查时注意外阴阴道有无充血、水肿等外阴阴道炎症的表现,结合分泌物特点(颜色、性状、气味)初步判定外阴阴道炎症的种类,取分泌物进行检查确诊。若检查时发现宫颈充血、水肿、糜烂,宫颈口有黏液脓性分泌物,有可能为黏液脓性宫颈炎,需做淋病奈瑟菌、衣原体及白细胞的检查。若阴道分泌物异常伴有下腹疼痛、发热等全身表现,则多为上生殖道炎症。检查时注意子宫压痛、附件区压痛或附件区是否存在有压痛的包块等,结合超声及其他检查明确盆腔炎的诊断。

(3) 分泌物检查包括:①pH值测定:可采用精密pH试纸测定阴道上1/3处分泌物的pH值,滴虫性阴道炎及细菌性阴道病pH值升高,而外阴阴道假丝酵母菌病则在正常范围内。②病原菌检查:取阴道分泌物分别放于滴有生理盐水及10%KOH的两张玻片上,进行显微镜检查。生理盐水玻片用于检查滴虫、线索细胞,10%KOH玻片用于假丝酵母菌的检查及胺臭味试验。③白细胞检查:白细胞检查对于诊断炎症有意义,滴虫性阴道炎、黏液脓性宫颈炎、盆腔炎性疾病白细胞较多,而细菌性阴道病及外阴阴道假丝酵母菌病白细胞较少。

(4)超声及其他检查如血常规、血沉、C-反应蛋白及腹腔镜检查等可协助盆腔炎性疾病的诊断。

虽然阴道分泌物异常及下腹痛是生殖系统炎症的常见表现,但生理情况及一些其他妇科疾病也可导致。正常女性排卵期阴道分泌物虽有一定量的增加,但分泌物清亮、透明、无味,不引起外阴刺激症状。除妇科炎症外,妇科其他疾病及非妇科疾病也可导致下腹痛,因此在做出妇科炎症的诊断之前,还应排除妇科其他疾病及非妇科疾病,这样才能对女性生殖系统炎症做出正确诊断。

第四节 女性生殖内分泌疾病

女性生殖内分泌疾病是女性常见的疾病,主要是由于下丘脑-垂体-卵巢内分泌轴异常所引起。临床常见的有性早熟、经前期综合征、功能失调性子宫出血、痛经、多囊卵巢综合征、高催乳素血症及围绝经期综合征。

一、性早熟

1. 定义 任何一个性征出现的年龄比正常人群的平均年龄早 2.5 个标准差为性早熟。女性性早熟是指 8 岁以前出现第二性征(乳房发育)或 9 岁以前月经来潮者。在儿童中性早熟的发生率大约为 0.6%,其中女性性早熟发病率是男性性早熟的 5 倍。

女性性早熟可分两大类:GnRH 依赖性与非 GnRH 依赖性。GnRH 依赖性性早熟是由下丘脑-垂体-性腺功能提前激活,卵巢分泌的雌激素使患者过早出现青春期生理变化,故又称完全性、中枢性性早熟或真性性早熟或女性同性性早熟。非 GnRH 依赖性性早熟是不依赖下丘脑-垂体促性腺激素刺激的异位组织分泌的甾体激素引起的性早熟。此类性早熟又分两类:①同性性早熟:异位组织分泌的雌激素导致的女性性早熟。②异性性早熟:异位组织分泌的雄激素引起的女性性早熟。

2. 临床表现 包括女性性早熟的共性表现以及不同病因所出现的相应症状和体征。

女性性早熟的临床表现主要为第二性征的过早出现及体格生长异常。第二性征过早出现指 8 岁以前出现第二性征(乳房发育)或 9 岁以前月经来潮。发育程度与正常时基本相似,最早征象是乳房发育,继而阴毛、腋毛出现,月经来潮并具有生育能力。体格生长异常指身体的线性生长加速,但由于身高随性早熟迅速发育、骨骺过早闭合,最终身材较矮小,约 50% 的病人身高低于 152 cm。临床上偶见单一第二性征过早发育(如单纯乳房发育、单纯阴毛过早发育或孤立性月经提早初现),而无其他性早熟的表现,故诊断及处理时须慎重考虑。

不同病因伴随的主要临床表现如下:①GnRH 依赖性性早熟:占女性性早熟的 80% 以上,包括特发性性早熟与中枢神经系统异常所致的性早熟。②特发性早熟:约占 74%,无特殊症状。③中枢神经系统异常:占 7% 左右,可由下丘脑、垂体肿瘤、脑积水等先天畸形及颅部手术、外伤和感染等引起。性早熟常是肿瘤早期仅有的表现,随之可有颅内压增高和肿瘤压迫视神经症状或癫痫发作等。④非 GnRH 依赖性性早熟:占女性性早熟的 17% 左右,包括同性性早熟与异性性早熟。

(1) 同性性早熟：①卵巢肿瘤：约占11%，由分泌雌激素的卵巢肿瘤（良性或恶性）所致。检查可见80%的患者有盆腔肿块。②McCune-Albright综合征：又称多发性、弥漫性囊性骨病变，占5%。临床特点：易骨折；皮肤色素沉着，出现奶咖斑；卵巢囊肿；甲状腺功能亢进，肾上腺皮质功能亢进或软骨病。③肾上腺肿瘤：可分泌雌激素的肾上腺肿瘤，占1%。④分泌HCG的卵巢肿瘤：占0.5%，其中最常见的有卵巢绒毛膜上皮性癌和无性细胞瘤。⑤甲状腺功能减退：幼儿甲状腺功能低下长期不予治疗，可出现假性性早熟。

(2) 异性性早熟：分泌雄激素的肾上腺及卵巢肿瘤，可有多毛、无排卵、高胰岛素血症，或肾上腺肿块及盆腔肿块。

3. 诊断 首先应了解是否有器质性病变（如神经系统、卵巢、肾上腺等部位的肿瘤）及非内分泌异常引起的阴道流血。

(1) 病史：①注意性发育变化，特别是第二性征变化的时间顺序，生长是否加快，月经发生的时间。②是否接触外源性性激素制剂如药物（避孕药）、化妆品、食物（添加催长剂的动植物）等。③神经系统、视觉、行为的变化。④智力学习情况。⑤家族中的青春发育年龄史。

(2) 体格检查：记录身高、体重及性发育分期，内、外生殖器发育情况，做腹部、盆腔相关检查，了解是否有占位性病变。全身检查应注意有无皮肤斑块，甲状腺功能减退的特有的体征或男性化体征及有无神经系统异常。

(3) 辅助检查：①影像学检查：腕部摄片了解骨龄，超过实际年龄1岁以上视为提前；CT、MRI和超声检查，了解有无颅内肿瘤，腹部及盆腔超声了解卵巢及肾上腺有无肿瘤。②血浆生殖激素测定：测定FSH、LH、E_2、HCG，必要时测定硫酸脱氢表雄酮、睾酮、孕酮，血LH、FSH基础值增高提示中枢性性早熟，女孩$LH/FSH>1$更有意义；TSH、T_3、T_4测定有助于甲状腺功能的判断；疑及先天性肾上腺皮质增生或肿瘤时，应查血皮质醇、11-脱氧皮质醇、17α-羟孕酮、24小时尿17-酮类固醇等。③GnRH激发试验：正常LH峰值出现在15～30分钟，激发后LH峰值$>15 U/L$，或者较基础值增加3倍以上提示为特发性性早熟；$LH/FSH>0.66$～1更有意义，如果以FSH升高为主，$FSH/LH>1$则提示单纯乳房早发育。

(4) 其他检查：阴道细胞学检查可了解雌激素影响程度。

4. 鉴别诊断 首先分辨类型（依赖性或非依赖性），然后寻找病因（器质性或非器质性）。GnRH依赖性性早熟特别是特发性者，会出现一系列第二性征、性激素升高、GnRH激发试验反应强烈；非GnRH依赖性性早熟常为性腺、肾上腺疾病和外源性性激素所致，女性无排卵；单纯乳房、阴毛发育者常无其他性征。

5. 治疗

(1) 治疗原则：①去除病因；②抑制性发育至正常青春期年龄；③延缓及遏制性早熟体征；④促使达到最终成人身高；⑤正确心理引导及性教育。病因治疗首先应查明病因，进行相应治疗。肿瘤可采用手术、化疗或放疗；脑积水进行引流减压；先天性肾上腺疾病和甲状腺功能低下者可进行激素替代治疗；外源性激素使用者，应停止服用相应药物或食品。

(2) 常用治疗药物如下：①GnRH类似物：治疗中枢性性早熟（特别是特发性者）的首选药物。治疗目的是停止或减慢第二性征发育，延缓骨成熟的加速，改善最终身高。目前多采用GnRH类似物的缓释型制剂。起始剂量为50～80 μg/kg，维持量为60～80 μg/kg。每4周一次。治疗至少2年，一般建议用至骨龄12岁时停药。②醋酸甲羟孕酮、醋酸环丙孕酮及达那唑：对抑制促性腺激素分泌、抑制性激素合成、对抗雌激素、抑制性发育均有效，但不能有效控制身高增长。③甲状腺素替代治疗：可治疗甲状腺功能减退引起的性早熟。

(3) 定期随访:①开始治疗2~3个月时复查GnRH激发试验,如LH激发峰回复到青春期前值为抑制满意;②注射GnRHa后每3个月复查一次身高、体重、第二性征变化,每半年复查一次骨龄、性激素、B超检查。治疗有效指标为呈现身高年龄或实际年龄对骨龄的追赶,乳房回缩至未发育状态,子宫缩小或停止增大。对诊断不明的早期患者,应严密随访,力求早期明确诊断,及时治疗。

二、痛经

痛经为伴随月经的疼痛,可在月经前后或行经期出现腹痛、腰酸、下腹坠痛或其他不适,影响生活和工作。痛经分为原发性与继发性两种;原发性痛经是无盆腔器质性病变的痛经,多发生于初潮后的几年内;继发性痛经通常是器质性盆腔疾病的后果。本节仅介绍原发性痛经。

1. 原因　原发性痛经的病因和病理生理并未完全明了,目前有以下几种解释。

(1) 前列腺素合成与释放异常:目前已知前列腺素(PG)可影响子宫收缩。$PGF_{2\alpha}$ 可刺激子宫平滑肌收缩,使其节律性增强,张力升高;PGE_2 能抑制子宫收缩,使宫颈松弛。排卵后孕酮能促进子宫内膜合成前列腺素。分泌期子宫内膜 $PGF_{2\alpha}$ 的量高于 PGE_2,故引起子宫平滑肌过强收缩,甚至痉挛而出现痛经。因此原发性痛经仅发生在有排卵的月经周期。$PGF_{2\alpha}$ 进入血循环可引起胃肠道、泌尿道和血管等处的平滑肌收缩,从而引发相应的全身症状。

(2) 子宫收缩异常:子宫平滑肌不协调收缩,使子宫张力变化、供血不足,导致厌氧代谢物积蓄,刺激C类疼痛神经元也可引起疼痛。

(3) 其他:白细胞介素一直被认为会增加子宫纤维对疼痛的敏感性,在对前列腺素抑制剂治疗无效的原发性痛经女性,其内膜中有大量的白细胞介素存在。垂体后叶加压素也可能导致子宫肌层的高敏感性,减少子宫血流,引起原发性痛经。还有研究表明原发性痛经的发生还受精神、神经因素的影响,另外,与个体痛阈及遗传因素也有关。

2. 临床表现　月经来潮前数小时即感疼痛,经期疼痛逐步或迅速加剧,历时数小时至2~3日不等。疼痛常呈痉挛性,通常位于下腹部,放射至腰骶部或大腿内侧。50%患者有下背痛、恶心、呕吐、腹泻、头痛及乏力;严重病例可发生晕厥而急诊就医。一般妇科检查无异常发现。

3. 诊断　根据初潮后一段时间月经转规律后出现经期下腹坠痛,基础体温测定证实痛经发生在排卵周期,妇科检查排除器质性疾病,临床即可诊断。需与子宫内膜异位症、子宫腺肌病、黏膜下子宫肌瘤及宫腔粘连症等引起的痛经相鉴别。三合诊检查、子宫输卵管碘油造影、腹腔镜及宫腔镜有助于鉴别诊断。

4. 治疗　治疗的主要目的是缓解疼痛及其伴随症状。

(1) 一般治疗:应重视精神心理治疗,阐明月经期轻度不适是生理反应。必要时可给予镇痛、镇静、解痉治疗。另外,低脂的素食和鱼油可以减少某些女性的痛经。

(2) 药物治疗:包括抑制排卵药物和前列腺素合成酶抑制剂。①抑制排卵药物通过抑制下丘脑-垂体-卵巢轴,抑制排卵,从而预防痛经,口服避孕药疗效可达90%以上,主要适用于要求避孕的患者。②前列腺素合成酶抑制剂,通过抑制前列腺素合成酶的活性,减少PG的产生,防止过强子宫收缩和痉挛,降低子宫压力,从而达到治疗的目的,有效率60%~90%。适用于不要求避孕或对口服避孕药效果不好的原发性痛经患者。月经来潮或痛经出现后连续服药2~3日。

双氯芬酸、布洛芬、酮洛芬、甲氯芬那酸、甲芬那酸、萘普生是被美国食品药品监督管理局（FDA）批准的用于治疗痛经的药物。布洛芬(ibuprofen)200～400 mg，3～4次/日；或酮洛芬(ketoprofen)50 mg，3～4次/日。该类药物的主要副作用为胃肠道症状及过敏反应。钙拮抗剂，可干扰钙离子通过细胞膜，并阻止钙离子由细胞释放，从而抑制子宫收缩。常用硝苯地平10 mg，3次/日，痛时舌下含服。主要副作用为血压下降、心动过速、血管扩张性头痛及面部潮红。

(3) 手术治疗：①宫颈管扩张术：适用于已婚宫颈狭窄的患者，用扩张棒扩张宫颈管至6～8号，利于经血流畅。②神经切除术：对顽固性痛经还可考虑经腹腔镜骶前神经切除治疗，效果良好；近年来应用腹腔镜下子宫神经切除术治疗耐药患者，痛经可减轻33%。

三、多囊卵巢综合征

多囊卵巢综合征(PCOS)是以持续性无排卵、高雄激素或胰岛素抵抗为特征的内分泌紊乱的综合征。1935年Stein和Leventhal首次报道，故又称Stein-Leventhal综合征。育龄女性中PCOS的患病率为5%～10%，是生育期女性月经紊乱最常见的原因。

1. 原因 形成PCOS的原因迄今认识仍不一致，下述因素可能与PCOS的发病有关。

(1) 肾上腺功能初现时功能过盛：PCOS常起病于青春期。月经初潮之前两年，肾上腺开始分泌雄激素，肾上腺功能初现，标志着生长发育的开始。此时肾上腺功能旺盛，分泌较多的雄激素，如持续到成年不变或进一步加强即形成PCOS。

(2) 胰岛素抵抗和高胰岛素血症：胰岛素促进器官、组织和细胞吸收、利用葡萄糖的效能下降时称胰岛素抵抗。为维持正常的血糖水平，机体代偿性分泌更多的胰岛素，形成高胰岛素血症。高水平的胰岛素与卵巢内的胰岛素样生长因子系统协同作用，使卵泡膜细胞产生雄激素增多，导致高雄激素血症。

(3) 遗传因素：部分PCOS患者存在明显的家族聚集性，主要以常染色体显性方式遗传。研究提示PCOS的候选基因位于19p13.3，而位于15q24.1的CYP11A1基因可能与PCOS患者的高雄激素血症相关。此外，LH-β基因突变也可能与PCOS有关。

2. 临床表现 PCOS的临床表现主要由各种内分泌、代谢障碍所致，并表现出高度的异质性，临床上以卵巢功能障碍为显著标志。PCOS常始于青春期。生育期以无排卵、不育、肥胖、多毛等典型临床表现为主，到中老年期则出现因长期的代谢障碍导致的糖尿病、心血管疾病（如高血压）等。因此，未得到恰当处理的PCOS可影响女性的一生。

(1) 月经失调：患者的初潮年龄多为正常，但常在初潮后即出现月经失调，主要表现为月经稀发、经量少或闭经，临床上可见从月经稀发（周期逐渐延长）至闭经的发展过程。少数患者表现为月经过多或不规则出血。

(2) 不孕：PCOS患者由于持续的无排卵状态，导致不孕。异常的激素环境可影响卵子的质量、子宫内膜的容受性，甚至胚胎的早期发育，即使妊娠也易发生流产。

(3) 多毛、痤疮：在高雄激素的影响下，PCOS女性呈现不同程度的多毛，发生率为17%～18%。多毛以性毛（阴毛和腋毛）浓密为主，尤其是阴毛，分布呈男性型，甚至下延及肛周、上及腹股沟或腹中线。毛发也可分布于面部口周、乳周、下颌、大腿根部等处。多毛的程度与血中雄激素升高并不平行，极少数病例有男性化征象，如声音低沉、喉结突出。过多的雄激素转化为活性更强的双氢睾酮后，刺激皮脂腺分泌过盛，可出现痤疮。

(4) 肥胖：PCOS患者中40%～60%的体重指数(BMI)≥25。可能是由于雄激素过多或长期的雌激素刺激，或其他内分泌、代谢紊乱和遗传特征，引起脂肪的堆积，不仅腹壁，而且腹腔内脏器官间也出现脂肪堆积，后者的危害更大，更易导致代谢异常、心血管疾病等远期合并症。肥胖的发生与PCOS的发生发展存在相互促进的作用，肥胖患者的胰岛素抵抗及高胰岛素血症促进PCOS的发展。

（5）黑棘皮症：PCOS患者可出现局部皮肤或大或小的天鹅绒样、片状、角化过度、呈灰棕色的病变，常分布在颈后、腋下、外阴、腹股沟等皮肤皱褶处，称黑棘皮症，与高雄激素和胰岛素抵抗及高胰岛素血症有关。

（6）远期合并症：包括肿瘤、心血管疾病、糖尿病等。

PCOS以下丘脑-垂体-卵巢轴调节紊乱为主要表现，其发病与糖脂代谢紊乱等密切相关。多因素相互作用的病理恶性循环，使其病变发生发展，形成从青春期起始的、持续存在的卵泡发育成熟障碍。治疗必须多途径打破异常作用的恶性循环环节，降低LH水平，改善PCOS的胰岛素抵抗状态，降低雄激素水平及其受体活性。

第七章 生殖健康保健

WHO 生殖健康高级顾问 Fathalla 博士提出：自然界将我们人类生存与繁衍的最重要的功能委托给了女性，履行生殖功能使她们暴露于女人特有而男人不能分担的潜在健康危险中；女性的生殖系统更复杂，其患病和失调的影响可持续甚至超过生殖年龄；所以生殖健康意义上的保健范围应更为广泛，不仅是从青春期到围绝经期的保健，还应包括其他各个年龄阶段。

第一节 概 述

提供生殖健康服务，提高人类生殖健康水平应以预防保健为重点。随着人们对健康尤其是生殖健康认识的逐步提高与完善，在女性保健方面逐步开始涉及影响女性健康的心理和社会相关因素的研究与保健。

女性在生理功能和解剖上有着和男性不同的特点。如：青春期是女性生殖器官逐渐发育并达到成熟的时期，育龄期则要经过妊娠、分娩、产后和哺乳等阶段；围绝经期是女性卵巢功能逐渐衰退，向老年期过渡的时期。各时期均贯穿着一系列复杂的生理变化，这些变化关系着女性精力和身体健康的各个环节，又都互相关联、互相影响，所以生殖健康意义上的女性保健应包括女性从出生到死亡的各个年龄阶段，包括婴幼儿期、儿童期、青春期、育龄期、围绝经期和老年期的保健。

生殖健康不应只关心女性健康，男性健康亦在生殖健康保健的范围内，因此，应提供综合的、广泛的、全面的生殖健康保健服务。

(一) 青春期生殖保健

生殖器官及其功能在青春期逐渐发育成熟。青春期生理和心理发育在一生中是一个关键时期，不仅要重视生理保健，还要重视心理保健。这个时期如果没有得到正确的性教育，得不到正确的行为指导，就可能发生行为和心理的偏差，严重者可导致犯罪，危害社会。所以特别重视青春期保健，积极开展适宜的、易于接受的、形式多样的性教育及生殖健康知识咨询和服务。

(二) 孕产妇健康保健

母亲健康、儿童优生及进一步降低孕产妇、围生儿和婴儿死亡率一直是我国妇幼保健和生殖健康工作的重点，在将来，孕产妇保健、围生期保健仍然是工作重点，同时还将提供以人为本的服务，关注人口素质的提高，降低出生缺陷发生率，使母亲和儿童的健康保健服务水平更上一个台阶。

(三) 围绝经期健康保健

随着社会的进步与发展,人口老龄化越来越受到社会的关注,老年人群的健康保健问题也比以往更加重要。有资料表明女性的平均寿命比男性长,但老年女性更多处于贫困的状况中,生活不能自理,生活质量差,如何使她们健康、幸福地度过这一时期,是女性保健和生殖健康领域的另一个重要组成部分。

(四) 男性生殖健康

一方面,男性对于生殖健康的认识、态度和行为对女性的生殖健康保健有重要影响;另一方面,男性本身的生殖健康问题也日益突出,如性功能障碍、不育症、性传播疾病及中老年男性部分雄激素缺乏综合征等。所以应提高对男性生殖健康重要性的认识,开展男性生殖健康服务,提供符合男性特点和要求的综合性保健服务。

(五) 性健康保健

生殖健康强调人们应该能够进行满意和安全的性生活。性卫生保健是实现性健康的保证,其不仅与生殖和生育控制有关,与预防性传播疾病有关,还与人们生活质量的不断提高有很大关系。性健康是生殖保健的重要部分,性教育是性卫生保健的基础,是防患于未然的好办法。医疗保健部门应承担起性卫生保健的职责,提供必要的指导和咨询,减少人们有关性的疾病和忧虑,提高人们的身心健康水平和生活质量。

第二节 青春期生殖健康保健

青春期是由儿童发育到成人的一段快速发展期,其最突出的特点是性发育,所以又称为性成熟期,所以也是决定一生的体质、心理、行为和智力发育的关键时期。WHO规定青春期年龄范围为10岁至19岁,一般女孩的青春期发育比男孩早开始1~2年,同时还受种族、地区、营养、精神因素等多方面的影响。一般将青春期划分为早、中、晚三期,每期持续2~3年。青春早期以体格的生长突增为主要表现,性器官和第二性征开始发育;中期以性器官与第二性征快速发展为主要特点,出现月经初潮(女)或首次遗精(男);晚期性腺基本发育成熟,第二性征发育如成人,体格发育逐渐停止。

青少年在青春期由于受到神经内分泌剧烈变化的影响,生理、心理和行为等方面均发生巨大变化,在这一阶段获得的许多行为方式,如两性关系、性行为、饮酒、抽烟、吸毒、处理冲突和危险等将影响终身,甚至可能影响他们的健康和幸福。青少年由于思想单纯,社会经验不足,对自身出现的一些生理变化了解不够,又易受周围环境影响,特别需要正确的指导和教育,帮助他们了解和适应自身生理和心理上的变化。

一、生理特点

(一) 体格发育

由于神经内分泌的调节变化,进入青春期后,在下丘脑、垂体、肾上腺、甲状腺、甲状旁腺、性腺等内分泌脏器的功能调节下,身体开始迅速成长,并逐步向成熟过渡。

1. 身高的生长特点 身高突增是青春期到来的重要特点,个体有明显的身高突增高峰,青春期女孩身高突增开始于10~12岁,平均每年可增长5~7 cm,多者可达9~10 cm,停止生长的中位数年龄为17岁,在整个青春期女性平均增加25 cm。青春期男孩身高突增于12~14岁,每年可增高7~9 cm,多则可达10~12 cm,整个青春期平均增加28 cm。男、女两性在突增起止的年龄、突增的幅度等方面存在明显差异,由于女性早于男性,故在男、女青少年身高的时间曲线图上出现两次交叉现象。女性在10~12岁左右平均身高超过男性,出现了第一次交叉,当女性到13~14岁出现月经初潮后,进入生长相对缓慢阶段,而同龄男性此时生长突增已开始,故男性的平均身高又大于同龄女性,在曲线图上出现第二次交叉。

2. 体重变化特点 体重是反映组成人体各部分总重量的指标。其增长的高峰不如身高显著,时间长,幅度较大,成年后仍可继续增加,并且体重增长除与骨骼增长有关外,肌肉和脂肪组织的增长及内脏器官在量方面的变化更为重要。

3. 身体成分 在人体总重量中,不同身体成分的构成比例。按组织将其分为脂肪成分和非脂肪成分两大类,前者称体脂重量或用体脂率(脂肪重量/体重)表示。后者称为瘦体重(或称去体脂体重)。在青春期,男性瘦体重明显上升,体脂肪也有所增加,但体脂率下降,女性瘦体重比同体重男性的瘦体重少。

4. 维度和宽度的发育 胸围、肩宽、盆宽、上臂围、小腿围等形态发育指标都有各自的突增阶段,但存在一定的性别差异。男孩的肩宽突增幅度较大,而女孩则骨盆宽突增更为明显。最终男孩形成身材较高大、肌肉较发达、上体较宽的特点,女孩则形成身材相对较矮、体脂丰满、下体宽的特点。

(二)生殖器官发育(第一性征发育)

1. 女性生殖器官发育 进入青春期后,在卵泡刺激素、黄体生成素、性激素等的作用下,生殖器官迅速发育。卵巢在8岁前极小,表面光滑。其重量由原来的6 g可增加3~4 g。月经初潮时卵巢并未完全成熟,其重量仅有成熟卵巢的30%,其后卵巢继续发育增大,皮质内出现发育程度不同的卵泡,表面也因排卵变得凹凸不平,卵巢的主要功能为排卵与分泌激素。

子宫的重量与长度在青春期有显著增加,宫体变长,宫颈缩短,宫体与宫颈长度比由1:2变为2:1。子宫腔内覆有黏膜,称子宫内膜。月经初潮至更年期,子宫内膜在性激素的作用下,发生周期性的坏死脱落,伴有出血,即为月经。子宫体的发育主要是肌层增生的结果。阴道变长变宽,由出生时的4 cm左右增至初潮时的11 cm左右。黏液腺发育伴有分泌物排出,分泌物pH由儿童期的碱性转变为酸性。外生殖器也有了显著变化,阴阜隆起,大阴唇变厚,小阴唇增大,有色素沉着及阴毛出现。

2. 男性生殖器官发育 睾丸最先发育,其增大的平均年龄为11.5岁,青春期前其容积不足2 mL,至18~20岁时,其容积为15~25 mL。随着睾丸的发育,阴囊也增大,皮肤变薄、变红。阴茎开始增大的年龄约晚于睾丸1年,突增的平均年龄为12.5岁。青春期前,阴茎长度一般不超过5 cm,青春期阴茎的体积和长度在不断增大,其发育存在很大个体差异。

(三)第二性征发育

1. 女性 主要指乳房、阴毛和腋毛的发育。乳房发育为最早出现的第二性征,作为女性进入青春期的第一个信号,平均开始于11岁(8~13岁),但有较大个体差异。阴毛在乳房发育后半年至一年出现,腋毛的出现一般又在阴毛出现半年至一年后。此外,女孩的音调变高,骨盆横径的发育大于前后径的发育,胸、肩部的皮下脂肪增多,呈现了女性特有的体态。

2. 男性 主要表现在阴毛、腋毛、胡须、发型等毛发改变上,此外还有变声、喉结出现等。男性第二性征发育最早是阴毛,一般在11~12岁出现;1~2年后出现腋毛;胡须几乎与腋毛同时出现;额部发迹后移,脸型轮廓从童年型向成年型演变。随着体内雄激素水平增高,喉结增大;一般在13岁后,声带变厚变长,出现变声现象。绝大多数男性在18岁前完成所有的第二性征发育。此外有1/3～1/2的男性也会有乳房发育。通常先开始于一侧,乳头突起,乳晕下出现小的硬块,有轻度隆起和触痛感,一般半年左右消退。迟迟不消退者应做进一步检查。

(四)月经初潮

月经初潮是女性青春期发育的重要标志。月经初潮时卵巢并未完全成熟,功能尚不稳定,月经周期不规律,可能是无排卵性月经,或有排卵而无健全的黄体形成,经过一年左右才逐渐形成规律月经。月经初潮年龄与遗传、经济水平、营养状况、地理环境等因素有关,年龄范围在11～16岁。1985—2000年中国学生体质与健康调研报告揭示,我国大城市、中小城市、富裕乡村、中下水平乡村女生的初潮平均年龄分别从13.1岁、13.5岁、14.1岁和14.1岁提前到12.6岁、13.1岁、13.6岁和13.9岁。城市女性月经初潮年龄的下降幅度大于农村;生活在社会经济相对发达地区、生活水平较高的女青少年,月经初潮平均年龄的下降幅度大于相对不发达地区,近百年来,伴随生长发育的加速趋势,月经初潮年龄也在不断提前,每十年平均提前3个月。初潮年龄的提前,可能是由于健康与营养的改善。随着我国城乡人民的生活水平不断提高,青少年的性发育的提前趋势还将继续很长时间。

二、卫生保健

(一)加强营养

青春期由于生长发育迅速,新陈代谢旺盛,运动量大,身体对各种营养成分的需求量远远高于成人。每日营养是生长发育最重要的物质基础,必须有充足、合理、均衡的营养来保障健康。因此,每日不仅需要足够的热能和蛋白质,还需要一定量的糖类、脂肪、矿物质和维生素等营养素。青少年应该有合理的膳食制度,定时定量,三餐有度,主食成分多样化,粗细粮、荤素菜搭配合理,吃饭要细嚼慢咽,注意力集中,切忌偏食和挑食,避免盲目节食和过度肥胖。

(二)经期卫生指导

月经期由于盆腔充血,子宫内膜脱落,宫腔形成一个创面,子宫颈口扩张,阴道酸性分泌物被经血冲淡,全身的抵抗能力比平时差,故易受细菌感染。因此,做好经期卫生保健十分重要,可采取以下措施。

1. 保持外阴部清洁　勤用温开水冲洗,避免盆浴和游泳;勤换内裤,注意选择卫生用品。

2. 保持心情愉快　经期由于神经内分泌系统的影响,大脑兴奋性下降,表现为经期情绪的不稳定。因此经期不要参加过于激烈和容易疲劳的活动,要保持愉快的心情和稳定的情绪,避免因情绪的变化而引起的月经不调。

3. 建立良好的卫生习惯　保证充足睡眠,注意保暖,防止过度劳累,避免引起盆腔过度充血。

4. 增强饮食卫生　少吃辛辣生冷等带刺激性的食物,多吃蔬菜、水果和易于消化的食物,保持大便通畅,减少盆腔充血,还要多饮开水,增加排尿次数,以冲洗尿道,预防炎症发生。

5. 避免剧烈运动　适当的运动有利于盆腔内的血液循环,减少盆腔充血,所以轻微的运动可以照常进行,但运动过度可能导致子宫脱垂、阴道壁膨出、月经紊乱、经血过多、痛经等现象。

第三节　大学生生殖健康保健

大学生应注意以下几方面的健康保健。

（一）男生注意清洁阴茎

有些人阴茎包皮较长，在阴茎勃起时，既能退缩到冠状沟，也能恢复到原来的位置，这虽然也属于正常，但要经常把包皮翻过来清洗。因为包皮内面和阴茎头相接处有丰富的皮脂腺，可经常分泌淡黄色油性物质，其和少量尿液、脱落细胞等混合在一起形成一种带异味的灰白色的包皮垢。包皮垢如果长期附着在阴茎头表面或淤积在包皮囊内，很容易为细菌繁殖创造条件，若不经常将包皮上翻清洗，将导致包皮和阴茎头发炎。此时常可在包皮口周围的阴茎头出现红肿、刺痒或疼痛。若合并尿道炎，小便时会出现疼痛、灼热感。若不及时治疗，炎症可能向上蔓延而引起输尿管炎、膀胱炎。因此应养成良好的卫生习惯，经常清洗，最好每天用清水洗一次，以保持局部卫生。包皮过长和包茎者，由于包皮囊内积有包皮垢，不但易引发炎症，而且有可能诱发阴茎癌，应及时去医院手术治疗。

（二）男生遗精过频

遗精虽然是正常性生理现象，但滑精或遗精过频并有自觉症状就不正常了。所谓过频，是指青少年遗精一周数次、一夜数次，结婚后有了正常的性生活后仍发生次数不少的遗精。遗精是否过频，主要注意观察遗精后是否出现症状。遗精过频后，于遗精后或次日若出现头晕眼花、乏力、精神不振、思想不集中、记忆力减退、腰背痛等症状，则提示遗精过频，对身体产生不利影响。

引起遗精过频的原因是多方面的。如：白天看到对自己有性刺激的事物、书画太多，在大脑皮层形成兴奋灶，导致夜间出现梦遗；手淫过度、睡眠时被子太厚、内裤太紧都可能诱发遗精；包茎、包皮过长、尿道炎、列腺炎以及劳累过度和身体虚弱等也可引起遗精。针对以上原因，平时要将精力多放在学习上，适当参加文体活动，不看不健康的书画，经常注意生殖器的卫生，不穿紧身内裤，睡时被子不要盖得过厚等。注意了这些，遗精过频是可以消除的。如果还不见效，或因疾病所致，则应去医院诊治。

（三）女生注意经期卫生

1. 月经　月经是女性一种正常的生理现象，有规律的月经周期，反映出女性在神经内分泌、生殖器官和生育能力等方面均处于良好状态。女性在月经期间身体会出现一系列的变化。如：大脑皮层兴奋性降低，全身出现不适，抵抗疾病的能力有所下降；在月经期，由于子宫内膜脱落形成创伤面，而这时子宫颈口处于微微张开状态，盆腔充血，致使生殖器局部防御机能下降，若不注意卫生，细菌就很容易上行侵入子宫、输卵管而造成感染。此外月经期间也常会出现一些疾病。因此，经期卫生保健很重要。

（1）保持外阴清洁：月经期间，每晚临睡前用温水清洗外阴，清洗时要使用自己专用的盆和毛巾。经期洗澡不能盆浴，只能淋浴，以免阴道感染。大小便后，用合格的卫生纸由前向后擦拭，以免将肛门的细菌带入阴道。

（2）勤洗勤换经期用品：经期要使用质量合格的消毒卫生巾，便于吸干经血，不带菌又不伤害外阴皮肤。应勤换卫生巾，以免血垢刺激皮肤而引起溃疡或发炎，避免细菌繁殖造成感染。经期内裤也应每天更换一次,以保持卫生。

(3) 注意保暖:在寒冷的刺激下,子宫和盆腔内的血管过度收缩可引起痛经、闭经或导致月经紊乱。所以月经期内应避免淋雨和涉水及用冷水洗澡、洗头、洗脚等。在夏天还要避免喝过多的冷饮,应多吃蔬菜、水果和易消化的食物,保持大便通畅,以减少盆腔充血、防止诱发或加重痛经。多饮水,增加排尿次数,以冲洗尿道,预防炎症发生。

(4) 保持精神舒畅:月经期间,由于神经内分泌的变化,大脑皮层兴奋性降低,暂时减弱了大脑皮层的控制能力,使女性感到全身不适、情绪不稳。例如,有的人遇事爱激动、急躁、发脾气;有的人则表现为沉闷、伤感、抑郁寡欢。这些情绪波动反过来又会加重大脑皮层的功能失调,从而加重经期不适感,使经血量增多或减少,导致经期延长或突然闭经等月经紊乱现象。所以,月经期间要尽量保持愉快的心情,使全身轻松自如;避免参加情感过于激动或易疲劳的活动,在轻松愉快的气氛里度过月经期。

(5) 注意休息和适量运动:月经期要注意休息、保证充足睡眠,以增强身体的抵抗力。月经期应参加适当的体力活动,例如做操、散步、打乒乓球等,这样可促进全身和盆腔的血液循环,使月经通畅,能起到舒筋、通络、消积、散淤等作用。

2. 月经病 一些女性能顺利度过月经期,但也有约一半的人在月经前或月经期间会感到不适。如:有的人在月经来潮前几天会出现情绪波动、易怒、失眠、头痛和水肿等症状,到月经来潮后,这些症状便逐渐减轻或消失;有的人在行经的头一二天内会出现小腹坠胀、乳房胀痛、腰酸、腹泻或便秘等。这些都是正常现象,与体内激素变化有关,一般不影响日常生活和学习。但有些人会出现月经病,应该对其有所了解,以便预防和及时治疗。了解经期卫生保健和月经病症,对女性来说是十分重要的。

(1) 痛经:指月经快来或刚来时,出现的小腹部剧烈疼痛,大多是阵发性的痉挛痛,有时还有恶心、呕吐、尿频等症状,反应剧烈,严重者甚至脸色苍白、手足冰凉、昏厥等。痛经一般持续几小时或几天,待经血畅通后可慢慢缓解。

痛经分为原发性痛经和继发性痛经两种。原发性痛经主要是由精神紧张、情绪波动,以及因对月经的长期厌恶、恐惧感导致的过重心理负担所引起。痛经多见于未婚或未孕女性,往往在生育后痛经就会减少或消失。此外,受寒、体质弱、不注意经期卫生等也可诱发痛经。防止痛经的产生和加重,关键要做好上述经期卫生保健的各项措施,了解有关月经的生理现象,逐步解除忧虑和紧张情绪,痛经便会自然减少。

继发性痛经是由于生殖器官病变引起的。例如,子宫发育不良、子宫位置不正、子宫颈口狭窄、盆腔炎、子宫内膜异位症等都可造成经血流通不畅,以致刺激子宫剧烈收缩而引发痛经。这类痛经应及早去医院诊治。

(2) 闭经:闭经分为原发性闭经和继发性闭经两种。

女性年满 18 岁,尚未月经来潮者,称为原发性闭经。例如,无子宫、处女膜闭锁、阴道闭锁、子宫颈闭锁、卵巢发育不良等原因都可以造成原发性闭经。所以 17~18 岁女性尚未来月经者应及时去医院诊治。

已建立了规律的月经,在没有特殊原因(如怀孕)下连续 3 个月以上无月经来潮者,称为继发性闭经。造成闭经的原因主要与精神及环境因素有关,如过度紧张、恐惧,因某些突发事件引起的过度悲伤,以往经常在经期中受到寒冷等刺激;也可由于营养不良或慢性消耗性疾病(如肺结核)等引起。对多数继发性闭经,经过治疗,或注意经期卫生、加强营养,月经是可以恢复的。

(3) 子宫功能性出血：主要表现为月经周期不规律，经期延长、淅淅沥沥、久而不止；月经出血过多，甚至经常在两次月经周期当中发生阴道流血现象，经常大量失血常引起严重贫血症状，如头晕、心慌、心悸等。子宫功能性出血对身体健康和学习危害很大，应即刻去医院诊治，通过正确治疗，能够恢复正常的月经周期。

第四节 婚前生殖健康保健

婚前生殖健康保健是以提高出生人口素质为目的，为男女公民在结婚前提供的保健服务。2003年10月1日实施修订的《婚姻登记条例》，婚前医学检查从"必须"变为"自愿"，不再是结婚登记当事人必须执行的婚前程序，检查率有所下降。应启发和引导公民增强婚前医学检查的自觉意识和责任意识，使其充分认识到进行婚前医学检查，不仅是对夫妻双方负责、对家庭负责、对后代负责，也是维护家庭和民族健康、提高我国未来人口素质的需要。

一、医学检查

（一）目的

婚前医学检查是以检查对婚育有影响的疾病为主体的体格检查。婚前医学检查是提高出生人口素质、降低出生缺陷、预防先天性疾病的一道重要防线。我国多年来实行的婚前医学检查制度为保护公民健康权益起到了重要的作用。通过婚前医学检查可以在结婚前发现和处理不利于优生的影响家庭幸福的各种因素，对不宜结婚、不宜生育或暂时因疾病不宜结婚的对象，进行规劝与解释，积极进行相应的治疗，并对其以后的结婚安排予以指导。这不仅有利于建立幸福家庭，避免婚后出现问题，还有利于主动有效地掌握好受孕时机和避孕方法与措施，为孕育健康的下一代做好优生监督。这对于提高婚姻质量，增加夫妻感情，促进家庭和睦与稳定十分重要。

（二）内容

1. 询问病史 了解检查对象的一般情况，重点询问以下内容。

(1) 现病史：包括现在依然存在的疾病（特别是对婚育有影响的疾病）的发生、发展、变化和治疗过程。

(2) 既往史：询问既往健康状况和曾患主要疾病，重点是影响婚育健康的疾病（如遗传病、精神病）、指定传染病、性病、重要脏器的疾病等。

(3) 月经史：初潮年龄、月经周期、经期、经量、有无痛经和末次月经日期等，用于发现影响婚育的妇科疾病。

(4) 既往婚育史：如系再婚，应询问既往婚育史，特别注意询问有无流产、死胎、早产、死产、滋养细胞疾病及有无先天疾病育儿生育史。

(5) 与遗传有关的家族史：以父母、祖父母、外祖父母及兄弟姐妹为主，注意家庭成员中有无遗传性疾病。若已病故，需尽量了解死因，必要时绘制家系谱。

(6) 家族近亲婚配史：家族有无三代以内近亲结婚者。

2. 体格检查

(1) 一般项目：测量血压、身高、体重，注意形体是否匀称，是否存在身材过度矮小、过度巨大、过胖或过瘦。

(2) 全身检查：注意有无特殊面容、特殊步态、特殊体态、行为有无失常等。

(3) 第二性征及生殖器官检查：男女双方分别由妇科医生和泌尿科医生进行检查。①女性第二性征检查：检查乳房、阴毛、腋毛发育成熟的特征，注意声调高尖，骨盆宽大，肩、胸、臀部及皮下脂肪丰满等女性体表特征。②男性第二性征检查：检查生殖器官发育成熟特征，注意声音低沉、有胡须、喉结突出、体毛多、肌肉发达、肩膀宽大、体型健壮的男性形体，注意毛发分布和有无乳腺女性化等性腺功能不全现象。③女性生殖器官检查：对未婚无性生活女性一般只做肛门-腹部双合诊，如果经肛门检查发现内生殖器有可疑病变而必须做阴道窥器检查或阴道检查时，务必征得受检者及其家属同意后方可进行。检查时动作要轻柔，用小号窥器窥视阴道和宫颈，或做双合诊和三合诊检查。注意有无外阴破损、溃疡或疣；观察阴道分泌物性状等，必要时采集分泌物检查。④男性生殖器官检查：取直立位检查，重点检查影响婚育的生殖器发育异常及肿块，有无尿道下裂、尿道上裂、包茎、阴茎短小、阴茎硬结、隐睾、睾丸过小或过大、精索静脉曲张、鞘膜积液等。

3. 辅助检查 必要的常规检查项目可初步检查出某些传染病及某些性传播疾病，如血、尿常规，梅毒检测，乙肝表面抗原检测，转氨酶检测，分泌物淋球菌、滴虫和真菌检测，胸部透视。

某些疾病需进一步确诊，可根据医生提供的建议选择特殊检查项目，或检查对象自愿选择项目，如：艾滋病抗体检测，淋球菌培养，肝、肾功能，精液和染色体检查，妊娠试验，心电图，超声检查及智力筛查等。

4. 转诊服务 承担婚前医学检查的机构要为群众提供转诊服务，对不能确诊的疑难病例，机构检测手段有限时，要向被检查对象说明，并提供快捷有效的转诊，各机构均应建立转诊机制。

5. 医学建议

(1) 未发现医学上不宜结婚的情况：婚前检查结束后，未发现影响婚育的疾病或异常情况，并已接受婚前卫生指导和咨询。

(2) 建议不宜结婚：①直系血亲或三代以内旁系血亲关系；②一方或双方为重度、极重度智力低下，不具有婚姻意识能力；重度精神病，在发病期间有攻击行为的。

(3) 建议暂缓结婚：①指定传染病在传染期内、有关精神病在发病期内或其他医学上认为应暂缓结婚的疾病；②对于可能会终生传染的不在发病期的传染病患者或病原体携带者，应向受检者说明情况，提出预防、治疗及采取其他医学措施的意见。若受检者坚持结婚，应充分尊重受检双方意愿。在出具婚前医学检查意见时应注明。

(4) 建议不宜生育：对患有医学上的严重遗传病及其他重要脏器疾病的，应建议"不宜生育"。

(5) 建议控制下一代性别：X连锁隐性遗传病的传递规律为女性是致病基因携带者，可将致病基因传给儿子，所以对已知女方为致病基因携带者，如血友病、假性肥大性肌营养不良等，应在受孕后适时行产前检查判断胎儿性别，从而控制出生性别。

(6) 有其他疾病：影响性生活和生育的生殖器缺陷或疾病，应在双方了解病情，经治疗有效后结婚。对于无法矫治的严重缺陷，应说明情况，知情选择。

患有重要脏器严重疾病或晚期恶性肿瘤，结婚生育会使病情恶化，甚至缩短生命期限者，应劝阻结婚，更不宜生育。

二、卫生指导

婚前卫生指导是医师主动地为每一位准备结婚的男女，进行以生殖健康为核心，与结婚、生育有关的保健知识的健康教育。

1. 婚前卫生指导的核心内容

（1）有关保健和性教育：在婚前保健时有很多对象对自身的正常生理认识是模糊的，医生有义务向他们传递包括男、女性生殖器官的解剖与功能、两性性生理活动及性心理的基础知识。正确对待可能出现的问题。

（2）新婚避孕知识：指导新婚期选择避孕方法的原则并介绍各类避孕方法。

（3）孕前保健知识：受孕前的准备，环境和激素对后代的影响，帮助选择适宜的怀孕时机等。

（4）遗传病的基本知识：提供近亲婚配危害，基本及严重、再发风险高的遗传疾病知识。鼓励群众提供与遗传相关的家族史、血缘关系等信息。

（5）影响婚育的相关疾病的基本知识：提供如传染病、性传播疾病、神经精神疾病及重要脏器的严重疾病对婚育影响的知识。

（6）其他健康知识。

2. 提供多种形式的健康教育 婚前保健的健康教育是每一个公民应获得的服务，婚前卫生指导可采用多种形式，如录像、图书、宣传材料等。卫生指导材料应能够适应当地经济发展水平、风俗习惯、人群的受教育程度，使材料更好地被认可和接受。

第五节 围生期保健

围生期保健是在近代围生医学发展的基础上建立的现代孕产期保健，是指一次妊娠中从妊娠前、妊娠期、分娩期、产褥期（哺乳期）、新生儿期为孕母和胎/婴儿的健康所进行的一系列保健措施。

围生期保健具有以下特点：围生期保健所采取的一切措施，其核心是保障孕母和胎/婴儿的健康；心理保健是围生期保健的重要组成部分；围生期保健是基本医疗保健之一；围生期保健的质量与国民经济发展水平、医疗水平及全民健康卫生意识相关。

一、孕前期保健

孕前期保健是为了选择最佳的受孕时机。经过孕前期保健者确实能减少许多危险因素和高危妊娠，加上婚前医学检查，可筛查出遗传性疾病及对子代有影响的疾病达到优生。孕前期保健应注意的问题如下。

1. 提前计划 受孕应根据心理和物质上的准备情况、孕前保健检查及以前避孕方式等情况制订受孕计划。

2. 健康的生活方式 受过较大精神打击、工作学习较为紧张、生活条件困难、家庭不和等，均不适宜妊娠。若有吸烟不良嗜好，孕前应戒除，不酗酒。

3. 适宜的生育年龄和季节 选择适宜的生育年龄有利于生育健康，女性小于 18 岁或超过 35 岁是妊娠的危险因素，易造成难产及产科其他并发症，35 岁以上女性胎儿染色体异常

(21-三体综合征)发生率增高。研究资料表明,25～29岁间孕产妇死亡率及围生儿死亡率最低,20～24岁及30～34岁次之。一般情况下,良好的气候条件更适合产妇的恢复,更有利于母婴健康和保健,应根据选择的预产期季节确定适宜的受孕时间。

4. 排除不利因素 若患有对妊娠有影响的疾病,如病毒性肝炎、肺结核、糖尿病、甲状腺功能亢进症、心脏病、原发性高血压等,应积极治疗,适宜妊娠时再受孕。选择适当避孕方法,口服避孕药时间较长者,应停药并改用工具避孕6个月以后再受孕。避免接触毒物及放射线,必要时应调换工作,以免影响胚胎、胎儿发育或致畸。有不良孕产史者,应向医生咨询,做好孕前准备,以减少高危妊娠和高危胎儿的发生。

二、孕期保健

1. 孕早期保健 孕早期是胚胎、胎儿分化发育阶段,各种生物、物理、化学等因素的干预,容易导致胎儿致畸或发生流产,应注意防病防畸。其主要内容如下:确诊早孕,登记早孕保健卡;确定基础血压、基础体重;进行高危妊娠的初筛,了解有无高血压、心脏病、糖尿病、肝肾疾病等病史,以及有无不良孕产史;询问家族成员有无遗传病史;保持室内空气清新,避免接触空气污浊环境,避免病毒感染,戒烟,患病用药要遵医嘱,以防药物致畸;了解有无接触过有害的化学制剂及长期放射线接触史;早孕期避免精神刺激,保持心情舒畅,注意营养,提供足够热量、蛋白质,多吃蔬菜水果;生活起居要有规律,避免过劳,保证睡眠时间,每日适当运动。

2. 孕中期保健 孕中期是胎儿生长发育较快的阶段。胎盘已形成,不易发生流产,孕晚期并发症尚未出现,但此阶段应仔细检查早孕期各种影响因素对胎儿是否有损伤。在孕中期进行产前诊断,孕晚期并发症也应从孕中期开始预防。孕中期保健应注意加强营养,适当补充铁剂、钙剂,监测胎儿生长发育的各项指标(如宫高、腹围、体重、胎儿双顶径等)。继续预防胎儿发育异常,对高龄孕妇及疑有畸形或遗传病的胎儿,要进一步做产前宫内诊断。预防妊娠并发症和妊高征等,并预防和治疗生殖道感染,做好高危妊娠的各项筛查工作。

3. 孕晚期保健 孕晚期胎儿生长发育最快,胎儿体重明显增加。此时营养补充及胎儿生长发育监测极为重要。补充营养时应注意热量、蛋白质、维生素、微量元素、矿物质等的摄入,既要增加又要平衡。定期检测胎儿生长发育的各项指标,注意防治妊娠并发症(妊娠高血压综合征、胎膜早破、早产、胎位异常、产前出血等)。孕晚期还应特别重视监测胎盘功能,尽早发现且及时纠正胎儿宫内缺氧;做好分娩前的心理准备,举办孕妇学校,让孕妇及家属了解妊娠生理、心理变化及身心保健内容及方法。做好乳房准备以利于产后哺乳。

三、产时保健(分娩期)

分娩过程为一特殊的生理时期,因此在此阶段应特别加强保健工作。我国孕产妇死亡的最主要原因为产后出血,占50%左右;产程延长和滞产的发生使孕产妇死亡的危险性明显增高。新生儿死亡的主要原因为窒息、肺炎和早产低体重。接生必须由受过严格培训的医务人员进行,接产人员应具有较高的处理孕产期并发症和并发症的知识技能及抢救孕产期危重症的能力。在孕产期管理上,积极推广孕产妇危险因素筛查与管理,对高危孕产妇应加大保健管理力度,以确保高危孕产妇能在相应级别的医院住院分娩,并得到较好的保健服务。因此我国卫生部妇幼司提出的产时保健要点为"五防、一加强",即防滞产、防感染、防出血、防产伤、防窒息及加强产时监护和处理。

新生儿从母体内生活转变为独立生活是个巨大的改变,需要适应。因此需要有专职的新生儿医护人员来从事其保健工作。保健的重点是减少新生儿死亡、新生儿复苏,预防感染,计划免疫,以及产妇及家属新生儿保健常识的培训。

四、产褥期保健

产后 24 h 内重点注意阴道流血量及子宫收缩情况,产后出血主要发生在这个阶段。产后出血的主要原因如下:子宫收缩乏力,胎盘因素,软产道裂伤及凝血功能障碍。产后出血主要表现为阴道流血过多及失血引起的并发症,如休克、贫血等。总之,产后阴道流血多,或出现休克时,应及时查找原因,及时处理。

产褥期卫生指导主要内容如下:宣传和指导母乳喂养,指导新生儿喂养及护理;指导新生儿计划免疫;指导产褥期卫生、乳房及会阴清洁、新生儿沐浴等;指导产后母亲恢复、避孕方式选择。

为了保护母婴健康,降低婴幼儿死亡率,国际上已将保护、促进和支持母乳喂养作为妇幼工作的重要内容。母乳喂养的好处如下:母乳是婴儿必需的和理想的营养食品,营养丰富,适合婴儿消化吸收;哺乳喂养是为婴儿健康生长发育提供理想食物的一个独特途径,用母乳喂养婴儿省时、省力、经济、方便;母乳含多种免疫物质,能增加婴儿的抗病能力,可预防疾病;通过母乳喂养,母婴皮肤频繁接触能增强母子感情。

五、新生儿保健

(一)正常新生儿护理

(1)保暖:新生儿出生后立即采取保暖措施,方法可因地制宜。产室内空气要新鲜,保持一定温度和湿度。

(2)喂养:母乳是最好的食品,应大力提倡母乳喂养。正常分娩新生儿出生后 0.5 h 内开始哺乳,剖宫产新生儿在母亲有应答反应后半小时内开始哺乳。母婴同室,按需喂奶。

(3)衣着:要用柔软棉布制作,要宽松,易穿易脱,清洁干净,不用扣子。不宜包裹得太紧或用带子捆绑,以便四肢自由屈伸。

(4)脐带:剪断后残端用碘酒、酒精处理,保持局部清洁干燥。脐带刚脱落 1~2 天,脐窝部可有少许分泌物,可用 75% 酒精轻拭,保持干燥。

(5)皮肤:要保持皮肤清洁,经常洗澡,要注意耳后、颈部、腋下、腹股沟等皱褶处的清洗和干燥。每次大便后用清水洗臀部,以免发生红臀。

(二)高危新生儿监护

(1)高危新生儿指已发生或可能发生危重疾病而需要监护的新生儿,主要包括:围生期重度窒息患儿;严重心肺疾病或呼吸暂停患儿;极低出生体重儿和超低出生体重儿;接受全胃肠外营养或需换血术者;顽固性惊厥者;应用辅助通气及拔管后 24 h 内的新生儿;多器官功能衰竭者。

(2)高危新生儿处于生命垂危状态或具有潜在威胁生命的因素,必须应用监护仪器对生命指标进行连续监测,使医护人员及早发现病情变化,及时予以处理。主要的监护内容包括心电监护、呼吸监护、血压监护、体温检测、血气监测等。

(三)遗传疾病筛查

新生儿筛查的目的是对可以治疗的某些遗传代谢性疾病早诊断,早治疗。目前我国列入新生儿筛查的项目有先天性甲状腺功能低下、苯丙酮尿症、半乳糖血症等。

（四）预防接种

计划免疫是根据儿童的免疫特点和传染病发生的情况制定的免疫程序，通过有计划地使用生物制品进行预防接种，以提高人群的免疫水平，达到控制和消灭传染病的目的。按照卫生部的规定，婴儿必须在1岁内完成卡介苗、脊髓灰质炎三价混合疫苗、麻疹病毒疫苗及百日咳、白喉、破伤风类毒素混合制剂4种疫苗的接种。此外，根据流行地区和季节，或家长自己的意愿也可进行乙型脑炎疫苗、风疹疫苗、流感疫苗、腮腺炎疫苗、甲型肝炎疫苗等的接种。

第六节 避孕与节育

一、避孕原理

避孕原理主要有抑制卵子生成和排卵、抑制精子发生、阻断卵子与精子的结合、改变子宫腔内环境，以防止受精或受精卵着床，从而起到避孕的作用。

1. 抑制卵子生成和排卵 卵子生成和排卵是在激素的作用下完成的，只要人为地使激素情况发生微小变化，就会抑制卵子生成和排卵。激素情况的微小变化，对女性的身体、性欲等方面基本没有什么影响。目前广泛应用的各种口服避孕药、避孕针和皮下埋植剂等，主要就是抑制女性卵子的生成和排卵。如果卵子无法生成或不排卵，再多的精子进入女性体内，也不可能发生精卵结合而受精，从而达到避孕的目的。

2. 抑制精子的发生 到目前为止，尚无理想的男性避孕药物。

3. 阻断卵子与精子的结合 使精子和卵子不能相遇，同样能达到避孕的目的。男用的避孕套和女用的阴道隔膜，就是为了阻断精子和卵子的相遇。一些避孕药和阴道避孕药环，在服用和使用后，会使女性宫颈黏液变得很稠，形成"黏液栓"，可阻止精子进入子宫，使其无法与卵子相遇。安全期避孕法也是应用精子和卵子不相遇的原理进行避孕的。

4. 改变子宫腔内环境 如果改变子宫环境，便可影响受精卵着床和发育，使受精卵不能植入和着床，达到避孕的目的。各种宫内节育器就可起到这种作用。服用各种避孕药后，子宫内膜也会变得不适于受精卵着床，从而起到避孕作用。

二、常用避孕节育方法

1. 口服避孕药 常用口服避孕药可以根据每日是否服药及1次服药后能起到避孕效果的时限长短分为短效口服避孕药和长效口服避孕药，还可根据避孕药中是否含雌激素和孕激素或仅含孕激素分为复方口服避孕药和单纯孕激素口服避孕药。

2. 探亲避孕药 这是为长期两地分居的夫妇，在探亲期间，确保他们能够安全地过上性生活而设计的避孕药，药片中的成分属孕激素类。

3. 长效避孕针剂 长效避孕针剂是以孕激素为主的避孕药，有纯孕激素避孕针剂和含少量雌激素的复方长效避孕针剂，避孕有效率在99%以上。注射1支长效避孕针剂可避孕1～3个月不等。

4. 避孕药缓释系统避孕 20世纪60年代后期开展的避孕方法，为药物、载体和缓释技术三结合的产物，常用的包括阴道避孕环、皮下埋植剂等。

5. 避孕套 屏障避孕法是指用器具形成一道屏障使精子不能进入女性生殖道或子宫腔,使其不能与卵子相遇受精而达到避孕目的。屏障避孕由来已久,而且不断出现新的避孕方法,如阴道隔膜、宫颈帽、阴道海绵和避孕套等屏障器具,目前使用最多的是避孕套。

6. 宫内节育器 宫内节育器是育龄女性采用最多的一种避孕方法,占已婚育龄女性的45%,特别是在广大农村。

7. 紧急避孕 紧急避孕是指无防护的性生活或某种原因引起的避孕失败,在一定的时间内采取的一种紧急的补救措施以预防非意愿妊娠的发生和减少人工终止妊娠。紧急避孕的方法包括采用宫内节育器和口服药物。

8. 自然避孕法 又称安全期避孕法,是一种较安全、有效,且经济而不用任何器具,符合正常生理的避孕方法。自然避孕法是指不用任何药物、工具或手术方法而是依据人体的生理规律,根据女性月经周期中不同生理阶段的表现和特征,来识别所处的月经周期是"易受孕期"还是"不易受孕期",确定安全的性生活日期,以此达到避孕目的。但是,安全期避孕法并非百分之百有效。

9. 绝育术 绝育术是指通过手术或配合药物等人工方法阻断女性的输卵管,使其失去受孕能力,或阻断男性的输精管,使其射出的精液中缺乏精子,以此达到永久节育的目的。对女性进行绝育术称女性绝育术;对男性进行的绝育术称为男性绝育术。目前女性主要采用结扎输卵管的方式,男性主要采用结扎输精管的方式。至于黏堵术和栓堵术视地区不同而不同,有的地区使用,有的地区很少使用。

10. 外用避孕药 目前国内常用的外用避孕药主要是杀精剂——壬苯醇醚,有外用避孕药膜、外用避孕片、外用避孕栓、外用避孕胶冻/药膏、阴道避孕海绵等不同剂型。

三、适合高校学生的避孕节育方法

高校学生的性行为及避孕节育问题一直是讳莫如深的敏感话题。高校学生多处于青春晚期,其性生理发育已经成熟,性意识已经觉醒,而相对独立和宽松的校园生活为高校学生的性行为提供了一定的空间。因此,当代大学生涉足性生活的比例逐渐增加,未婚性行为现象已经很普遍。然而,大学生在开放的性观念和活跃的性行为背后却没有足够的性知识和避孕知识去支持和配合,从而引发一系列不安全性行为后果如非意愿性妊娠、不安全流产及性传播疾病等社会问题。

高校学生这一特殊群体,由于其性行为特征及其目的的特殊性,对避孕节育方法有着更高的要求,希望寻求一种近乎满意的方法进行避孕。调查发现,高校学生对选择避孕方法的要求最注重以下3方面:①确保避孕效果;②不妨碍双方的性感觉;③使用方便。

以下对适合高校学生使用的避孕方法加以简单介绍。

1. 避孕套 避孕套是由优质乳胶薄膜制成的一端封闭的外用避孕工具,有男用和女用之分。男性避孕套又称阴茎套,顾名思义就是性生活时于男性阴茎勃起时套在阴茎上,性交时精液直接射在避孕套里,阻止精子进入女性阴道。女用避孕套又称阴道套,性生活时将避孕套盲端直接套在女性宫颈阴道部分,开口端留置阴道口外,同阴茎套一样,阻止男性精液进入女性阴道内而达到避孕目的。正确使用避孕套避孕,其有效率可达99.5%以上,而且安全无毒、使用简便、经济实用,更重要的是能有效防止性传播疾病的传播。除了对橡胶过敏者外,避孕套避孕几乎适用于所有人群,尤其适合于年轻未生育男女、性传播疾病高风险人群及因各种原因不能或不愿使用宫内节育器和避孕药物的人群。随着避孕套材质的改进及更人性化的外形设计,克服了传统避孕套所带来的降低性感觉的不足,加上使用简便易行,不需特殊准备,可随取随用,逐渐为越来越多的人群所接受,也受到广大高校学生的青睐。高校学生中多数知道避孕套避孕方法,但能正确使用避孕套的比例却较低,因而未能达到有效的避孕目的,导致避孕套在高校学生中使用率不高。

2. 阴道隔膜 阴道隔膜又称宫颈帽,是由优质乳胶制成的,外形像圆顶帽子,周边膜内包着一个弹簧圈,富有弹性。阴道隔膜避孕也属于屏障避孕,其避孕原理与避孕套一样,阻止精子经宫颈进入子宫腔内,避免精卵结合而发挥避孕效果。阴道隔膜避孕安全、无毒副作用,且不影响性交快感,若能正确使用,避孕效果非常理想,若能同避孕膏合并使用效果更好。但患有生殖器炎症者、子宫颈重度糜烂者、子宫脱垂和阴道过度松弛者不宜使用,对橡胶过敏者也不宜使用。阴道隔膜在使用前要先经专科医生做妇科检查,选用适当的型号,然后在医生的指导下学会放入和取出的方法。如果选用的型号合适,放入后站立、走动、蹲坐都没有明显不舒服的感觉,阴道隔膜在阴道内的位置也不变。

3. 口服避孕药 口服避孕药的主要成分是人工合成的孕激素和雌激素,其避孕原理主要是抑制排卵、使子宫颈黏液变稠而不利于精子穿透、抑制子宫内膜增生与转化而阻止受精卵着床,进而达到避孕目的。口服避孕药包括短效口服避孕药、长效口服避孕药、探亲避孕药三类,其中以新型短效口服避孕药更适合高校学生使用。

4. 宫内节育器 宫内节育器,是一种用不锈钢丝、塑料或硅胶和橡胶等为材料制成的环形、"T"形和"V"形等各种形状的避孕工具,主要通过引起子宫内膜无菌性炎症反应改变着床期子宫内膜的容受性,阻止受精卵着床而达到避孕的目的。宫内节育器避孕使用简便,一次放入,可避孕多年且不影响双方的性快感,可随时取出,取出后短期内即可恢复生育能力。宫内节育器避孕不影响女性生殖内分泌与排卵等生理功能。因此,近几年不考虑生育的高校学生,特别是对已婚生育要求避孕的研究生可考虑在月经干净后3~7日内无性生活时放置宫内节育器进行避孕。

5. 其他避孕方法 其他避孕方法包括安全期避孕法、体外射精避孕法及使用缓释避孕药物、外用避孕药或杀精剂等。

总之,高校学生可根据自身情况结合自身性习惯选择适合自己的避孕方法,选择原则如下:①性伴侣稳定且性生活频繁者,可选择避孕套合并避孕药膜或合并安全期避孕,防止非意愿性妊娠的发生;②有固定同居伴侣者,可选择短效口服避孕药避孕和宫内节育器避孕,尤其短期内不打算生育者;③性伴侣不稳定者,建议选择避孕套避孕,在避孕的同时防止性传播疾病的感染与传播;④无防护性生活者,应及时采取紧急避孕法补救,避免非意愿性妊娠的发生。

第八章 性传播疾病

第一节 性传播疾病概述

一、性传播疾病的概念

性传播疾病(STD)指以性行为为主要传播途径的传染性疾病。在1975年WHO常任理事会通过决议以前,此类传染性疾病被称为性病。

对于性传播疾病的病原体,已发现21种,包括病毒、衣原体、支原体、肠道细菌、真菌、螺旋体、原虫和某些节肢动物等。

性传播疾病的危害性不仅在于其能引起两性个体性器官病变,侵犯其他脏器和致残并危及生命,而且还在于其败坏社会风气,阻碍经济发展,引起社会动荡和危及人类的繁衍生息。传统的性传播疾病主要有梅毒、淋病、软下疳及性病性淋巴肉芽肿。近数十年来,由于医疗诊断水平提高,尤其社会环境的改变和世界范围内性自由风气蔓延及人际交往中不健康的性行为增多,其病种逐年增多。

在各个国家的规定中,性传播疾病的病种有所差别,多者可达20多种,少者也有10多种。中国重点防治的性传播疾病有14种,分别为淋病、梅毒、艾滋病、非淋菌性尿道炎(或宫颈炎)、生殖器疱疹、尖锐湿疣、软下疳和性病性淋巴肉芽肿、念珠菌阴道炎、滴虫阴道炎、腹股沟肉芽肿、传染性软疣、阴虱病和疥疮等也是通过性接触传播的传染病。2004年8月全国人民代表大会常务委员会通过修订的《中华人民共和国传染病防治法》,将淋病、梅毒和艾滋病列入乙类传染病。

二、性传播疾病的防治原则

性传播疾病不单是一种生物学疾病,更是一种社会问题。所谓社会问题,含义有三:①对人类有危害性;②这是一种客观存在的社会现象;③社会问题必须动员全社会力量,加以解决。防治性传播疾病中生物-医学-心理技术方法和社会综合治理的两个途径都不可缺少。

(一)性道德观念原则

1998年,中国健康教育研究所朱琪教授撰写了题为"传统文化:中国预防和控制艾滋病的策略基础"的文章,对比了中国和泰国艾滋病流行情况。泰国于1984年,中国于1985年,相继发现第一例境外输入的艾滋病患者。到10余年后的1996年,泰国公布国内有85万艾滋病病毒感染者,而实际上根据有代表性的人群感染率测算,1994年已不少于100万。中国至1996年6月检测出5157例感染者,据估测,实际数字为10万左右。泰国的艾滋病流行速度是中国的 200 倍。该文还比较了泰国和中国预防和控制艾滋病措施的力度,得出了泰国明显强于中国的结论。例如,在经费投入上,仅以 1996 年为例,泰国为 8230 万美元,中国该年度仅 2000 万元人民币。泰国的人均投入经费是中国的 640 倍。故此,朱琪教授认为:中国社会很可能存在抵御艾滋病迅速蔓延的人文机制,一种可以有效延缓艾滋病流行的文化力量;如果能认真发现和正确认识产生这种力量的源泉,也就找到了中国预防和控制艾滋病流行的策略基础;如果能够通过努力强化这个基础,中国便能比较有效地遏制艾滋病流行;反之,要是不能发现和认识这种文化力量,并放任这一基础遭到破坏,中国也将像泰国一样陷入艾滋病严重流行的灾祸。

美国有一则大家都喜爱的广告,广告中说明有一种最简单的办法可以避免传染上艾滋病病毒,就是洁身自爱。

（二）综合的社会治理原则

自从 20 世纪 80 年代中期起,中国采取了一系列措施,如制定法律和法规,加强组织管理和制造舆论氛围,其目的之一是在于扭转性传播疾病,尤其是艾滋病发病的严峻态势。在防治艾滋病等性病中有一些认识误区。

(1) 第一个认识误区是性病、艾滋病防治仅仅是卫生部门的事。目前,国内外专家们一致认为,多种社会因素的综合作用造成了性病、艾滋病的迅速流行。因此,只有动员全社会的力量,尤其必须要有各级政府及所属部门制定法律和行政手段干预的力量才能更有效地营造性病、艾滋病不再流行的人文社会环境。艾滋病不仅是公共卫生问题,而且是一个社会问题。艾滋病的传播与一些人的不良行为密切相关,要消除这些不良行为需要卫生、公安、司法、民政、旅游、外贸、劳动、人事、宣传、教育、科技等部门及工、青、妇等团体的协同配合,各负其责,齐抓共管,动员全社会共同参与预防和控制艾滋病的工作。

(2) 另一个认识误区是让公众的观念回到"性封闭"和"性禁锢"中去,可谓"民可使由之,不可使知之"。预防性病、艾滋病的最大障碍是社会意识层的无知与抵触。有组织、有计划和适时、适度、适量地开展性健康教育是消除社会意识层的性知识和性道德观念无知的直接有效手段。

（三）医疗卫生技术体系防治原则

自从 1986 年国务院发出的 36 号文件取消了性病情况保密的规定之后,性病、艾滋病的报告制度和疫情信息情报网已经初步设立。就患者本人来说,罹患性病、艾滋病后要不要告知配偶、未婚情侣、性伴侣和家人?来自美国的报道非常令人震惊,有相当数量的男性为维持各种性关系而隐瞒自己已染上致命传染病的真相。在接受艾滋病检验的高校男生中,1/5 表示自己若真的染上艾滋病病毒也不会告诉性交对象。2001 年 4 月 16 日,来自洛杉矶一年一度的世界艾滋病大会报告显示:有专家对洛杉矶地区 113 名双性恋 HIV 男性携带者的调查显示,他们中有 54.5％的人没有向自己的性伙伴透露自己是 HIV 携带者,有 31％的人说自己在进行性行为时没有采取适当的保护措施。洛杉矶艾滋病防治计划的研究人员马特·马奇勒指出:这一调查的重要意义在于,它显示可能有数量众多的性伙伴根本不知道自己有感染 HIV 的危险。

告知性伴侣自己罹患性病、艾滋病的真相,不仅牵涉患者本人的权益问题,更重要的是涉及大多数健康人的权益问题。感染者的权益固然要考虑,但维护大多数健康人的权益更加重要。既要考虑到感染者本人的隐私权,更要考虑到感染者配偶和他人不被感染的权利。感染者不能将保护自己的权利建立在牺牲他人感染艾滋病病毒的基础上。感染者权利的保护应诉诸法律。因此,无论感染者本人是否同意,都应开诚布公,告诉其性伴侣,而且,这也是控制性病、艾滋病进一步传播最为有效的策略之一。另一方面,也要切实加强向公众宣传尊重和善待性病、艾滋病患者,营造一个有利于他们就医和有尊严地生活的社会环境。

因此,落实疫情必报制度、加强卫生防疫部门防治技术力量、增大防治科研力度,以建立完善的性病、艾滋病医疗管理和技术支撑体系是目前紧迫的中心任务。

（四）个人性生活坚持安全的原则

近年来,由于艾滋病和其他性传播疾病的流行,人们非常关心性生活的安全,特别是针对预防艾滋病的性生活安全准则,很受推崇。设在美国旧金山的高级性学研究院(IASHS)在1987年提出了较为详尽的性生活安全准则。由此可以看出:性生活的方式是多种多样的,有些是很安全的。艾滋病并不能阻碍人类享受性的欢乐,若采用一些措施,则可大大扩展安全的性生活方式。以下列举的性生活方式是从性安全的角度出发,不同国家对所列举性生活方式的接受程度相差很大,具体实施时应根据具体情况来鉴别和选择。

1. 安全的或危险性很低的性生活方式　①性幻想;②性谈话(讲述色情);③挑逗(调情);④拥抱;⑤干吻;⑥电话谈性;⑦共浴;⑧身体互相摩擦;⑨嗅身体或身体分泌物;⑩品尝身体的分泌物;⑪吻舐全身清洁而无伤口的皮肤;⑫双方同意的裸露展体和窥观欣赏;⑬自娱(自我的或相互的摩擦阴茎、阴道、外阴、阴蒂);⑭应用自己个人专用的"性玩具"(人造阴茎、人造阴道、震荡器等);⑮不造成出血或擦伤的施虐和被虐;⑯共观或独观性电影或录影带(色情影视);⑰色情性吸吮乳头;⑱阅读色情书籍、杂志、照片;⑲观看色情表演。

2. 可能安全或有一点危险的性生活方式　①湿吻(法式接吻,舌进入对方口腔);②含阳,若戴上避孕套则更安全;③戴上避孕套后含阳,并伴有射精;④舐阴,假如在外阴部罩了薄膜和(或)擦用杀精剂,则更安全;⑤阴茎-阴道性交时戴上避孕套,假如同时用上杀精剂或子宫帽、阴道塞则更安全;⑥戴上手套后手指-肛门性交;⑦戴上避孕套后肛门性交,射精前抽出阴茎则更安全;⑧在肛门罩上薄膜后舐肛门(口腔-肛门性交)。

3. 不安全的性生活方式　①不戴避孕套的阴道性交;②不戴避孕套的肛门性交;③吞咽精液;④通过阴道接受精液;⑤没有防护的口腔-肛门性接触;⑥没有防护的手-肛门性接触;⑦分享月经血;⑧没有防护的手-阴道性交。

（五）百分之百使用避孕套的原则

1. 女性原则　女性对避孕套通常的看法是,避孕套乃是男人的事情,与女性无关系。其实不然。在艾滋病和其他性传播疾病威胁日增的今天,避孕套也是女性应该关注的事。避孕套原本是用来避孕的,这是人们早已知道的。现今,避孕套又是预防艾滋病和其他性传播疾病的重要措施,这是不可不知的。

对于严守"一夫一妻"绝对忠实的夫妻,性交总是安全的。假如他们不想避孕的话,是不需要使用避孕套的。但是,忠实的妻子,你怎么可以担保丈夫没有过其他的性接触呢？何况吸毒、使用血液制品等情况也都可能染上艾滋病。所以,夫妻之间也不是绝对不需要性交安全的考虑。当然,对于那些并没有结婚或虽有婚姻关系,双方或单方却处于多性伴侣状况下的人来说,避孕套就很重要了。对于避孕套,女性要知道些什么呢？

(1)要知道如何选购避孕套,在哪里买,如何避免不好意思(可通过邮购、自动售货机、找女售货员等方式)。

（2）要知道如何使用。一篇关于女性与避孕套的专文建议：应该练习怎样很安全而又舒适地将避孕套戴上或脱下，在此之前，要把避孕套好好琢磨一番，如将其吹起来、将其灌满水或将其套在手指上，看看其究竟如何；你也可以将其戴在香蕉上，再脱下来，你要熟练到闭着眼睛也能给它戴上和脱下，甚至你可以用嘴来完成这一切。

（3）也许更困难的是，要懂得在什么时刻，以何种方式向性伴侣提出请他用避孕套的要求。假如男方没有主动提出使用避孕套，女方应该使用权利防护自己，理所当然地提出使用避孕套。

有的男性，对避孕套很反感，或认为提议使用避孕套是怀疑他有性病，是对他的不信任，是对他不忠心等。这就特别需要选择适当的时刻（不是在即将插入的极度兴奋的时候，而要在此之前），以适当的口吻（如用一种温柔的、很自然的、容易让对方接受的语言）来提出这项措施，既不破坏甜美的性和谐气氛，又不致丧失必要的防护。假如陷入困境（男方断然拒绝），要巧妙地转移，先避免进入阴道、口腔、肛门的性行为，既能使性接触能顺利地延续下去，又可争取时间使对方同意使用避孕套。也许到后来，双方会觉得使用避孕套乃是一种满意的常规，甚至像变换姿势一样是一种乐趣。

如果，所有的方法都试过，男方就是不肯戴避孕套，那么，自己一定要佩戴女用避孕套。

2. 男性原则 一般说来，似乎男性更不愿意采用避孕套，这可能是由于受孕总是女性承受的，而避孕套套在男性阴茎上，似乎男性的性感受直接受到影响，所以不如女性那样易于接受避孕套。现在，是需要改变看法的时候了。在预防性传播疾病，特别是艾滋病成为人们在性生活中必须认真考虑的问题的今天，无论男、女，都应该乐于接受避孕套作为安全性交的一种常用手段。

戴避孕套自然是不方便的，但戴上避孕套会大大增加安全的保障，因此，使用它就像驾车系上安全带一样。保证你身体的健康，是你自己的责任。很少有人能完全确定是百分之百清洁无恙的。戴上避孕套性交，不管对象是谁，才是最好的选择。

加利福尼亚大学旧金山校区的研究人员已经证实，避孕套可以阻止艾滋病病毒的侵入，也可预防生殖器疱疹及其他性传播疾病。这是由该校著名艾滋病研究专家、皮肤病学家 Conant 博士和病毒学家 Levy 博士所领导的研究所确认的。

有的人在开始用避孕套的时候很不习惯，甚至可能败兴而发生"阳痿"。不要焦急，万一出现这种情况，仍然可以用手、唇、舌及身体的其他部分继续性行为。因不习惯使用避孕套而出现的勃起功能障碍是暂时的，随着经验的增加，这种情况也就不会出现了。

有人体验到，当初认为避孕套很煞风景，会使性生活大为不快，但后来却发现避孕套简直是绝妙的性玩具，以至在性幻想和性梦之中，都戴上了避孕套。不少人都有这种从避孕套恐惧到热衷于避孕套的转变。

所以，不管在刚采用避孕套时感受如何，出现了什么难堪的局面，不要紧，多试几次，就会成功和满意，当双方都觉得避孕套保证了性交的安全时，便会排除焦虑和担忧，使做爱的过程更为欢乐和妙趣横生。

国外有专家报道，如果不使用避孕套，仅通过一次性交，患有性病的一方将病原体传染给性伴侣的可能性估计值如表 8-1 所示。

表 8-1　未使用避孕套时一次性交后患性病的可能性估计

疾病种类	男性传染给女性(%)	女性传染给男性(%)
淋病	50～90	20
生殖道尖锐湿疣	0.2	0.05
艾滋病	0.1～20	0.01～10

第二节　获得性免疫缺陷综合征

一、概述

(一) 艾滋病的发现、命名和定义

美国东西海岸的大城市洛杉矶、纽约和旧金山等地于 1979—1980 年,在一些男性同性恋者中出现了少见的疾病——卡氏肺囊虫性肺炎和卡波西肉瘤。在健康人中这两种病非常少见。前一种病只有在肾移植手术后使用免疫抑制剂的患者身上才可能发生;后一种病是 60 岁以上的黑人中常见的一种恶性肿瘤。洛杉矶加利福尼亚大学的迈克尔·斯·哥特利博士和纽约大学医学中心阿尔文·弗瑞德曼·金博士对这种异常情况产生了警觉,并向美国疾病控制中心(CDC)报告了相关情况。经该中心研究认为,这可能是一种新的疾病。于是,在 1981 年 6 月 5 日,美国 CDC《发病率与死亡率周报》上,首次将洛杉矶 5 名男性同性恋者患的卡氏肺囊虫性肺炎以新的独立的综合征予以报道,同年 7 月,该中心又报道了洛杉矶、纽约的 26 名男性同性恋者患上了卡波西肉瘤。接着,1982 年 9 月 24 日,WHO 将这种疾病正式命名为获得性免疫缺陷综合征,为了运用方便,简称为艾滋病。

艾滋病是一种主要由性接触传播、血液传播和母婴传播的,由反转录病毒感染所引起的机体免疫功能损害为基本特征的疾病,以原虫、真菌、病毒、细菌等的机会感染症和卡波西肉瘤并发症为特点的一种传染性疾病。

(二) 艾滋病的起源

关于艾滋病的起源地及起源时间,有不同的观点。目前有两种主要的观点。

1. 古已有之——非洲起源之说　法国研究医学史的医生米尔科·格尔梅克认为,艾滋病已存在几个世纪了,只是到了 20 世纪 80 年代,由于科学技术的发展及社会方面的原因,方为世人所知晓,法国巴斯德研究所的吕克·蒙塔民埃教授称,它早在 100 多年前已存在人类之中。古已有之的说法英国也有,据研究人员说,从英国的维多利亚时代起,艾滋病病毒就已从猴子身上传给了人类。在 140～160 年以前,这种病毒最先进入非洲的农民体内。因为中非当前艾滋病流行地区的居民和他们的祖先有将猴子血液注入体内以刺激性欲的习俗。对人和猴的艾滋病病毒的分子结构分析表明,人的艾滋病病毒至少在 140～160 年前从猴子身上的艾滋病病毒衍生出来。这种分析支持了艾滋病古已有之——非洲起源之说。

有研究者认为,本病长期以来是中非的坦噶尼喀湖(扎伊尔与坦桑尼亚交界处)和维多利亚湖(坦桑尼亚、乌干达和肯尼亚交界处)附近局部地区的地方病,近年逐渐由农村流入城市,刚果内战后流入扎伊尔的海地人把本病带回海地,海地人传给美国人,而在美国的男性同性

恋者间迅速传播,又由美国传至欧洲。据推测也可能直接由扎伊尔人和海地人传入欧洲,但是欧洲的早期病人中相当多数都与美国人有性接触史。由此可见,由美洲传入欧洲是主要途径。

2. 冷战产物——人为制造之说 前东德的一位退休生物学教授泽加尔在一次记者招待会上肯定地说,艾滋病病毒是由美国军方组织,并于20世纪60年代通过遗传工程技术制造出来的,美国的罗伯特·盖洛就是该病毒的直接制造者。泽加尔教授说,现今的艾滋病病毒是由20世纪60年代中期已发现的两种病毒,能造成绵羊患肺炎、嗜睡症和疲倦的病毒VISNA与很容易传染给人的、导致淋巴结发炎的病毒HL-23合成而来。在巴黎召开的有关艾滋病的研讨会上,有17个独立研究小组证实说,纽约是艾滋病的传染源,美国军方将合成的病毒在被判长刑的犯人身上做了试验,作为奖励,释放了这些犯人,以至于造成了目前这种难以控制的严重局面。泽加尔教授还补充说,他自己在没有任何外来帮助的情况下,数周内利用简单的合成方法就能造出艾滋病病毒。

（三）艾滋病流行概况

联合国艾滋病规划署2019年7月16日发布报告称,HIV感染者约3790万(3270万～4400万)人,正在接受抗逆转录病毒治疗的HIV感染者约2330万(2050万～2430万)人,2018年新发HIV感染者约170万(140万～230万)人;2018年因艾滋病相关疾病死亡的艾滋病患者约77万(57万～110万)人,报告指出,2018年全球新发感染者比2010年减少16%,主要归功于非洲南部和东部国家在对抗疾病方面取得的进展,但远未达到至2020年下降75%的全球目标。

据中国疾控中心、联合国艾滋病规划署、世界卫生组织联合评估,截至2018年底,我国存活艾滋病感染者约125万。截至2018年9月底,全国报告存活感染者85.0万,死亡26.2万例。估计新发感染者每年8万例左右。全人群感染率约为9.0/万。国家卫健委疾病预防控制局2020年4月20日发布的最新艾滋病数据显示,2019年全国报告艾滋病发病者70204例,死亡20999例。

值得注意的是,青年学生占比从2008年的5.8%上升到2017年的18.9%,且在2017年报告的青年学生病例中,男性同性传播占81.8%。最近《Science》杂志报道了中国疾控中心的数据,中国大学生新增HIV感染人数的年增长率为30%～50%,60%～80%的大学生接受婚前性行为,且普遍缺乏性教育,对待随意性行为的态度也逐渐开放,且接受多个性伴侣,导致艾滋病和其他性传播疾病的传播风险增加。艾滋病已成为严重威胁我国公众健康的重要公共卫生问题,青年学生成为数量增长最快的HIV感染人群,校园成为高发地。

二、艾滋病的传播途径

因为血液、精液和阴道分泌物中含有致传染量的艾滋病病毒,任何导致破损创口直接接触这些体液的行为或方式都可以导致感染艾滋病病毒。

1. 性接触传播 性传播逐渐成为主要传播途径。通过性接触传播艾滋病病毒估计占1997年统计的2900多万艾滋病病毒感染者的75%～85%。据美国在11届国际艾滋病大会上报告:1984年美国感染艾滋病病毒者40万～50万,其中62%是因同性恋行为而感染的男性;1986年的55万～65万感染者中,有64%为同性恋者,因异性性行为而感染的占4.5%;1992年的65万～90万名感染者,男同性恋感染者占50%,异性恋感染者达15%。无论是同性性行为,还是异性性行为,性交过程中有可能造成双方或一方的性交接触部位的损伤或创口,使得病毒可以进入血液而受感染。肛门的黏膜上皮为单层柱状上皮,受机械力作用较易损伤,阴道的黏膜上皮是复层扁平上皮,较难受到损伤,这就是为何同性恋肛交的感染率高于异性恋阴茎-阴道性交的感染率的组织结构基础。

WHO估计,全球艾滋病病毒携带者中3/4是通过异性接触而感染,以后这个比例会增加到90%。该组织的多数专家认为无论哪一种方式,传染源积累到一定的程度,异性性传播方式会成为主要传播途径。

2. 血液传播 1986年,4名中国血友病患者在使用美国进口的血液制品后被发现艾滋病病毒阳性,这是中国官方第一次出现有关中国公民艾滋病病毒阳性的报道。1987年,中国报道第一例13岁的中国血友病患者因使用进口的血液制品而感染艾滋病死亡。目前,我国艾滋病防控政策日益完善,防治经费逐年增加,输血传播基本阻断,全面实施了临床用血的艾滋病病毒核酸检测全覆盖,经输血及使用血液制品传播病例接近零报告。

3. 母婴传播 受艾滋病病毒感染的孕妇对其子宫内的胎儿也构成威胁。病毒可直接通过胎盘进入胎儿体内,或能在分娩和哺乳过程中感染新生儿和婴儿。

因为艾滋病病毒在人体外生存能力很弱。如:血清中的病毒加热至56 ℃,经30 min其感染力可降低99%;乙醚、丙酮、乙醇(酒精)对其均有杀灭作用;次氯酸钠、戊二醛等消毒剂杀病毒的效果良好,但此病毒对紫外线及放射线抵抗力略强。所以,一般的日常生活不会受感染,它不会通过空气、饮水、食品及未消毒的餐具、衣被、货币等物品传染。一般也不必担心与艾滋病患者握手、轻吻或共享电话、马桶、桌椅等而被感染。游泳池和公共浴池一般也不会传染艾滋病病毒。《美国医学协会杂志》刊登的有关艾滋病传播途径的报告,其中指出,没有任何迹象表明艾滋病病毒会通过唾液、泪液、尿液、餐具、偶然接触疫源或昆虫传播。有研究表明,蚊子吸血时只向被吸食者注入润滑用的唾液,而不注入血液;艾滋病病毒在蚊子体内不能复制,存活时间很短暂;蚊子吸血后其喙上的残血量仅为0.004 mL。据此计算,蚊子必须连续叮咬艾滋病患者2800次才能携带足够的病毒去传染他人。各种家养动物都不可能携带艾滋病病毒,因此,它们也不会传播艾滋病。

三、艾滋病病毒特征

1983年5月,《Science》刊载了艾滋病病毒被发现的报道。法国巴斯德研究所的蒙塔尼尔等专家从一名患淋巴结综合征的男性同性恋者的淋巴结中分离出了一株病毒,被称为艾滋病的淋巴结病相关病毒;美国国立癌症研究所的罗伯特·盖洛等学者也报告从艾滋病患者的血液标本中分离出了多株反转录病毒,被称为嗜人Th淋巴细胞瓜型病毒(HTLV-Ⅲ)。后来发现这两种来源的病毒是同一种反转录病毒的变种,而且被肯定为引起艾滋病的病原体。1986年7月25日,WHO在第39届会议上发布公报:经国际病毒分类委员会会议决定,将这两种来源的病毒称为人类免疫缺陷病毒(HIV)。但人们仍习惯将其称为艾滋病病毒,其结构如图8-1所示。

病毒可以导致人体产生疾病,它们是一些微细颗粒,至少具有2个部分,蛋白质外衣和核苷酸内核。因为蛋白质外衣由蛋白质分子按几何排列方式所构成,所以病毒具有一定的几何形状。此外,病毒也具有类脂的外壳。类脂分子来源于宿主细胞膜,而蛋白质分子对每一种病毒来说都是独有的。

因为病毒并不是细胞,所以它们不可能独立繁殖,而且只有在活细胞内才能复制。正是由于这一特性,它们才被称为专性寄生物。专性寄生物为了能成功地完成生理功能,完成它

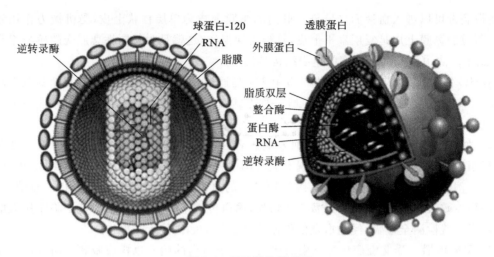

图 8-1　HIV 结构模式图

们的生活周期和复制,需要寄生于宿主体内。在实验室里,病毒被注射进活鸡胚胎中保存。在活细胞以外,病毒不具有活性,但能够像储存化学品一样地被储存起来。

绝大多数病毒是极为专一的,不仅对特定的生物有机体具有选择性(如只寄生于人体内),而且还对特定的组织具有选择性。病毒的这种特性归因于它们具有和宿主细胞膜表面受体的特定构型分子的结合能力。倘若条件适宜,只要 0.5 h,依病毒种类不同,要么是病毒本身,要么是其核苷酸内核,能成功地侵入宿主细胞内部。无论是 DNA 病毒还是 RNA 病毒,绝大多数一旦进入宿主细胞,其基因会立即接管细胞的代谢机制,而且进入复制过程。有的种类的病毒进入宿主细胞后,并不立即进行复制,而是将病毒 DNA 整合到宿主细胞的 DNA 链上。RNA 病毒就具有这种能力,被称为反转录病毒,它含有反转录酶。通过此酶的作用,可以把 RNA 反转录成 cDNA(即 RNA 的复本)。cDNA 继而被组建到宿主细胞的 DNA 链上。有时,反转录病毒处于潜伏状态,而恰恰在此期间,嵌连于宿主 DNA 链上的病毒 cDNA 转录成病毒 RNA。最终,病毒 RNA 指令合成病毒蛋白,病毒的复制便可完成了。某些环境因子,如紫外线、化学物质等,能够促使蛰伏的病毒进入复制过程。

已经证实,艾滋病病毒是一种嗜人 T4 淋巴细胞和嗜神经细胞病毒,呈袋球形或卵形,直径 100~120 nm,外表的包膜为类脂质,含抗原性核壳蛋白。其核心有 2 条 RNA 链,并含逆转录酶。单链 RNA 作为模板,在逆转录酶的作用下,可以逆转录成能与宿主细胞 DNA 结合的双链 DNA。新艾滋病病毒的 RNA 即以此双链 DNA 为模板而转录。

通过上述方式转录而成的艾滋病病毒的双链 DNA 永远与宿主细胞的 DNA 结合在一起,使感染不能消除,机体无法清除病毒。艾滋病病毒的嗜神经细胞特性,能侵犯神经系统,直接破坏脑组织的结构。艾滋病病毒含有的某些基因具有致癌作用,可使宿主某些细胞发生癌性转化。

四、艾滋病病毒感染的发展过程及临床表现

艾滋病病毒的感染是在不知不觉的过程中完成的。感染者起初可能完全无症状出现,不仅旁人无从知晓,就连他(她)自己也不知道病毒已经侵入并潜伏在其体内。从感染病毒到发生艾滋病,其间要经过或长或短的发病过程。这一个过程可以称为艾滋病的潜伏期或病理发生经过,需时可以是几个月、几年,甚至十几年(图 8-2)。艾滋病病毒感染的长期后果不可完

全预料,但估计 5 年中发展成艾滋病的为 25%~50% 或更多。

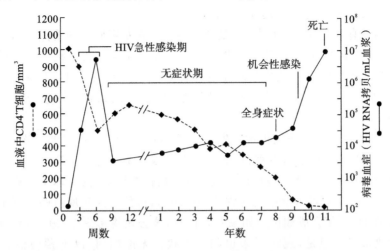

图 8-2　HIV 感染临床经过与 CD4$^+$ 细胞和病毒载量相应变化

五、艾滋病的预防和治疗措施

最根本的预防和治疗措施是依赖早日可以在临床使用的艾滋病病毒免疫疫苗和有效药物。然而,艾滋病病毒的变异非常快,给疫苗研制和治疗带来了空前的困难,正如美国华裔科学家何大一(美国艾伦·戴蒙德艾滋病研究中心主任)所说:HIV 是一种很难对付的病毒。它会不断地变异,每次分裂时都会犯错误,不能精确地复制遗传信息,就像打字出了错一样,没有纠错机制,而且复制很快,每天都可以产生上亿甚至上千亿的新个体,其速度是爆炸性的;这些特性可以使病毒逃脱药物的攻击,如果只用一种药物,HIV 病毒只要做小小的变化就可以存活,甚至还产生抗药性,这正是鸡尾酒疗法的基本原理;鸡尾酒疗法可以控制患者体内的 HIV 病毒,使得患者的免疫系统有机会修复,恢复功能,但不能清除或治愈疾病。因此,目前重要的预防和治疗手段,应该是社会控制措施。卫生部疾病控制司相关领导指出,目前中国经静脉吸毒传播 HIV 的迅猛势头仍未得到有效遏制,经采/供血传播艾滋病的途径未能有效阻断。因此,中国预防和治疗艾滋病的工作任重道远。切断感染者与健康者之间的传播途径是直接的有效措施。

2019 年 9 月 11 日,为贯彻党中央、国务院决策部署,推进联合国 2030 年终结艾滋病流行可持续发展目标的实现,落实《"健康中国 2030"规划纲要》,国家卫生健康委、教育部、科技部等 10 部门联合制定了《遏制艾滋病传播实施方案(2019—2022 年)》。实施方案明确提出增强艾滋病防治意识,避免和减少不安全性行为,最大限度发现和治疗艾滋病感染者,遏制艾滋病性传播上升势头,推进消除母婴传播进程,将艾滋病疫情持续控制在低流行水平的总体目标及 16 个可量化的工作指标,围绕目标实施"六大工程":一是预防艾滋病宣传教育工程;二是艾滋病综合干预工程;三是艾滋病扩大检测治疗工程;四是预防艾滋病社会综合治理工程;五是消除艾滋病母婴传播工程;六是学生预防艾滋病教育工程。

(一)艾滋病的预防措施

现阶段抵抗艾滋病最有效的方法还是"以防为主,防治结合"。根据联合国艾滋病联合规划署预言,如果不强化预防措施,到 2020 年,艾滋病还将夺走 6800 万人的生命。要想有效抵御其传播,在未来 10 年里,全世界每年至少要投入 10 亿美元,但如今全世界对此的投入还不到这一数字的 1/3。中国预防艾滋病的经费从 2001 年起的每年 2500 万人民币增加到了每年 1 亿人民币,但据专家估算这还是远远不够的。

根除艾滋病最有效的方法是疫苗,这是全世界艾滋病专家研究的重点。由于艾滋病病毒传播、复制的机制复杂,疫苗研究至今还没有重大突破。联合国艾滋病规划署(UNAIDS)在 1998 年 6 月 29 日公布了《艾滋病疫苗研究道德准则》,其中指出:一旦某种艾滋病疫苗被证明是安全有效的,那么,所有参加试用工作的制造商、研究所、国家和国际组织应有义务使该疫苗得到广泛使用。

近十多年来,美国的多家研究机构曾先后研制过 40 余种艾滋病病毒疫苗,但均不能投入实际应用。在 2002 年 7 月巴塞罗那的第 14 届世界艾滋病大会上,美国一家生物技术公司 Vaxgen 公司宣布,其研制的艾滋病疫苗有望在 5 年内投放市场,为全球艾滋病预防和治疗带来革命性的进步。公司负责人唐纳德·佛陶西斯表示,这种艾滋病疫苗的测试工作已经完成了近 2/3,有望在 2003 年完成测试。如果效果良好,该公司将考虑于 2004 年年底或 2005 年年初把疫苗投放市场。但是,现在看来也归于失败。无论如何,以下预防措施是非常有必要的。

(1) 贯彻中华人民共和国关于性病、艾滋病防治的有关法规。

(2) 禁止进口血液及其制品,对已使用过国外血液及其制品的人实行血清艾滋病病毒抗体检测。

(3) 对供血者及血液制品实行严格检测,杜绝艾滋病病毒抗体阳性者供血、血液制品、精(子)和器官(移植)。

(4) 对疑有艾滋病病毒携带者实行确诊或治疗。

(5) 对疑有艾滋病病毒携带的孕妇做艾滋病病毒抗体检测,对阳性者实施预防性治疗,必要时施行人工流产;艾滋病患者及高危女性应避免妊娠。

(6) 医务人员及可能接触尸体的相关人员应具备基本的防感染知识和佩带防护装备。

(7) 个人在杜绝多性伴侣的前提下,注意个人卫生,不共用牙刷、剃刀和注射器及其他可能被血液污染的用品。

(8) 普及性科学和艾滋病防治知识、加强性道德观念教育;对高危人群实行强制性的宣教措施和推行 100% 使用避孕套的措施。

(9) 加紧研制中国自己的艾滋病病毒疫苗,力争能使主动免疫手段早日投入使用。

(二) 艾滋病的治疗措施

治疗艾滋病相当困难,目前尚无通过治疗恢复免疫功能的病例报告。治疗对策可概括为 3 个方面:①杀灭艾滋病病毒;②抗条件性感染;③恢复免疫功能。

当前,世界上在治疗艾滋病过程中还面临药物价格昂贵的现实难题,尤其艾滋病感染人数最多、贫穷的第三世界国家则更是如此。例如,南非是世界上艾滋病发病率最高的国家之一,感染人数约占其人口的 9%,许多患者面对高昂的药费望而却步。1997 年,为使国民易于获得价廉的药物,南非政府就《药物及相关产品管理法案》通过了一项修正案,授权政府在没有获得艾滋病治疗药物专利所有者允许的情况下,生产此类药物。当年,南非政府因此修正案被代表 39 家跨国制药企业的南非制药商联合会起诉。由于包括医生无国界组织和艾滋病组织在内的世界非政府组织声势浩大的反对起诉和声援南非政府的活动,南非制药商联合会在联合国秘书长安南的协调下与南非总统姆贝基达成共识,被迫在 2001 年 4 月 19 日向比勒陀利亚高等法院撤诉。这例跨世纪的"道德官司"历时 3 年,终于以"生命权高于专利权"的人道结果而告终。这种"对生命的重视可以逾越对专利权的尊重"案例,其深远意义非同寻常。

20世纪80年代开始在临床上用于治疗艾滋病的药物是一类核苷类反转录酶抑制剂,但因为容易产生耐药性而影响疗效。90年代起,新一代抗耐药性药物蛋白酶抑制剂应用于临床,它通过阻断艾滋病病毒在复制中所需要的蛋白质而发挥药理作用。现今,反转录酶抑制剂和蛋白酶抑制剂的联合疗法已经被广泛使用,治疗效果明显提高。非核苷类反转录酶抑制剂和羟基脲也于1999年在美国用于临床。一种叫做Kaletra的蛋白抑制酶现在已经成为美国和欧洲在HIV抑制疗法中的首选处方用药。据报道,中国与德国合作开发的2种新型艾滋病疫苗早在2001年申请进入人体实验阶段,但至今未有进展。近年来,北京、上海和广州等城市的中医药专家都在潜心研究治疗艾滋病的中药,他们筛选的一些经证实能够重建淋巴免疫细胞的中药也已试用。

尽管现在世界上已有50多种艾滋病的治疗药物,却都不能对已受艾滋病病毒感染的静止细胞发挥作用。这些药物都只能用于维持患者一定水平的免疫功能和低水平的病毒数量。

2002年伊始,瑞士罗氏公司和美国TRIMERIS制药公司宣布,发明了一种叫T-20的治疗艾滋病的新药,它可以阻止艾滋病病毒进入健康细胞,还能够有效减少患者体内的艾滋病病毒及促进免疫细胞的生长,对目前因服用其他药物而产生抗药性的患者尤其有效。T-20已经在巴西、澳大利亚、北美和欧洲等国家1000多名患者中试用,实验显示,它可以使患者血液中艾滋病病毒的含量降低到可发现量以下,其有效率是目前最先进疗法的2倍;2002年7月8日,在第14届世界艾滋病大会上,他们联合宣布这种治疗艾滋病新药可望在数月内在发达国家首先上市,但现在也石沉大海,渺无音讯。

(三)艾滋病的暴露后预防

艾滋病的暴露后预防指在发生了高危行为之后,服用HIV阻断药物来防止HIV病毒扩散,是一种极有效的补救措施。根据中国疾控动态与艾防中心2017年的统计数据,万名受访网友中,有将近一半不知道艾滋病可以服用阻断药物。高危行为包括与艾滋病患者或HIV感染者发生没有安全措施的性行为、开放的伤口或黏膜组织接触到艾滋病患者或HIV感染者的血液、被有艾滋病患者或HIV感染者血液的针具刺伤等。

HIV阻断药发挥作用的原理如下:切断艾滋病病毒复制的过程,防止病毒从已感染的细胞扩散从而感染更多的细胞。以性传播为例:病毒先侵犯黏膜部位,穿过黏膜屏障后进入人体的组织、细胞、淋巴结,并在淋巴结繁殖,最后进入血液。阻断的原理是在病毒到达血液之前将病毒杀死,以达到阻断目的。

HIV阻断药的成功率极高。据统计,我国每年有700~1000名医生、警察等由于工作中不慎接触艾滋病患者或HIV感染者的血液等原因服用阻断药,没有1位因职业暴露而感染。但是,发生暴露后,越早服用阻断药,药物的血药浓度就能越早升上去,以保证在病毒进入血液前起效。这是一个药物与病毒赛跑的过程。最佳的阻断时间是2小时,阻断成功率在99%以上。之后,成功率会开始逐渐下降,但72小时内仍有较高成功率,被称为黄金72小时。但是,HIV阻断药只是一种补救措施,不能过分依赖,关键还是在预防。

第三节 淋 病

淋病是淋病性尿道(阴道)炎的简称,由淋病双球菌所导致的泌尿、性器官黏膜表面感染的最常见的性传播疾病。据WHO估计，全球每年约7800万人感染淋病。淋病在中医古籍文献中就有记载，被称为淋症或淋浊，是目前中国发病率第三高的性传播疾病。

一、淋病的病原菌

淋病双球菌是奈瑟于1879年在35例急性尿道炎、阴道炎和新生儿急性结膜炎病人的分泌物中发现的，是一种外形呈肾形并成双成对存在的双球菌，所以又称奈瑟双球菌。1885年Bumm运用动物和人的凝固血清成功培养了淋病双球菌，并接种于人体的尿道，产生了与自然感染相同的临床症状。

淋病双球菌可被美蓝染成蓝色。2个菌体的大小可稍有差别，其凹面相对，长0.6～0.8 μm，宽0.5 μm。对急性患者的脓性分泌物做涂片革兰染色，油镜下可见到大量的分叶型白细胞及细胞质内成对的革兰染色阴性的双球菌。但在慢性患者，双球菌可能在细胞外，需要做细菌培养方能确诊。

淋病双球菌在体外生存的时间非常短暂，对各种理化因子的抵抗力很差。对温度的敏感性为39 ℃存活13 h；42 ℃存活15 min；50 ℃存活5 min；56 ℃存活1 min；100 ℃立即死亡。对湿度的敏感性：完全干燥下生存1～2 h；附着在衣裤、被褥上存活18～24 h；在厚脓液中或潮湿的物体上存活数日；在湿毛巾上存活10～24 h；在马桶垫圈上存活18 h。淋病双球菌对各种消毒剂的抵抗力也很弱；如在1∶4000的硝酸银溶液内仅存活7 min；在1%石炭酸内存活3 min；在1∶1000的水银内立即死亡。所以，对医院和幼儿园等公共场所的衣物、床单等物品用煮沸方法即可灭菌。

二、淋病的传播方式

人体是淋病双球菌的唯一天然宿主，并对它不产生终生免疫，因而可以重复感染。因为淋病双球菌体外生存时间有限和对各种理化因子抵抗力很弱，它几乎都是通过密切接触传播的。性交接触是最主要传播方式；一般说来，健康女性与患病男性无防护性交1次，被传染淋病双球菌的可能性达60%～90%；而健康男性与女患者无防护性交1次，被传染率达30%～50%。若产妇患有淋病，分娩时可将淋病传染给新生儿，引起新生儿淋菌性眼结膜炎。在体外的淋病双球菌未死亡之前，接触被其污染的物体而感染的可能性是存在的；幼女的阴道上皮尚未发育成熟，因此比成年女性更容易受到间接感染。

三、淋病的临床表现

淋病有多种临床表现，可分为无并发症淋病与有并发症淋病、无症状淋病与有症状淋病、播散性淋病及急性和慢性淋病。无并发症淋病指仅有急性尿道炎的临床表现形式，有20%可无症状出现；播散性淋病是指淋病双球菌进入血液循环，到达各种组织中引起的临床感染病型；慢性淋病由急性淋病因治疗不及时或不彻底转化而来，临床症状可持续2个月以上。

如果性交对象患有淋病，男性可在无防护性交后3～5日（潜伏期1～10日）突然发现尿道瘙痒、轻度刺痛、尿道口红肿，1日内可有稀薄分泌物由尿道口溢出，很快变成黏稠脓性、浅黄色或黄绿色，有时呈脓血样分泌物，并不断自尿道口溢出而污染内裤。晨起时有尿道口糊口现象（脓痂封堵尿道口），伴有剧烈尿痛；夜间入睡后易引起阴茎痛性勃起。全身症状可有低热（38 ℃以下）、头痛及周身不适。若不治疗，1～2周后症状可好转，分泌物变稀薄。1个月后，症状可完全消失，但晨起尿道口尚可有微量黏液或将尿道口粘住。此乃急性淋病性尿道炎症状。若于 2 周后又出现尿急、尿频、尿痛等膀胱刺激症状,可伴有会阴部坠痛感,表明淋球菌已蔓延到后尿道,引起急性后尿道炎。男性有并发症淋病主要有淋菌性包皮腺炎、尿道球腺炎、前列腺炎、精囊腺炎、输精管炎及附睾炎,最后可发展至尿道狭窄或尿瘘及输精管瘢痕。男性同性恋肛交可引起淋菌性直肠炎或肛门淋菌性炎症,所表现的症状是肛门疼痛和便血或脓便。口交者可引起咽喉和扁桃体淋菌感染。

女性的无并发症淋病有 60%～80% 早期表现为无症状,直到发展成为有并发症淋病,即因盆腔炎症引起严重的腹部疼痛才可能被确诊。若出现症状,可表现出急性宫颈炎症状,即白带增多,常为脓性,有时带有血色且有臭味;外阴痒及烧灼感。尿道口可出现红肿和有脓性分泌物溢出,同时有尿频、尿急、尿痛及排尿烧灼感。女性有并发症淋病,主要表现为输卵管炎、输卵管卵巢脓肿,若脓肿破溃可导致盆腔炎及腹膜炎。

四、淋病的诊断与治疗原则

淋病的确诊非常简单,医生只要提取分泌物的样本,做细菌学实验室检查。第一次门诊的确诊率:男性达 95%,女性也可达 60%。必须明确的是并不是所有的淋病患者都有不洁性交史。如前所述,淋病也可通过非性交途径的间接接触所传染。

淋病是能够用抗生素(如喹诺酮类的诺氟沙星、氧氟沙星、依诺沙星和环丙沙星及常规的青霉素 G、四环素、红霉素、大观霉素等),在规范的疗程下治愈的,但没有什么疫苗可以预防,而且机体对淋病的主动免疫似乎也是不可能的。所以,多次染上淋病的可能性是存在的。对淋病的治疗要做到用药及时、足量、规范和严格把握治愈标准;患者不仅不应该乱投医,而且一定要到正规医院的性病门诊就医,不然会贻误治疗时机,导致慢性淋病或产生耐药淋病菌株而难以治愈。

第四节 梅 毒

一、关于梅毒的历史

在历史上,梅毒影响英国的政治和宗教是极其深远的。15 世纪末,梅毒曾在全欧洲肆虐。英王亨利八世恰好在和凯瑟琳结婚之前感染上了梅毒,凯瑟琳给英王亨利生了 4 个儿子,但他们都患了先天性梅毒,要么夭折,要么有致命的畸形。只有他们的女儿伊丽莎白幸免,并继承了王位。国王将这个灾难归咎于凯瑟琳,而且向天主教会寻求离婚许可。当离婚要求被驳回后,国王为了能达到离婚再娶的目的就与天主教决裂,从那时以后,英国就开始信奉新教了。

梅毒的起源和传播争议颇多。西方学者认为,15 世纪以前欧洲尚无梅毒,是哥伦布于 1492 年第一次航行到达美洲巴哈马群岛的圣萨尔瓦多登陆时,他的水手与美洲当地的土著女性发生性关系后染上了该病。1493 年,染病的水手曾在里斯本停留而将此病传播到西班牙。几乎与此同时,哥伦布的一名叫 Pinzen 的船长带领船只北行抵达法国的贝约尼港,也将梅毒带入法国。1494 年,法国国王查理八世募集了来自各国的 30 万大军远征意大利,1495 年恰逢梅毒在意大利南部蔓延,于是意大利和整个罗马帝国将此病称为"法兰西病"。当法国军队围攻那波里时,军营里暴发了梅毒。入侵的法国人反唇相讥,将该病又称作"那不勒斯病"。

这些染病的士兵于1495年回到各自的国家后,又造成了欧洲梅毒大流行。至于梅毒传播到亚洲有两种看法:有学者认为是由葡萄牙舰队于1488年传到印度;也有学者认为是由哥伦布的船队于1498年绕过好望角带到印度。

外国人与中国通商将梅毒带入国境,1505年在广东省首先发现和记载了梅毒病例。明代李时珍所著的《本草纲目》曾记载有梅毒流行情况,将其称为"杨梅疮",说古方不载亦无病者,近时起于领表(指广东地区),传及四方。此后,该病就从沿海传播到了内地,且发病率曾居性病之首。解放初的调查报告显示,梅毒发病率在某些少数民族地区高达10%～48%,某些大城市为4.5%～10%,某些农村地区为0.5%～3.8%。新中国成立后,查禁"黄赌毒",取缔妓院,禁止卖淫活动,并开展了性病的普查普治,于1959年基本消灭了梅毒。20世纪70年代末国门开放,随着商业活动和旅游活动的频繁往来,性病在中国死灰复燃,梅毒发病人数也急剧增加。

二、梅毒病原体及传播方式

梅毒的病原体属密螺旋体属,称苍白螺旋体。由施奥丁恩和赫夫曼于1905年在梅毒病人的皮损中发现,因其透明且不易被各种染色法所染色,仅能透过暗视野显微镜观察到,外观上呈苍白色,而得名。此种细菌运动活跃,呈螺旋状,通常有6～14个排列均匀的旋圈,长度为6～15 μm,直径0.09～0.18 μm,有8～12个螺旋。电子显微镜下观察可见到位于体前端、缠绕体外直到末端的4～6根鞭毛样细纤维束(图8-3)。

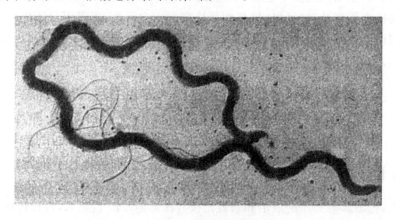

图8-3 梅毒螺旋体

梅毒螺旋体在体外的生存能力很弱,所以它不存在于环境中,只能存在于人体内。在干燥和阳光直射下会迅速死亡;对温度的耐受性也低,40 ℃会失去感染力,48 ℃可生存30 min,60 ℃时存活3～5 min,100 ℃时会即刻死亡。消毒剂可迅速杀死此种病菌,如1∶1000的升汞溶液可数分钟之内杀灭它,过氧化氢溶液及稀释酒精也能在短时间内将其杀死,肥皂水及消毒液也可使其死亡。

梅毒螺旋体对人体的黏膜及皮肤有很强的亲和性,尤其是在阴茎和阴道的黏膜有损伤时,便会乘机侵入组织深层。直接性接触是梅毒螺旋体传播的主要方式(占传染病例的95%以上),其他的直接接触传染还有接吻、握手、吸乳及舔阴等方式;间接接触可通过衣裤、牙刷、便桶等日常生活用具而传播;也可通过胎盘传染给胎儿,或通过产道传染给新生儿,前者属先天性的胎传梅毒,后者属后天获得性梅毒。偶有因输血被感染的报告。

三、梅毒的临床发病过程

梅毒比淋病少见,但比淋病对人体的危害更大。梅毒螺旋体通过甚至微不足道的皮肤划伤或黏膜损伤侵入体内后,经淋巴间隙很快集结于局部淋巴结内,2~3 日后便可侵入血液循环而播散到内脏、骨髓和神经系统等部位。经 2~4 周(平均为 3 周)后,在起初侵入的部位发生炎症反应,表现为局部硬性结节、浸润及溃疡,此乃一期梅毒的特征——硬性下疳。大约于 10 周后,局部淋巴结肿大,再经 2~3 周后全身淋巴结肿大。此期内,由于局部免疫反应的结果,下疳可以自行消失而进入 4~12 周的潜伏期。一旦度过潜伏期,会出现骨骼、眼睛及神经系统等的全身性症状及皮肤、黏膜的广泛性损伤,这标志着机体已进入二期梅毒阶段——梅毒疹。由于机体的免疫作用,梅毒疹引起的皮肤黏膜损害也可自愈,但并不意味着梅毒痊愈。梅毒螺旋体暂时潜伏下来,待机体免疫力低下时,往往在感染后 1~2 年,又促使梅毒疹复发,即二期复发性梅毒疹。从感染到出现一期、二期梅毒症状及消退,统称为早期梅毒。晚期梅毒最早在感染后 2 年发生,但出现三期梅毒——皮肤树胶肿及心血管和神经系统严重损害的晚期梅毒要在感染后 10~15 年或更久才出现。30%~35% 的患者因发生晚期活动性梅毒,经常反复侵犯重要脏器(如心脏)和神经器官而严重影响健康及缩短寿命。仅有少数梅毒患者因机体免疫功能作用杀灭梅毒螺旋体而达到自然自愈。梅毒造成的器官损害是永久性的,不能恢复。

硬性下疳简称硬下疳,为单发性或两三处局部皮损,触诊时硬如软骨状而得名。硬下疳的好发部位在男性为阴茎头或阴茎冠状沟,在女性是阴唇、阴蒂、尿道口、子宫颈;其次在男性为包皮、尿道口、阴阜和肛门等处,在女性是乳房,尤其乳晕及乳头。硬下疳亦可发生在脐窝、腋窝及大腿内侧。若因怪异性交方式或类性行为所发生的硬下疳,可见于口唇、扁桃体、齿龈、手指、肛门及臀部。硬下疳初起为红色丘疹、硬结或浸润性红斑,以后表面有轻度糜烂或形成浅表溃疡,溃疡边缘呈整齐隆起状,疮底表面无脓性分泌物但覆有浆液及较薄的纤维性膜,不痛不痒,触之如软骨样硬度。硬下疳表面的渗液内可能会含有梅毒螺旋体。

梅毒疹(图 8-4)为遍及躯干、四肢、颜面及手足,甚至于手掌、足底,状如斑疹、斑丘疹、丘疹、结节的扩散形梅毒皮损,不痒而多型,愈后几乎不留瘢痕或偶有皮肤色素痕或色素沉着。梅毒疹可不经治疗而消退。还可导致脱发和白斑,头部可出现如虫蚀状边缘的小片(如豆大)脱发区。但脱发为非永久性的,若治疗及时,头发仍可在 2~4 周内再生。白斑好发于颈侧、颈肩部、腰部、外阴及股部,虽经治疗也仍难以在短时间内恢复正常肤色。梅毒疹内含大量的梅毒螺旋体,凡直接接触都有被传染的危险。

树胶样肿的术语源自拉丁文"gumma"。古代西医见其如同树干排出来的阿拉伯胶样物质而将其命名,现今也称梅毒瘤或梅毒肿。初发时,树胶样肿于皮下深部发生无痛的硬结,可移动并与周围组织不粘连。以后渐渐固定、肿胀,呈暗红色,中心软化,破溃穿孔,形成单发性或多发性漏孔,孔中排出脓血黏稠状分泌物(图 8-5)。树胶样肿的好发部位在小腿上 1/3 处,偶尔在黏膜上也可见到此种局部损伤,如舌树胶样肿。树胶样肿的破坏性很大,如鼻腔的树胶样肿可破坏鼻骨而形成"鞍鼻",上腭部的树胶样肿可使上腭穿孔,前额或头顶部者俗称"开天窗"。

晚期梅毒亦可损及骨骼与关节、心血管系统和神经系统,造成相应的器官和脏器损伤,并伴有这些器官病损的临床症状出现。

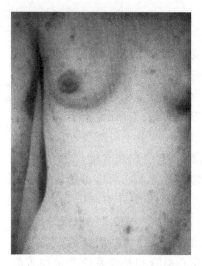
图 8-4 二期梅毒丘疹性梅毒疹

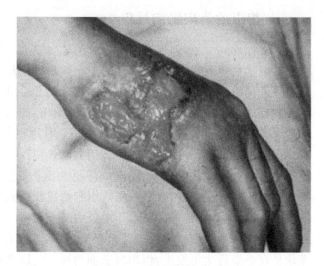
图 8-5 三期梅毒(树胶样肿)

四、梅毒的治疗原则

因为梅毒一期和梅毒二期按照自然病程会自行隐退,这给患者一个错误的信息,以为自己已经痊愈。这是一个极大的误解,隐退只是表明梅毒螺旋体及其损害暂时蛰伏下来,而且下一次发作所造成的损伤比前一次更大。因此,抓住梅毒一期的治疗时机甚为关键。但是,即使是发展到梅毒三期,规范的抗生素疗法仍然可以彻底杀灭梅毒螺旋体。所以,患者千万不要以为已经太迟。只是若造成器官损伤,则是难以恢复的。尽早确诊、规范疗程和追踪观察是临床根治梅毒的法宝。一般的抗生素,如青霉素、苄星青霉素、普鲁卡因青霉素、四环素和多西环素等都可杀灭梅毒螺旋体。

第五节 尖锐湿疣

尖锐湿疣(CA),又称生殖器疣、性病疣,是由人乳头状瘤病毒(HPV)感染所引起的增殖性疾病,其发病率逐年上升,目前已成为我国发病率仅次于淋病的性传播疾病。

一、病因

HPV 是一种闭环双链 DNA 病毒,内含 8000 个碱基对,属于乳头瘤病毒科,是一种嗜上皮 DNA 病毒,具有种属特异性,人体皮肤及黏膜的复层鳞状上皮是 HPV 的唯一宿主。HPV 除可引起生殖道尖锐湿疣外,还与生殖道恶性肿瘤有关。目前已确定的 HPV 亚型超过 200 余种,根据引起生殖道肿瘤的可能性将其分为低危型及高危型,与尖锐湿疣感染相关的亚型主要为低危型 HPV6、HPV11,但有 20%~50% 的尖锐湿疣合并有高危型 HPV16 或 HPV18 的感染。

HPV 在自然界普遍存在,感染 HPV 的危险因素有过早性交、多个性伴侣、免疫力低下、高性激素水平、吸烟等。尖锐湿疣主要是经性交直接传播,偶有通过污染物间接传播,往往与多种性传播疾病如淋病、梅毒、衣原体感染等并存。新生儿一般认为是通过 HPV 感染的母亲的软产道感染。

二、临床表现

HPV感染后潜伏期为3周～8个月,平均3个月,好发于性活跃的中青年,以20～29岁最为多见。临床表现常不明显,多以外阴赘生物就诊,部分患者因外阴瘙痒、烧灼感或性生活后出血就诊。因HPV在温暖潮湿的环境中特别易生存增殖,故男女两性的外生殖器及肛门附近的皮肤或黏膜区域是最易感染的部位,男性以冠状沟、包皮、包皮系带、尿道口最为常见,女性发病以大小阴唇、阴道口、阴道壁、子宫颈、尿道口、肛门等处常见。生殖器外尖锐湿疣可见于指甲缝间、口腔舌边缘、舌系带、腋窝、乳房等处。儿童患者除外阴肛门外,尚可见于口腔、咽喉部。

尖锐湿疣可表现为柔软淡红色的细小丘疹或菜花样赘生物或巨大团块,在宫颈部早期可见云雾状上皮。若继发感染或疣体内部供血不足可表现为糜烂或溃疡。约5%的患者发生尿道尖锐湿疣,可以单发或者并发。主要累及尿道外口及前尿道末端2 cm处,表现为菜花状或乳头瘤样损害。多数患者没有症状,少数患者会出现血尿、尿道分泌物、排尿困难、排尿中断或尿线变细。尿道尖锐湿疣可上行播散,累及尿道任一部分,偶可累及膀胱。

三、诊断

尖锐湿疣的诊断除了不洁性交史外,外阴、肛门等处出现无红晕、无痛无痒的疣状皮疹时,应高度怀疑。典型病例,肉眼即可作出诊断。外阴有尖锐湿疣者,应仔细检查阴道及宫颈以免漏诊,并且常规行宫颈细胞学检查,以发现宫颈上皮瘤样病变。对体征不典型者及尖锐湿疣合并感染时,临床比较难诊断。需进行以下辅助检查以确诊。

1. 细胞学检查 适用于阴道或宫颈尖锐湿疣,取湿疣组织涂片做巴氏染色,可见空泡化细胞和角化不良细胞。若涂片中检测到这两种细胞混合存在时有诊断价值。

2. 醋酸试验 在组织表面涂以3%～5%醋酸液,3～5分钟后组织变白为阳性,不变色为阴性,但醋酸试验在皮肤炎症时有一定的假阳性。醋酸试验的机制可能为醋酸使感染上皮细胞中的蛋白质凝固而呈白色。

3. 阴道镜检查 阴道镜可发现亚临床病变,尤其对宫颈病变颇有帮助,辅以醋酸试验可提高阳性率。

4. 病理检查 主要表现为鳞状上皮细胞增生,呈乳头状生长,常伴有上皮脚延长、增宽。表层细胞有角化不全或过度角化;棘细胞层高度增生,有挖空细胞出现,为HPV感染的特征性改变;基底细胞增生;真皮乳头水肿,毛细血管扩张,周围有慢性炎细胞浸润。

5. 核酸检测 可采用PCR及核酸DNA探针杂交检测HPV,后者包括southen印迹杂交、原位杂交及斑点杂交。

四、治疗

目前尚无根除HPV的方法,故目前治疗尖锐湿疣仅为去除外生疣体,改善症状和体征。治疗时应根据疣体的部位、大小、数量,患者是否可以自行用药,经济情况以及医师经验等因素,选择适当的治疗方法。

1. 外阴尖锐湿疣

(1)局部药物治疗:可选用下列药物:①0.5%足叶草素酊外用,每日2次,连用3日,停药

4日为1个疗程,可用1~4个疗程。此药刺激性小,患者可自行用药。②50%三氯醋酸外涂,每周1次,通过对蛋白的化学凝固作用破坏疣体。一般1~3次后病灶可消退,用药6次未愈应改用其他方法。③5%咪喹莫特霜,每周3次,用药6~10小时后洗掉,可连用16周。患者能自行用药,在用药后8~10周疣体脱落。此药为外用免疫调节剂,通过刺激局部产生干扰素及其他细胞因子而起作用。④10%~25%足叶草酯酊涂于病灶,涂药后2~4小时洗去,每周1次,可连用3~4次。

(2)物理或手术治疗:可选激光、冷冻、电灼、微波。对数量多、面积广及用其他治疗失败的尖锐湿疣可用微波刀或手术刀切除。

(3)干扰素:具有抗病毒及调节免疫作用,由于其费用高、给药途径不方便,以及全身的副作用,不推荐常规应用,多用于病情严重,病变持续存在,或反复复发的患者。常用基因工程重组人干扰素,剂量100万U,病灶内局部注射。目前发现全身用药效果差,不推荐全身应用。

2. 阴道尖锐湿疣 液氮冷冻、50%三氯醋酸或10%~20%足叶草脂外用。

3. 宫颈尖锐湿疣 治疗宫颈湿疣前,必须做细胞学检查,必要时行阴道镜及活组织检查,排除宫颈上皮内瘤样变或宫颈癌。可根据病情选用物理或手术治疗。WHO不主张使用三氯醋酸或足叶草脂。

4. 妊娠期尖锐湿疣 妊娠36周前的尖锐湿疣可参考上述的药物或物理或手术治疗。妊娠近足月或足月的尖锐湿疣,病灶局限于外阴者仍可行物理或手术治疗;若病灶广泛存在于外阴、阴道、宫颈时,应行剖宫产术结束分娩后再进行治疗。

5. HPV亚临床感染的处理 由于HPV感染存在自限性,目前的治疗方法均不能祛除病毒,2002年美国CDC建议若不合并鳞状上皮内瘤样变,对HPV亚临床感染不予治疗。但若合并鳞状上皮内瘤样变,尤其宫颈上皮内瘤样变,则根据组织学检查结果进行相应治疗。

6. 性伴侣的管理 WHO推荐性伴侣应进行尖锐湿疣的检查,并告知患者尖锐湿疣具有传染性,推荐使用避孕套阻断传播途径。对于反复复发的顽固性尖锐湿疣,应及时做活检排除恶变。避孕套可减少对生殖器感染HPV,降低HPV相关疾病的风险,但HPV感染可能发生在避孕套未覆盖或保护区(如阴囊、外阴或肛周)。

五、预防

控制性病、宣传避孕套的使用是防治尖锐湿疣的最好办法。及时发现并治疗患者及性伴侣,可减少病毒的传播。尖锐湿疣患者在未愈前应中止性生活或使用避孕套,其性伙伴应接受检查、治疗和随访观察。对于反复复发的顽固性尖锐湿疣,应及时做活检排除恶变。

人乳头瘤病毒(HPV)除与尖锐湿疣有关外,还可引起多种癌症,在男性可引起肛门癌、头颈部肿瘤、口咽癌、阴茎癌等,在女性主要引起宫颈癌。约60%的感染者会在6~24个月内依靠自身免疫将HPV排出体外,因此一般的HPV感染不会导致癌症的发生。持续性感染则会导致恶性肿瘤的发生。机体免疫力下降,HPV持续性感染是引起宫颈癌等疾病的重要原因,HPV疫苗可以切断HPV在人体内的感染途径,降低宫颈癌等疾病的发病率,男性群体亦可成为HPV疫苗的保护对象。

HPV疫苗在结构上与HPV具有相同的抗原空间表位,能激发机体产生中和抗体,可特异性预防HPV感染,具有较高的安全性和免疫原性目前国外已研制成功的HPV疫苗有3种,分别是2价HPV疫苗Cervarix、4价HPV疫苗Gardasil和9价HPV疫苗Gardasil 9。

我国的 HPV 疫苗研制工作已取得了一些进展,厦门万泰沧海生物科技有限公司研制的双价 HPV 疫苗已获国家药监局批准注册申请上市。上海泽润生物科技有限公司研制的预防性 HPV 疫苗已处于Ⅲ期临床试验后期,有望近期在国内上市,届时有望结束国外 HPV 疫苗在我国经常性紧缺的状况。

越来越多的研究结果证明,男性包皮环切术可以显著降低生殖道 HPV 感染的发病率,显著降低配偶的宫颈癌及多种性传播疾病的发病率,因此,包皮环切是男性 HPV 感染的一个保护性因素,被称为"外科疫苗"。

第六节　其他性传播疾病

一、软下疳

由软下疳链杆菌经性交传染的一种疾病。感染后经 1～5 日潜伏期,局部出现 1 个炎性斑疹、丘疹、水疱或小脓疱,不久即形成溃疡。溃疡呈圆形,直径 1～2 cm,边缘不整齐,犹如锯齿状且呈潜行性,基底覆有污秽脓苔,触之疼痛、柔软,易出血,溃疡周围有炎性红晕,自觉灼痛,溃疡数目多个(图 8-6)。若无并发症,溃疡经 3～8 周左右自愈,遗留瘢痕,但常合并其他疾病。发病后,一是隔离;二是及时就诊。

(1) 全身治疗:首选磺胺类药物,最常用的是复方磺胺甲噁唑。磺胺类药物对缓解疼痛和促进愈合常可迅速奏效。对磺胺类药物忌用或耐药者可服用四环素或红霉素、阿莫西林等。多西环素与红霉素联合治疗,疗效更佳。

(2) 局部治疗:未破溃的丘疹或结节可外涂鱼石脂或红霉素软膏。为减轻疼痛,可做冷敷。软下疳或淋巴结溃疡,可用高锰酸钾溶液或过氧化氢溶液冲洗后,外涂红霉素软膏。软下疳或淋巴结脓肿不宜切开,但可抽脓,注入抗生素。

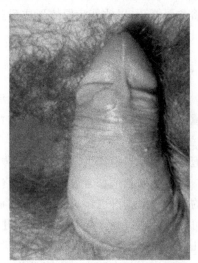

图 8-6　软下疳

二、性病性淋巴肉芽肿(第四性病)

病原体是沙眼衣原体的 L_1～L_3 型,主要通过性交传播,引起淋巴管和淋巴结溃烂、丘疹或水疱样病灶,以至化脓。慢性者外部性器官可出现象皮肿或直肠狭窄。除局部症状外可出现发热、恶寒、头疼、腹痛和食欲减退等。

本病主要发生于热带和亚热带地区,潜伏期为 5～21 日。直肠、尿道的分泌物有传染性,所以除性交外,患本病的父母也可能将本病传给共寝的子女。

对性病性淋巴肉芽肿的治疗越早越好,初期患者用药后,全身性症状可迅速消失,但局部淋巴结肿的愈合有限。晚期出现严重并发症后治疗困难,往往需行手术治疗。

治疗方法包括全身治疗和局部治疗。全身治疗主要是及时应用抗生素。常用的药物为四环素、磺胺噻唑。孕妇和儿童可选用红霉素。晚期患者可采用磺胺制剂或抗生素与皮质激素(泼尼松)联合疗法使其纤维化。局部治疗可用高锰酸钾液清洗外阴,对未化脓者可涂10%鱼石脂软膏或用红霉素、磺胺类软膏。淋巴结软化有波动(脓肿)形成者可在损害上方穿刺吸引脓液,并在脓腔内注入磺胺溶液。切不可做切开术,因其不易愈合。对晚期出现阴道或直肠狭窄者,须定期做扩张术;直肠狭窄严重者需做直肠切除术;有包皮及阴囊象皮肿者,亦可手术切除。局部病灶还可以用超声波、紫外线、红外线、X线等物理疗法。

三、非淋菌性尿道炎

沙眼衣原体(B-K型)和支原体是非淋菌性尿道炎的主要病原体。症状较淋菌性尿道炎轻,有时无明显症状。

感染衣原体后若不彻底治疗,常能波及其他器官,男性可继发直肠炎、附睾炎及前列腺炎、多发性关节炎和不育症;女性可继发膀胱炎、子宫颈管炎、子宫内膜炎、输卵管炎、盆腔炎等,成为流产、早产、不孕症的原因,当然也能经产道使新生儿感染。

感染支原体可引起尿道炎、阴道炎或盆腔炎。

这两种感染的首选药物为多西环素、阿奇霉素、红霉素。值得注意的是多数患者未达彻底治愈而停药,以致使病原体形成耐药性或使疾病继续发展。

治疗时配偶也应同时治疗。

四、生殖器疱疹

病原体为单纯疱疹病毒,分为Ⅰ型和Ⅱ型。Ⅰ型主要表现为口唇周围的小水疱,主要通过唾液传播;Ⅱ型主要表现为性器官黏膜的疱疹。但也有交叉的现象,加拿大的相关调查表明:生殖器疱疹78%为Ⅱ型病毒;22%为Ⅰ型病毒。感染疱疹后病毒潜伏于体内,均可反复引起疱疹。生殖器疱疹的水疱破溃有传染性。

男性生殖器疱疹常表现为阴茎、包皮的小水疱,有灼痛。女性则表现为大小阴唇的水疱,有灼痛。腹股沟淋巴结可肿胀,有压痛,但不化脓。发生于宫颈时有白带增多现象。疱疹病毒可经血液在妊娠3个月内感染胎儿引起胎儿小头症、小眼症等畸形,或早产和死产。正常胎儿也能经产道感染。

疱疹病毒初次感染时出现发热,以后当发热、便秘、急躁、月经、过劳等致抵抗力下降时,可能复发。

对于生殖器疱疹的治疗,还有很多问题没有解决,治疗还不能彻底清除病毒,阻止疾病的复发。目前治疗分一般性治疗、抗病毒治疗及中医中药治疗。一般性治疗主要是对症治疗,而抗病毒治疗是对因治疗。外用碘苷或阿昔洛韦针剂有较好疗效。中医中药治疗多通过辨证施治、标本兼治阻止复发。

五、滴虫性阴道炎

较常见的阴道炎症,由阴道毛滴虫感染引起。此寄生虫正常存在于肠道,大便时由后向前擦拭可导致传播于阴道,不仅可寄居于阴道,也可以侵入尿道或尿道旁腺,甚至膀胱、肾盂。毛滴虫传染的方式有直接传染(性交传播)和间接传染(公共浴池、浴盆、浴巾、游泳池、衣物等)。

夫妇任何一方都可以感染上毛滴虫,有时无症状,不发病,称为带虫者。带虫者可以借性交传染给对方。无论男女,感染了毛滴虫后如果发病,便引起症状,但女性发病率远远高于男性。阴道毛滴虫感染后发病的表现有:阴道分泌物增多,呈灰黄色、污浊、泡沫状,有臭味,有时为白色或黄色稀薄液体或为大量脓液,分泌物多时也可以流出,引起外阴瘙痒、灼热、疼痛、性交痛等。如果有尿道感染,可有尿频、尿痛等。滴虫能吞噬精子。另外,滴虫阻碍乳酸的生成,使阴道内存在大量分泌物,这些都妨碍精子的存活,可引起不孕。

毛滴虫感染的治疗分为全身用药(口服)和局部用药。如果夫妇同居,则双方同服甲硝唑(灭滴灵),每次 200 mg,3 次/日,7 日为一个疗程,或按医生的指导服用。当出现头痛、皮疹等症状时,要立即停药,向医生寻求解决方法。局部用药种类较多,对控制症状比较有效,但常不能彻底消灭滴虫,停药后容易复发。主要的药物有乙酰胂胺、卡巴胂,将药放入阴道内,1 次/日,3~5 日为一个疗程。也可将甲硝唑 200 mg 每晚塞入阴道 1 次,10 次为一个疗程。

因为滴虫性阴道炎常于月经后复发,故治疗后滴虫检查已为阴性时,仍应每月月经后复查,若 3 次检查为阴性,方可确定为治愈。

第九章 性违法与性犯罪

性违法行为是指违反有关法律规范的性行为,其主要特点是具有一定的社会危害性、违反了有关法律和应受到法律的制裁。狭义的性违法行为是指违反有关性行为和性关系的法律和法规,但是并不构成犯罪的行为。广义的性违法行为是指所有违反有关性行为和性关系的法律和法规的行为,不仅包括了那些并不构成犯罪的性违法行为,而且包括与性行为和性关系有关的犯罪行为。

狭义的性违法行为如下:①卖淫行为:为了获得经济和其他方面的利益而自愿与他人进行性行为。②嫖娼行为:以金钱和其他利益作交换而与其他人发生性行为。③性骚扰:侮辱女性,尚不构成犯罪的行为。④在娱乐性营业场所进行的异性按摩活动。⑤其他流氓行为:如公共场所露阴的行为、窥视他人的裸体和性生活的行为等。

常见性犯罪行为如下:强奸;轮奸;奸淫幼女;以暴力、胁迫或其他手段强制猥亵女性或者侮辱女性的行为;诱骗、强迫被拐卖女性卖淫的行为;重婚;聚众淫乱;组织、强迫、容留、介绍卖淫;故意传播性病;制作、贩卖、传播淫秽物品;组织进行淫秽表演。

第一节 性违法与性犯罪行为

本章是以广义的性违法与性犯罪行为的含义来阐述,主要包括卖淫、嫖娼、强奸等,下面将具体论述。

一、卖淫、嫖娼

卖淫是指女性或者男性以营利为目的或者为了达到其他目的自愿出卖肉体,与异性发生性交的行为。在这里其实要说明一下,卖淫者主要是女性,但是也不乏男性。绝大多数女性卖淫是为了赚钱,但是有的却是为了追求情乐,有的是好奇,有的是为报复男性,有的是上当受骗被迫的。嫖娼则是以钱物为代价与卖淫者发生性关系。前面提到的婚外性行为已包括嫖娼,在此不再论述。

社会心理学理论认为,女性走上卖淫的道路有一个逐渐陷入越轨生涯的漫长过程。这一过程包括一系列不同发展阶段:首先,少女生活在一个不健全的家庭之中,没有充分得到父母亲的关爱,她从小就没有从母亲那里学会如何建立良好的人际关系、社会关系,也没有学会如何承担社会责任;其次,因为偶然的机会,她与卖淫文化发生接触,越轨行为的心态与技巧得以加强,然后,她逐渐学会了各种各样的开脱技巧,为卖淫行为寻找借口并加以合理化;由于家庭、社会对她的不良行为加以贬斥,她也就开始对自己的越轨行为加以认同,并依据卖淫活动来改变自己的社会角色和生活方式,安排自己的生活,这样,卖淫就由一个偶发性行为变成了习惯性行为;她越来越偏离正常社会,最后改变自己的身份、形象,完全融入卖淫文化,由于外在的影响,她们的越轨行为也可能中止在任何一个发展阶段。

1. 卖淫者的共性

(1) 卖淫者的自身特征:

①卖淫者的人格特点:她们性格较为外向,情绪不稳定,容易冲动。在对卖淫女性进行卡特尔十六种人格因素量表测试分析中,卖淫女性具有以下特点。第一,思维迟钝,知识浅薄,抽象思维能力弱,情绪激动,易受环境支配,缺乏奉公执法的精神,对社会没有责任感甚至知法犯法,易遭受无谓的打击和挫折。第二,不能克制自己,不尊重礼俗,喜欢向异性献卖殷勤。第三,卖淫女性的性格偏外向,活泼健谈,能适应环境,有独立性,有时过分冲动。Ensconce认为,一个人的道德观念和社会的适应能力,是通过学习而获得的,而学习过程是建立条件反射。外倾者大脑皮层具备的水平较低,因此,建立条件反射的能力较差,已经形成的条件反射消退也慢,情绪不稳定者自主神经系统不稳定,对刺激有过分强烈的反应,也不利于条件反射的建立;精神质者缺乏细腻、深刻的情感,易于冲动。同时具备这三种倾向的人,不能很好地控制自己的行为,属于最容易出现犯罪行为的人格类型。对494例青少年女性卖淫者的调查显示,卖淫者多有人格方面的障碍,在艾森克人格问卷(EPQ)测试中精神质(P)、内外向(E)、神经质(N)量表分高于对照组。她们的人格特征受早期家庭因素的影响较大。

②卖淫者的心理健康状况很差。调查显示,女性卖淫者群体焦虑症状阳性率高于对照组,差异显著;女性卖淫者人群抑郁量表的阳性率与对照组存在显著差异;女性卖淫者人群的生理、心理、社会、总体四项健康也明显低于对照组,可见卖淫者群体的心理健康水平明显较差。

③女性卖淫者智商较为低下。在女性卖淫者智能状态的调查报告中,对于报道的女性卖淫者中,首次进女劳教队的143人中,智商低下的有28人,而两次或两次以上进女劳教队的57人中,智商低下的达21人,说明两次或者两次以上进女劳教队的女性卖淫者较多为智商低下者。这些女性考虑问题简单,违法后易被察觉。

她们的人格特征受早期家庭背景的影响较大。生长于多兄弟姐妹家庭中的女性更容易形成外控的特征;被男方抛弃、父母训斥打骂的教育方式都与受试者情绪不稳定的人格特征有关。Leman Kevin的研究表明:作为独生子女,她们可称为"超级老大""孤独的独生子"。一方面,她们被父母视为"掌上明珠",备受亲人的关爱;另一方面,内心又受寂寞的煎熬。为了缓解心中的孤独,她们就可能会主动寻找同龄朋友,参与外界活动,养成爱交际的习惯。父母一方或者双方去世,使得受试者处于一个残缺的家庭环境之中,当她认为家庭存在爱的缺失现象时,就会转向外界,在与他人交往中寻求爱的补偿。按照社会学习理论的观点,在一个多兄弟姐妹家庭中成长的女性,她走出了主要与父母接触的狭隘范围,存在与同龄人相处的大量机会,在与同辈群体交往时,她学到了影响其行事的外控人格特点。在家庭教育方面,父母对子女的教育方式是相对稳定的,教育方式是教育理念、教育行为及其对子女情绪情感的体现和表达。如果父母经常对子女采取训斥打骂的教育方式,这就会使子女产生严重的负性情绪,处于自卑、焦虑等不良心理状态,久而久之就容易影响到受试者人格结构中情绪稳定性方面。卖淫女性人格调查显示:卖淫者家人存在性越轨行为的发生率为24.1%,这种经历不仅影响卖淫者与其家人的亲情关系,而且为以后孩子的性越轨行为作出了"榜样"。

(2) 女性卖淫行为与诸多情境相关:如经济困难、婚恋不幸、不良生活习惯、色情刺激、家人性越轨、他人鼓动、经历紧张性事件等。

①经济困难，社会地位低下：卖淫者人格特征的调查显示，经济困难、工作收入低、金钱缺乏，是促使许多女性卖淫的直接动机，在此调查中，58.9%的人经济困难，认为近期自己工作收入过低的人有33.5%。而且被收教的卖淫女性大多数仅仅具有初中学历，来自农村或处于待业状态。

②婚恋不幸：卖淫者多为未婚，即使有的结婚，婚姻生活也不幸福。对128名卖淫女性进行调查发现，有38.3%的夫妻经常吵架，互不理睬或者分居、分床。对卖淫女性人格的研究发现，男方感情不忠占比为26.7%，丈夫的不忠直接影响着夫妻的感情。

③不良刺激事件与情境：有学者认为，乱伦、家庭殴打、被强奸等经历通常是女性卖淫的先兆。而且对卖淫女性进行人格研究调查发现：在卖淫的前一段时间，卖淫女性及其男友已经养成了一系列不良生活习惯，如酗酒、吸毒、赌博等，女性不良生活习惯的养成经常意味着她们经受了不幸事件，或是接触了不良的人际环境，受到了外界的不良影响。男方存在的赌博、吸毒行为，一方面会进一步影响双方经济现状、感情、婚姻，另一方面为女性提供了一种模仿的行为环境。

卖淫与吸毒存在密切联系，国外有学者调查认为63%的受试者是为了筹集毒资而卖淫。性刺激的接触与他人的鼓动是女性卖淫行为的重要推动力。卖淫女性在从事卖淫前一段时间，多在歌舞厅、理发店从事报酬不高的临时服务性行业，而此类场所存在买卖性的现象的可能性较大，这些女性在这样的环境中工作生活极易受到同伴的不良影响，同时受到各种色情刺激，加上同伴的鼓动很容易使其从事卖淫活动。除了上述情境，卖淫者多遭受离家出走、被男方抛弃、被强奸等紧张性事件，这些紧张性事件易引起受试者的负性情绪，且影响到她们的生存条件，最重要的是导致了其精神上的创伤，间接促使了女性卖淫行为的发生。离家出走者遭到外界伤害的可能性增加，加上经济上的困难，易诱发卖淫活动。被男方抛弃易导致女性的情感和经济问题。被强奸对女性的伤害最强烈，受辱后女性伴随着焦虑、抑郁等不良情绪，长时间的持续影响将造成心理障碍，以后易导致与性有关的问题。

综上所述，女性卖淫是其特定人格与情境相互作用的产物。女性在家庭生活中形成了一定的犯罪人格——外向、情绪不稳定、容易冲动或者外控型人格，再加上促使这种人格形成的家庭本身就存在很多问题，如家庭内有性越轨者或者乱伦者，家庭提供不了真正的爱与幸福，有的因为经济原因过早辍学，有的则因自己的人格原因离家出走或者过早有了性体验，故而在接受很少教育的情况下就早早进入了社会。自身人格原因易导致自己婚恋不幸及家庭缺少关爱，几乎没社会支持的她们往往经历更多的负性事件，严重影响了她们的心理健康。在这种前提下，她们经济困顿且又处于有很多性刺激的环境中，加上受到别人的鼓动，很容易成为卖淫者。

2. 卖淫的危害

（1）对卖淫者自身的危害：对于卖淫者首当其冲的是生理上的伤害。女性因生殖器官构造特点，携带性传播疾病（STD）病原体的风险比男性高；再加上现在的卖淫女性年龄一般较小，而女性青春早期宫颈上皮为柱状上皮，从宫颈内一直延伸到阴道，因而不能通过宫颈黏液阻止病原体侵入，柱状上皮又是沙眼衣原体和淋球菌侵入的主要组织。虽然这种上皮随着年龄的增长会逐渐退化，但卖淫使青少年时期患性传播疾病的危险性大大增加。有个别性传播疾病女性患者，可能同时感染两种以上的STD，易造成不孕症、新生儿沙眼衣原体感染、盆腔脓肿等。同时因卖淫行业的特殊性，卖淫女性更易遭受各种不良刺激，社会支持的缺乏等易使她们体验焦虑、抑郁等不良情绪，长期存在则可能形成心理障碍。

(2) 对社会的危害：

①不利于社会稳定：卖淫不仅诱发犯罪，同时也为犯罪提供条件；有的卖淫者扒窃嫖客钱财，有的嫖客抢劫卖淫者，杀害卖淫者。卖淫者往往参与吸毒、盗窃、抢劫等违法犯罪活动。卖淫者自身的性逆变心理，不仅促使自己性犯罪心理的形成，而且往往使她们从性受害者变为性加害者，形成恶性循环，使更多的女性以卖淫为生。

②易造成性传播疾病流行：对1086名卖淫者进行性传播疾病流行病学分析与对策的研究发现：卖淫者与嫖客中性传播疾病检出率为39.58%～39.61%，卖淫者占66.74%，嫖客占33.26%。卖淫者同时是艾滋病易感人群，再加上自身对艾滋病预防知识的缺乏，很容易成为艾滋病的传染源。

二、强奸

性犯罪中最严重、最突出的就是强奸。刑法关于性犯罪的罪名还有强制猥亵、侮辱女性罪，组织、强迫卖淫罪，引诱、容留、介绍卖淫罪，传播性传播疾病罪，嫖宿幼女罪。在此主要介绍强奸行为。强奸罪是明显违反伦理道德的传统型犯罪。古今中外的刑法对强奸罪都有严格的规定，且规定了较重的刑罚。因民族习俗、道德标准和文化积淀的不同，各国刑法对强奸罪的阐释，也必然存在着很大差异。我国《刑法》第二百三十六条对强奸罪作了规定：以暴力、胁迫或者其他手段强奸妇女的，处三年以上十年以下有期徒刑。在欧美法律中，对一个男子犯的罪定性为强奸罪的条件如下：①在进行非法性交时（无论是阴道还是肛门），并未取得对方（女性或男性）的同意；②当时知道对方不同意，或者对对方是否同意毫不在乎或疏忽。

许多司法体系将强奸定义如下：受害者缺乏同意。但并非所有国家的法律对男性的强奸（或性攻击）定义都是一致的。有些国家（如美国）对"缺乏同意"概念会附加年龄条件，如与未成年少女性交者，则将其行为定性为强奸（即所谓的"法定强奸"）。英国相关法律是少数认可婚内强奸这一犯罪类型的法律。

1. 强奸者实施犯罪行为的原因分析

(1) 家庭影响：心理学研究表明，强奸者往往在童年就碰到行为上的问题并在混乱的家庭环境中长大，家庭环境的混乱表现为贫困、被忽视、兄弟姐妹之间极端的嫉妒和性虐待。这样的环境导致他们长大成人后仍带有儿童的性格特点，如缺乏自尊心、男子汉的自我感觉不强等，并且他们不会自主修正。

(2) 人格不健全：即人格缺陷，又称不健全人格，是因社会化过程中的失误而形成的偏离社会规范的个性，是产生违法犯罪行为的心理基础。一般来说，强奸者病态的社会人格来源于超我的发育不良或控制自身攻击冲动的不足。与健全人格相比，不健全人格具有以下特征：①认知水平低下，缺乏判断是非的能力；②需求欲望强烈，内心经常出现矛盾、冲突、焦虑、紧张和挫折感，难以自控调节；③接受不良文化和反社会道德标准；④法律知识欠缺，对法律持轻蔑态度；⑤以自我利益为核心，并采取一厢情愿、脱离现实的思维方式；⑥冷酷无情、粗野肆虐，富于攻击性的性格；⑦意志薄弱，不能抑制消极情绪的滋生蔓延；⑧缺少道德、理智感、美感等社会性情感；⑨价值取向偏于错误和违法，以错误的价值观作为人生导向；⑩具有进行违法犯罪活动的智力和特殊能力。

(3) 敌意转移：有证据表明强奸是对其母亲或其他重要女性的敌意的一种转移形式。Groth认为，强奸者存在报复心理，可能是曾经受到过不公正的对待，因而对女性有较多的敌意及愤怒，并且对象指向有某种特征的女性，突发地与其发生冲突，以转换其内在之愤怒。

(4) 消除焦虑：有研究认为强奸者是由于受到深层的性焦虑所造成的，强奸行为是为了发泄焦虑情绪，而性成了其表达焦虑的一项武器。

(5) 色情文化与社会对罪犯接受性的影响：处于青春期的青少年很难抵挡住色情文化的诱惑，由于性的神秘性而产生好奇，青少年往往失去理智，铤而走险，犯下难以弥补的错误。在英国，多数强奸犯仅在狱中服一半刑，然后被假释，由缓刑机构人员进行监督。此类罪犯的再犯率约为30％。监狱内将心理治疗（其范围包括认知教育、行为矫治、精神治疗及其他必要的治疗及辅导教育）列为性罪犯治疗规划的一部分。然而，现有的资料表明，强奸犯在这个规划中进步很少，人们对曾有犯罪记录者的偏见可能是其部分原因，这反映了社会与文化方面对强奸犯的重要影响。

2. 性犯罪对受害者的严重影响 总的来说，强奸行为严重侵犯了公民的人身权利，造成了心理与生理无法弥补的创伤，受害者会遇到一系列早期或晚期的心理问题。这些问题包括紧随受害后产生的痛苦，以及随后接受调查、出庭作证等有关方面的痛苦。因此，所致的创伤后应激障碍（PTSD）经常见诸报端。这些后果在受害后较普遍、严重，并可能持续若干年。许多证据表明，强奸受害者可能遭受到长期不良的心理影响。最近的研究表明，受害者在被强奸后的一周内可存在严重的、难以摆脱的困扰思想和其他创伤后症状。受害者的配偶和家庭成员也会感受到这些痛苦。在美国，许多危机干预中心为强奸受害者提供了多学科专业人员的帮助，他们提供的认知-行为治疗对受害者有一定的帮助。

第二节　性越轨行为

性越轨行为是指违反社会生活中与性行为和性关系有关的社会准则（又称性的社会规范）的行为。在长期社会生活过程中，人们约定俗成，形成了性的社会规范，主要表现为性风俗习惯、性道德规范和性法律规范。

性越轨行为可以有两种理解。狭义地讲，性越轨行为是指违反性风俗习惯和道德规范的行为。广义上讲，性越轨行为包括违反所有社会风俗习惯、性道德规范和性法律规范的行为。

一、婚前性行为

婚前性行为是没有配偶的男女在未履行结婚登记的情况下发生的性行为。这是一种违反婚姻与性相统一法律原则的行为。在实际生活中，婚前性行为呈增长趋势，但在中国，大多数人对婚前性行为持否定态度。

(1) 婚前性行为产生的主观原因：①恋爱中双方过于亲昵，无法抑制性的冲动。②恋爱期间一方怕另一方变心，有意造成发生性关系的既成事实，达到与另一方结婚的目的。③青少年出于好奇心和性体验心理，要求结婚但不符合法定条件，于是先同居后结婚。

(2) 婚前性行为产生的社会原因：①人性的解放，婚姻观念的改变，避孕用具的发展，使社会对婚前性行为较前宽容。青少年男女对于发生性关系的担心和顾虑大大减少。②由于大众文化传播媒介过多渲染情爱，对青少年的性刺激大大增强。③性成熟期提前，性欲望的实现与抵达婚龄间有一个时间差，使性生活提前成为可能。④随着社会的都市化，青少年在进入社会的过程中家庭观念淡漠了。⑤社会对性行为的监督弱化，性价值、性道德教育远远跟不上社会发展的步伐。

（3）婚前性行为的危害：①破坏了婚前保持贞洁的传统观念。近年来性纯洁观念受到一些人的非议，但实际上，保持婚前性纯洁对以后婚姻生活的稳定仍具有重要作用。婚前性行为发起者多为男性，直接受害者却是女性。有婚前性行为的女性，不仅受到社会舆论的压力，还受到男性精神上的打击。②婚前轻易发生性关系，会给恋爱关系蒙上阴影。女方觉得自己已经委身于男方，对男方百般迁就、顺从，即使发现难以忍受的缺点，也不敢、不想提出分手。越是这样，男方越不珍惜女方。所以，始乱终弃成为一种常见现象。③婚后容易相互猜疑。婚前轻易发生性关系，婚后也会相互怀疑对方是否在婚前婚后与别人有性关系，影响夫妻相互尊重和信任。④婚前性关系很少采用避孕措施，容易导致怀孕。有孕后，女方常会要求男方结婚。若勉强成婚，则将导致互相伤害。若多次人工流产，容易患并发症，甚至终生不孕。⑤发生婚前性行为时未经身体检查，很容易患传染病，殃及双方及下一代。⑥不能受法律保护，给有些以恋爱为名行玩弄女性之实的人以可乘之机。

男方应该做一个负责任的男子汉，不要随便和女方发生婚前性行为。女方应把婚前是否发生性行为的主动权掌握在自己手里。要充分认识到婚前性行为的危害，自尊、自重、自爱，拒绝男方的越轨要求，杜绝婚前性行为的发生。

二、同居

有婚姻关系的同居是合法的，受法律保护。非婚同居则不受法律保护。非婚同居的当事人既有双方均无合法配偶的，也有一方或双方已有合法配偶的。有配偶的一方与他人同居，有两种情形：一种是事实上的重婚，以夫妻名义共同生活；另一种是姘居，即无夫妻名义的公开同居。非婚同居者有的最后进入婚姻，有的经过一段时间结束同居。少数同居家庭还有子女。一些人法制观念不强，法律意识淡薄，不愿受婚姻关系约束，不愿承担义务。于是对双方关系持不严肃和不负责任的态度。也有当事人抱着"试婚"的态度，同居一段时间，合适则结婚，不合适就分手。非婚同居日渐增多。

非婚同居危害如下：①不受法律保护，一旦发生财产分割、继承纠纷，当事人得不到法律保护。②同居者如生育子女，不利于子女抚养成长。③暂时看同居能摆脱一些困难，回避一些问题，长远看却弊大于利。同居关系的破裂，往往使同居的一方或双方陷入人财两空、身心俱伤的境地。

三、婚外恋和婚外性关系

婚外恋指有配偶男女又同其他异性建立恋爱关系。婚外恋是一种不正常、不道德的恋爱，它常常破坏双方的婚姻家庭。婚外性关系是指已婚男女与配偶外的其他异性发生性关系。

发生婚外恋与婚外性关系的心理往往有以下几种：①补偿心理：夫妻分居两地，寂寞难耐，或一方有生理缺陷，性生活得不到满足，或夫妻关系不和，而寻找第三者或乐意接受第三者，得到补偿。②欠情心理：有些情人未能终成眷属，双方已各自成家，或一方尚未成家，夫妻感情不和时，旧情复萌。③贪财心理：因贪图对方钱财，主动委身于第三者，换取钱财。④图貌心理：贪图女方美色，或倾慕男方健美身躯，主动示爱。⑤报恩心理：因家庭困难长期得到对方帮助照顾，无以为报，只好献身。⑥报复心理：一方有外遇不听规劝，另一方为了报复，主动寻找第三者。⑦好奇心理：夫妻生活平淡无味，羡慕影视中男女爱意缠绵，潇洒自在，在好奇心驱使下也想体验一把。⑧享乐心理：受性解放、性自由影响，认为人生在世，吃喝玩乐，趁着年轻,滥交异性。

究其原因,多种多样。有因向往"爱情"的,有因面对"死亡"婚姻而离异艰难的,有因夫妻关系长期不和的,更多的是受性解放、性自由的影响,认为"一切可任其自由""爱情和性生活无须一致""爱情可以转移""个人隐私谁也管不着""性解放是社会必然趋势"等。婚外恋和婚外性关系可造成以下危害:①破坏婚姻关系,败坏社会风气,有损社会安定。②破坏家庭生活,使夫妻感情冷淡,开销加大,无暇关心子女教育,有使家庭破裂的潜在危险。③容易传播性病。④容易引发性功能障碍。

第三节 性骚扰及其防范

性骚扰是人类社会发展过程中的一种社会现象,其产生具有深刻的人性基础,这一现象的存在与社会历史、文化风俗、法律制度等有着密切的联系。随着社会进步、人们民主意识和权利保护意识的增强,性骚扰作为一个社会问题逐渐凸显出来。正确认识性骚扰的性质及产生根源,建立合理防范性骚扰的相关体系已成为世界各国政府和人民越来越关注的问题。

"性骚扰"一词最早由美国密歇根大学的法学教授凯瑟琳·麦金农提出。1974年,美国一位女职员为逃避上司的性挑逗,不得不辞去工作而成为失业者。在当时这属于因"个人原因"辞职,按规定她无权享受失业救济,为此她求助于麦金农教授。麦金农对这位女职员的遭遇感到气愤,在处理这一事件时,她第一次使用"性骚扰"一词,并将其定义如下:性骚扰是指处于权力不平等条件下强加的讨厌的性要求,其中包括言语的性暗示或戏弄,不断送秋波或抛媚眼,强行接吻,以使雇工失去工作作为威胁,提出下流的要求并强迫发生性关系。同时麦金农还指出,性骚扰是性别歧视的一种方式,是性暴力的一部分或延伸。目前我国学界较为一致的认识如下:性骚扰是违背当事人的意愿,采用一切与性有关的方式去挑逗、侮辱和侵犯他人的性权利,并给他人造成损害的行为。其行为方式包括口头性骚扰、行为性骚扰和环境性骚扰。

一、性骚扰的性质

尽管缺乏对性骚扰行为界定的统一的判断和法理依据,但性骚扰的本质是一种侵犯行为已经没有异议。关于性骚扰行为的基本性质,目前最具代表性的有两个学说,即性别歧视说和侵权行为说。前者认为性骚扰行为是性别不平等的结果,是性别歧视的一部分;后者认为性骚扰是侵犯个人完整性和感情的行为,是个人的行为,而非"群体性"的概念。

(一)性别歧视说

1976年,美国学者麦金农提出针对工作场所女性的性骚扰的概念。随着这一概念的提出,她将性骚扰的女权主义色彩作为一种法律学说,并在性骚扰与歧视之间建立了必然的法律联系。她指出性骚扰是"在权力不平等情况下强加的讨厌的性要求",性骚扰是由于两性之间权力的不平等而造成的,性骚扰实际上就是男女不平等以及性别歧视的表现,男性拥有性别上的控制力,而性骚扰是男性试图维持这种性别方面的优势地位而使女性继续处于从属地位的一种方式,是一种歧视。众多的女权主义者也认为,性骚扰的存在是男性与女性的力量不均衡的问题,处于相对劣势的女性往往成为性骚扰的受害者,男性常将性与权威混为一谈,用性来显示自己高于女性的权威。男性用性来压制对方,往往将与女性的工作关系变成使他舒服的男女的社会关系。传统的男性角色是作为父亲、丈夫、情人出现的,而在工作中,男性仍将与女性交往的工作关系变成与情人之间的关系,这样更有助于他们左右女性。

除美国外,英国、澳大利亚、日本等国及我国香港地区均将性骚扰本质视为男性对女性性别歧视的行为。在这些国家和地区,性别歧视一般具有相当广泛的概念,它是指一种基于性别、婚姻状况或因为怀孕或将要怀孕而受到的不公正待遇。因此,在持性别歧视说的国家和地区,大多以平等机会法或反歧视法来规制性骚扰。例如,澳大利亚联邦 1984 年的《性别歧视法》和联合国 1979 年制定的《消除对妇女一切形式歧视公约》等反歧视法中都有规制性骚扰的条款。

(二) 侵权行为说

随着同性、双性以及女性对男性等多种形式的性骚扰不断为人们所关注,将性骚扰仅界定为异性之间的性别歧视,尤其是男性对女性的歧视,已经不符合现代社会的客观现实。因此,一些国家和地区,如德国、以色列、菲律宾等尝试着突破早期性骚扰定义中所阐释的性别歧视的含义,开始强调对个人隐私权利的尊重,将性骚扰视为侵犯个人完整性和感情的行为。在持侵权行为说的国家或地区,多通过制定特别的侵权法来规制性骚扰行为,如以色列国会 1998 年通过的《性骚扰预防法》等。

性骚扰行为形式的多样性及其成因、后果的复杂性,致使人们从不同的角度认识性骚扰所侵权利的性质,目前的观点主要集中在以下几种。

1. 人格尊严权说 人格尊严是公民基于自己所处的社会环境、地位、声望、工作环境、家庭关系等各种客观条件而对自己或他人的人格价值或社会价值的认识和尊重,而性骚扰行为会让被骚扰者的人格受到贬低,持续的性骚扰行为还会使被骚扰者对自己的社会地位产生怀疑。虽然性骚扰行为者的目的不同,骚扰方式各异,给被骚扰者造成的伤害也不尽相同,但从本质上看,骚扰者主观上都置他人的人格尊严于不顾,侵犯的是他人的人格尊严权。

2. 性自主权说 性自主权是人在遵循法律和公共秩序、社会道德的前提下,自主表达自己的性意愿和自主决定是否实施性行为和以何种方式实施性行为,实现性欲望的满足而不受他人强迫和干涉的权利。性骚扰是以暴力、胁迫、语言、动作、欺诈和诱导等方式施加给人的性关系,故侵害了公民的性自主权。

3. 名誉权说 所谓名誉权是指民事主体就自身属性和价值所获得的社会评价和自我评价享有和维护的权利。部分以侮辱、诽谤的方式进行的性骚扰直接导致了被骚扰者的名誉损害和社会评价的降低,侵害了被骚扰者的名誉权。

4. 身体权说 身体权是指公民维护其身体完整并能自由支配其身体各个组成部分的权利。在多数情况下,性骚扰都是对身体的非法接触,对受害人身体造成了污损与破坏,影响了受害人的外表或形象的完整,侵害了其身体权。

美国某学者认为,性行为是极为私密的事情,性骚扰是用不受欢迎的含有性意味的语言或动作,侵扰他人的私事和私生活,构成了对隐私权的干预。《美国侵权行为法重述(第二次)》第 652A 条指出:侵害隐私权包括不合理地侵入他人隐秘、对他人的肖像或姓名的不法使用、不合理地公开他人的私生活和使他人有不实形象的公开四种情形。

二、性骚扰行为的构成要素

各国或地区的现行法律规定及理论界的研究对"性骚扰"的界定和表述虽有所不同,但其核心内容都包括了以下四种基本要素。

1. 性骚扰行为指向特定的行为对象 性骚扰行为是行为人针对特定对象做出的举动，侵害意图是面向特定人，而非面向不特定的公众。例如，一个女孩子穿着暴露走在大街上，抑或男性穿背心甚至光着膀子走路，只要没有明确指向某人，也没有侵犯他人的合法权益，就不属于性骚扰。在公共场所讲黄色笑话，即使引起他人反感，由于不是针对特定的人，不属于性骚扰，但如果在办公室经常对着女同事讲淫秽笑话，只要引起对方反感则属于性骚扰。

2. 性骚扰行为必须是与性有关的行为 不论是碰触、抚摸对方身体敏感部位，还是讲黄色笑话、做出与性有关的评论，抑或是在一定的环境或者空间内展示有关性的物件，或者以文字、图画等形式表现有关性的内容等，都是向他人发出有关性信息的行为，即构成了性骚扰。

3. 性骚扰行为不受欢迎 认定是否构成性骚扰，对受侵害方的心理态度的衡量不是"是否出于自愿"而应是"不受欢迎的"。因此，行为者实施的某种与性有关的行为，即便对方表面上表现出自愿，而内心是出于一定程度的被迫或无奈，对此行为本身具有排斥性的话，应被认为构成了性骚扰。

4. 性骚扰行为造成一定的危害后果 性骚扰造成的后果应具有危害性，包括物质性的危害与非物质性的危害。前者指致受害者身体受损、丢掉工作、丧失晋升的机会等；后者主要是指受害者难言的心理伤害和巨大的精神压力，以及由此导致的恐吓、恶劣或侮辱性环境的形成。

三、性骚扰与强奸及其他性暴力攻击行为的关系

一些国家，如以色列将强奸及其他暴力性攻击行为也归入性骚扰范畴。而包括我国在内的更多的国家，强奸和强制猥亵、侮辱女性等其他性暴力攻击行为属刑法制裁范围，有其单独的罪名和相应的罚则。一般认为，性骚扰与强奸及其他性暴力攻击行为的区别如下：第一，强奸及其他性暴力攻击行为必须通过暴力的方式实施，使受害者不能反抗、不知反抗、不敢反抗，而性骚扰行为不以暴力强制为要件；第二，强奸及其他性暴力攻击行为的目的是欲与受害者发生性关系，而性骚扰行为则不具有奸淫的目的；第三，强奸及其他性暴力攻击行为以违背女性意志为犯罪构成要件，而只要受害者不欢迎就可以构成性骚扰。当然，在某些特定情况下，性骚扰、强制猥亵、强奸可以是一个连续的发展过程。实施者往往对看中的目标先进行长期持续的性骚扰，时机成熟或者遇到机会就进行强制猥亵，甚至实施强奸。

四、性骚扰的类型

性骚扰具有主体多元性、行为多样性以及发生场所复杂性等特点，其分类方法有多种。

（一）按表现形式分类

1. 口头性骚扰 打电话或当面故意谈论有关性的话题，表达不受欢迎或不合宜的与性有关的言语，包括讲述个人性经历或色情文艺等。

2. 行为性骚扰 做出与性有关、不受欢迎的身体挑逗或胁迫行为，包括故意碰撞或触摸对方敏感部位，诱导或强迫对方看黄色视频或刊物、照片等。

3. 环境性骚扰 设置与性有关的、不受欢迎的环境条件，包括在工作、学习及生活环境摆放淫秽图片等。

（二）按受害者感觉分类

1. 视觉性性骚扰 由性骚扰者借淫秽书画、黄色光碟及网络等传播黄色信息，直接刺激

并骚扰受害者的视觉系统而产生的骚扰。

2. 听觉性性骚扰　由性骚扰者用下流的语言当面直接或间接地刺激行为受害者的听觉系统而产生的骚扰。

3. 触觉性性骚扰　由性骚扰者通过肢体行为直接刺激并骚扰受害者的皮肤触觉系统而产生的骚扰。

4. 混合性性骚扰　由性骚扰者采用上述两种或两种以上的方式,对受害者实施的性骚扰。

（三）按性骚扰者的心理状态分类

1. 补偿型性骚扰　性骚扰者因处于不同程度的性亏损心理(如长期性匮乏或性饥渴等)而对受害者做出非礼的冒犯举动。

2. 游戏型性骚扰　性骚扰者将受害者视作玩物,对受害者的非礼和不敬处于有意的游戏心态。

3. 权力型性骚扰　性骚扰者利用手中的权力对其下属实施性骚扰,大都将受害者视为"消费品",将性骚扰当做自己的"专利"。

4. 攻击型性骚扰　性骚扰者对受害者怀有较大的恶意和仇恨,将其视为低等动物或敌人,其性骚扰表现出蓄意的伤害性或攻击性,以满足和平衡其对受害者的蔑视和仇恨。

5. 病理型性骚扰　此类性骚扰者大都患有性功能障碍,对受害者实施性骚扰能给本人带来强烈的性行为和性幻想。

6. 冲动型性骚扰　性骚扰者由于年轻、好奇或文化素质低,不具备应有的自制力,一时冲动实施了性骚扰。该类性骚扰多以游戏或玩笑的方式发生在熟人之间,性骚扰者一般没有蓄意的伤害意识。

（四）按发生场所分类

1. 职业场所性骚扰　又称工作场所性骚扰或工作中的性骚扰,指发生在工作环境内,上级对下级、雇主对雇员或同事之间的性骚扰行为以及雇员在工作中遭受第三方(如顾客)性骚扰的情形。美国平等就业机会委员会曾在相关的反就业性别歧视文件中提出两种形式的职场性骚扰:①交换型性骚扰,指以性服务换取工作上的利益,被骚扰者必须选择遵从"性要求"或者丧失工作上的利益。此种类型性骚扰的受害者大多是年轻女性,而侵害者则主要是上司、同事和客户。②敌意工作环境型性骚扰,指上司或老板因性别歧视而对其员工恶意且持续的挑剔与敌视。此类型虽未直接损害被骚扰者工作中的利益,但会造成工作环境的恶化,导致被骚扰者工作意愿低落。

2. 公共场所性骚扰　指发生在诸如娱乐场所、公共交通工具、商场、展览会等公共场合的陌生人之间的性骚扰行为。公共场所是仅次于职场的又一性骚扰高发地,尤以公交车上的性骚扰较为普遍。受害者主要是女性,尤其是18~25岁的年轻女性。性骚扰的形式多为触摸及以性事为内容的玩笑、谈论、辱骂等。

3. 校园性骚扰　指发生在校园里,一方或双方主体是教师或学生,尤其是教师对学生的性骚扰。因为在学校,教师往往可利用对学生的管理权对学生实施各种形式的性骚扰。

4. 网络性骚扰　指通过网络向接收人发送与性有关的语言、黄色作品(含照片)或淫秽场景等行为。此类行为致使接收人不情愿但却持续不断地关注性的内容。与通常的性骚扰不同的是,网络性骚扰除了直接的性需求外,更多的是非直接的、语言的、形体的性暗示和性挑逗。在受害人中,女性多于男性,年龄主要集中在16~25岁,且高学历者所占比例较高。

除以上分类外,性骚扰还可按有无躯体接触分为直接性骚扰和间接性骚扰;按行为双方的性别分为同性性骚扰和异性性骚扰;按参与性骚扰行为人数多少可分为个体性骚扰和群体性骚扰(包括单人性骚扰多人、多人性骚扰单人和多人性骚扰多人的性骚扰行为)等。

五、性骚扰的危害

性骚扰行为,无论是对受害人,还是对侵害人,乃至对整个社会造成的危害都十分严重。

(一)对性骚扰者本人的危害

1. 导致人格障碍 性骚扰者实施性骚扰是因为性骚扰行为能带来满足感,而对这种满足感的追求则成为其实施性骚扰的动力。当因为实施了性骚扰行为而得到性快感时,就有可能陷入一种难以自拔的境地,一而再地对他人实施性骚扰。当性骚扰行为成为一种习惯,就形成了性骚扰心理。具有性骚扰心理的人,兴趣爱好集中于性事上以及与异性有关的事物,故而造成了与社会、他人的严重的不相容性和不适应性,导致人格障碍,甚至心理变态,而这种变态又反作用于人的品性,进一步促成其不良品行的形成与固化。

2. 引发性犯罪 性骚扰者的性骚扰心理,是诱发各种性犯罪的心理诱因之一。性骚扰心理一旦形成,会成为一种自我放纵的心理习惯,使其不能自我克制各种性的诱惑。随着不断体验性骚扰的快感,这种不正常的性刺激不断强化,其生理的性冲力与伦理道德、社会规范、社会行为形成严重的矛盾。这一矛盾的进一步发展会导致性意志力的薄弱,一旦时机成熟,就会由性骚扰心理外化为性犯罪行为。

3. 造成利益损失 发生在职业场所的性骚扰可能给实施人带来利益损失,例如,性骚扰丑闻被揭露后,可能受到降职、降薪、辞退等处罚,影响个人职业生涯和声誉;也会受到社会舆论的谴责;还会因此破坏其现有的恋爱、婚姻、家庭关系,影响其整体人格形象。

(二)对受害者的危害

1. 心理伤害 性骚扰会对受害者的心理健康产生不良影响,包括耻辱感、恐惧感、自我封闭和盲目依赖。屡次遭受性骚扰所带来的耻辱感,损害了受害者的自尊和自信,混淆了其自身的价值标准,使其变得自惭形秽;对于女性而言,遭受性骚扰会增加其对男性的恐惧及影响其对整体男性的看法;有的受害者还会有意识地把自己封闭起来,拒绝恋爱和结婚,成为性骚扰的牺牲品;由于胆小和恐惧,受到性骚扰的女性很可能产生盲目依赖感,急于想置身于某个男性的保护之下,从而增加了不幸婚姻的可能性。由于性骚扰多数具有持续性和长期性,受害者长期忍受着巨大的心理压力,造成严重的心理创伤如精神紧张、失眠、忧郁、焦虑等,严重的甚至导致自杀。

2. 身体损害 在遭受性骚扰以后,受害者不仅会产生消极的情绪体验,还会发生相应的身体反应,包括头痛、恶心、消化不良、梦魇、盗汗、失眠、紧张、浑身无力等,这些症状若长期存在,会严重影响受害者的身体健康。另外,如果性骚扰的对象是幼儿,性骚扰行为本身有可能对其身体器官造成直接的损害。

3. 利益损害 性骚扰导致受害者生活在一种压抑的工作、学习氛围中,严重地干扰了其正常的工作和学习。在职场中长期遭受性骚扰者会因工作效率下降或拒绝性骚扰而辞职或被解职、降薪、降级等。就学生而言,性骚扰可以导致不良的学业经历,主要包括变动课程表、主修专业、项目、转院系及改变职业意向等。另外,性骚扰还可以导致道德感降低、对学校的满意度下降、成绩下降及丧失升学机会等一系列不良后果。

(三) 对社会的危害

1. 败坏社会风气 性骚扰行为,尤其是男性对女性的性骚扰,不仅在客观上助长了社会不尊重女性的习惯,更在一定程度上败坏了社会风气。发生在职场中的性骚扰,特别是领导对下属的性骚扰,会严重影响、破坏上下级关系,造成上下级之间的心理隔阂,影响单位的工作效率,败坏单位的风气。发生在公共场所的性骚扰,会在更大的社会层面造成不良影响,败坏社会风气。

2. 危害社会治安 公共场所的性骚扰,不仅侵害了受害者的权利,也扰乱了社会治安秩序。性骚扰者面对对方的反抗、拒绝,可能会采取不正当手段报复,由此会产生和激化更多的社会矛盾;被骚扰者面对骚扰方的骚扰行为,有时会采取极端的犯罪手段反抗,酿成血案。因此,性骚扰行为本身不仅是一种违法行为,而且是引起其他犯罪的罪魁祸首之一。

六、性骚扰的防范

1. 法律对策 性骚扰是一个复杂的社会问题,建立有效的防制体系是一个需要全社会共同参与的系统工程。性骚扰问题已日益成为世界各国法律关注的一个焦点,各个国家和地区都一直致力于寻找有效的法律对策来实现对性骚扰的法律规制。

我国的《妇女权益保障法修正案》对禁止性骚扰做出了规定,对保护女性权益具有重大的现实意义和深远的历史意义。但总体而言,我国现行法律规定仍存在一些立法缺陷,如立案难、取证难、赔偿难、未制定任何惩罚性骚扰犯罪的条文等。只靠现行的法律、法规等来防制性骚扰问题,效果不佳且进程缓慢。因此,建立和完备我国的反性骚扰法律制度势在必行。

(1) 明确性骚扰的法律概念:目前我国法律对于性骚扰的界定与控制仍存在着一些漏洞,如何适当地规定性骚扰的实施主体、侵害对象、发生场所、表现形式及程度等是开展对相关法律问题研究的基础。只要概念明确,就可以根据确立的界定范围,确立相应的罚则,将有关性骚扰的判罚具体化。

(2) 完善证据制度:性骚扰案件中取证难是一个突出的现实问题。这主要是因为性骚扰大多发生在比较隐蔽的场所,多数只有两个人在场,受害者很难举出更多的证据。而且性骚扰造成的更多的是精神损害,这种举证无法通过传统的取证方式进行证明。因此,有关性骚扰证据的基本性质、证明对象、自认规则、推定规则、证明标准、证明责任及其分配规则、举证时限制度、证据交换制度、证据判断原则、各种证据形式及其审查判断规则等均需加以确定与完善。

(3) 规定雇主责任:工作场所的性骚扰行为被理解为所在企业的一种团体行为,企业有义务采取足够有效的措施为员工营造安全的工作环境。在工作场所发生性骚扰,造成受害者身体、精神、名誉损害,单位或雇主有过错的,应当承担相应的法律责任。然而,目前对于单位或雇主的过错认定、赔偿责任、承担方式等缺乏明确的判定标准。因此,雇主责任的确立是防范职业场所性骚扰的有效的立法措施之一。

2. 社会保障 受社会文化氛围和道德水准的影响,许多性骚扰受害者,尤其是女性受害者依然面临着维护权益-公开经历与保持沉默-放弃权利的两难选择,还不习惯运用法律的武器维护自己的权益,或者不将法律诉求作为摆脱生活尴尬的首选工具。因此,除了完善相关法律法规外,防制性骚扰还需要全社会的动员,以建构平等、公正与和谐的社会关系,营造抵制性骚扰的社会支持氛围。

(1) 加强性健康教育:性知识的匮乏是实施性骚扰的客观基础,性观念的扭曲是实施性骚扰的主观因素。因此,适当地开展公民性健康教育,建构对性的正确认识和对性骚扰的正确理解,提高性道德素养,对于预防和控制性骚扰的蔓延具有重要的意义。

性健康教育旨在帮助公民掌握正确的性知识,树立健康的性观念,将性骚扰看作是对受害者意志的强迫而不仅是对其性的强迫,进而促进其性权利保护意识的形成;同时,通过不断加强公民性道德建设的工作,提高整个国民的性道德修养、性道德素质,为解决当前的性骚扰问题提供良好的社会道德氛围。

性健康教育不仅应包括生殖系统的解剖、生理知识和发育期的各种现象及生理和心理上的各种变化,还应介绍人类的性、性欲和性行为及其发展规律,性行为的社会道德规范,以及自我控制的意义等多方面内容。

性健康教育应该是学校、家庭和社会同步协调进行,互相补充,互相促进。社会媒体,如报纸、电视、电影、广播等应该负起责任,加大对防范性骚扰的相关知识的宣传力度,促进人们健康性观念的养成。

(2) 建立性骚扰申诉、调查、裁决和上诉程序:为了维护受害者的合法权益,使防制性骚扰的法律法规得以真正落实,有必要在诉讼之外建立一个完整而有效的申诉、调查、裁决和上诉程序。

一些国家如澳大利亚,各机构、企业乃至高校都设立了性骚扰投诉部门,受害者可以选择向州反歧视委员会或平等机会委员会投诉,也可直接向澳大利亚联邦人权及平等机会委员会投诉。日本各政府机构、企业以及高校都设有性骚扰投诉专门部门,公开发布受理性骚扰投诉的专线电话、传真、专用信箱或电子信箱以及处理程序。

我国新修订的《妇女权益保障法》虽然规定了性骚扰受害者可以向单位和有关机关投诉,各省也有妇联建立法律帮助中心,受理包括性骚扰在内的妇女儿童侵权投诉。然而,国家机关、企业单位和学校建立防止性骚扰制度的尚不多见。据 2008 年 7 月 10 日《中国妇女报》报道,衡水老白干酿酒(集团)有限公司已制订企业内防止性骚扰制度并开始试行。这是国内第一家专门为防止性骚扰建章立制的企业,有着标志性意义。应当有更多的机关、企业、社会团体或其他组织如居委会、村委会动员起来,积极援助性骚扰的受害者,接受她(他)们的投诉与控告;帮助她(他)们获取性骚扰证据;支持她(他)们寻求国家帮助、法律救济;协助国家机关和社会团体依法对性骚扰者进行处罚与处分。

(3) 营造减少和避免性骚扰的安全环境:性骚扰可发生在任何时间与地点,相对来说,公众场合(如公交车、教室、礼堂、车站、码头、实验室等)、娱乐场所(如舞厅、溜冰场、游泳池、影院等)、办公室、僻静之处(公园假山、树林深处、夹道小巷、楼顶天台、没有路灯的街道楼边、尚未交付使用的新建筑物内、下班后的电梯内等)等场所被认为是性骚扰的"重灾区"。由于在现实中遭受性骚扰的大多数是女性,一些国家的相关部门在给女性留出一个安全的空间问题上想了很多办法。例如,目前,世界上许多城市,包括开罗、东京、墨西哥城和里约热内卢,都已开通了女乘客专用的交通工具(地铁、巴士),以应对性骚扰问题。

(4) 为性骚扰受害者提供社会救助:以法律保护受害者固然重要,但对受害者的社会救助也不可忽视,尤其是像性骚扰这样的性侵害,非诉讼救助或许更能抚慰受害者的心理创伤。

我国台湾地区的"性侵害防治中心",每天 24 小时为遭受性侵害的女性提供服务和帮助,服务内容主要是心理咨询、联系医疗、介绍有关的法律知识和诉讼程序、安排临时性住所、提供紧急生活费用、陪同出庭等。我国大陆地区自《妇女权益保障法》出台以后,各省妇联、维权组织、心理咨询机构等对性骚扰的关注力度加大,开展了包括开通维权公益热线、依托法律志愿者队伍,开展法律咨询、心理调适等多种形式的社会救助服务;呼吁社会关注、推动有关部门解决性骚扰的热点、难点问题等。一些民间组织,如北京的红枫女性心理咨询热线服务中心,也在一定程度上为性骚扰受害者提供了各种援助。

3. 自我保护 性骚扰造成的危害是多方面、深层次的。对受害者而言,性骚扰造成的身心伤害不可低估。由于性骚扰问题目前在我国尚无明确的法律界定,因此,提高自我保护意识和学会自我保护,对于防止性骚扰尤为重要。

(1)预防性自我保护:个人在遭受性骚扰之前采取的自我保护行为称为预防性自我保护。在现实中,每个人都存在遭受他人性骚扰的可能性,因此,提高自我保护意识,随时防范性骚扰显得尤为重要。

①穿着打扮适当,言行举止得体。性骚扰产生的原因,除实施者本人的主观原因外,也有来自受害者自身的一些因素。许多性骚扰行为是在受害者不恰当的衣着打扮和言行的情景下诱发的。过分暴露的衣着,妖冶浓艳的化妆,轻浮挑逗的言谈都有可能激起他人的性冲动和错误联想,引起他们的性骚扰行为。因此,不过于袒胸露乳或太透、紧、薄的着装,适宜的打扮,文雅端庄、大方得体的言谈举止,都是减少甚至避免性骚扰的发生的有效措施。

②注意所处环境:性骚扰大多具有隐蔽性、匿名性等特点,夜深人静、野外无人的地方、空间死角、照明条件较差处、某种特定的刺激性情景场合及单身独处环境成为性骚扰的高发场所。因此,要尽量避免单独一人在公园、河边、树林等僻静的地方长时间逗留或在偏僻、阴暗、狭窄的道路或小巷行走;夜晚行走时,要选择行人较多、路灯明亮的道路,不与陌生人搭话;不宜一个人或仅几个女性去各种歌舞厅或酒吧;尽量不要单独与异性在一起,如必须单独相处,应尽可能营造公开的环境,如大开房门,保持合适的距离等,如果发现对方有轻浮的言语、举止时,应该立即找理由离开。

③不贪图小利:有的时候性骚扰实施者首先会采用金钱或利益诱惑的方式来获取受害者的信任。因此,既要警惕陌生人的花言巧语和赠送钱财,也要对熟人过于殷勤的好心和热情有所防范。当出现一些与个人工作、业绩不相符的奖赏和提拔的时候更应多一份理性思考,从而避免因受利益诱惑或贪图小便宜而造成不良后果。

④情感含蓄,慎交朋友:在交友过程中,不分对象、时间和场合,情感过于直露或感情用事,很容易被有不良动机的人所利用而使自己处于性骚扰的危险之中。因此,在表达情感时,应区分对象、时间和场合,把握好分寸。同时应特别注意对方的品德作风,若发现对方作风不正派,言语举止轻浮,或有不良企图时,应主动回避,尽量疏远,减少接触和交往。

(2)被骚扰时的自我保护:当性骚扰不幸降临到自己头上时,依靠勇气和机敏,采取适当的策略和方法,就可能有效地保护自己的性权利和人格尊严,使危害降到最低程度。

①保持情绪镇定:在遭受性骚扰时,保持情绪镇定尤为重要。只有设法使自己保持沉着、冷静,才能明白性骚扰者的意图,随机应变,以智取胜。如果惊慌失措,一味进行本能性的抵抗或逃避,不仅无法摆脱性骚扰者的纠缠和威胁,反而可能助长其攻击性,导致更为严重的后果。

②明确表达自己的态度:一些性骚扰行为是由于施害者自认为受到了受害者的某种性暗示而发生的。因此,发现他人对自己有进行性骚扰的意图和行为时,应当果断而坚定地表明自己的态度,阻止性骚扰行为的发生。一些性骚扰行为就是在施害者认为受害者软弱可欺、不敢反抗的情况下发生的,因而坚定的态度能够使一些陌生的性骚扰者丧失信心,放弃性骚

扰行为的企图。

③进行理智反抗：遭受性骚扰时，单纯过激的反抗行为有时可能激起性骚扰者的愤怒、紧张甚至绝望的情绪，引起他们更加残忍的施害行为而致严重后果。因此，在遭受性骚扰时，要注意了解性骚扰者的弱点和周围环境中可以利用的积极因素，采取恰当的措施进行反抗。尽可能地利用社会中积累的经验和知识，采取非暴力性的方法解决问题，把暴力反抗作为最后的、迫不得已的措施。反抗方法：a.直接反击法：遭到性骚扰时，最好的办法是用锐利的目光和强烈的反击性动作制止对方。当无声反击不奏效时，当众厉声揭露、斥责其丑行，把对方置于尴尬境地，以达到遏止对方恶劣行径的目的。b.先礼后兵法：当性骚扰者为平素关系较为亲近的异性时，应采取温和但严肃的态度表明自己的观点，既维护自己的尊严，又照顾到对方的面子。在婉拒不能奏效的情况下，应果断采取强硬行为给予反击。c.恭维法：当遇到有地位、有身份的异性的性骚扰时，可以恭维的方式激发对方的自尊心和荣誉感，引起对方自律，从而自觉放弃不轨行为。d.委婉暗示法：当性骚扰来自较熟悉的同事或上司的时候，用委婉的语言，把自己的不悦和拒绝之意，以及不利于性骚扰者的因素暗示出来，让对方明白其中的利害关系，自觉中止性骚扰行为。e.借助外力法：在很多情况下，女性仅靠自己的力量很难战胜来自外界的性骚扰，可借助周围其他人的力量，如采取大声求救、当场对质等方法对付施害者，使自己免受性骚扰。

④搜集证据：遭遇性骚扰时，应注意小心地搜集证据，为将来诉诸法律、捍卫自己的权利做准备。比如，不堪入耳的黄色笑话，可以用录音留下证据；对于不堪入目的刊物，可将刊物扣下作为证据；对于不当的触摸，可当场将其手抓住，请其他人评理，当场对质；当对方以待遇、职位升迁为条件而提出与性相关的行为时，应使用录音存证，如果因为拒绝提供性相关行为而致待遇被降低、职位被降调，应明确要求上司说明原因，并将减薪之前待遇或者降职之前职位以及工作表现留下记录。在搜集证据的过程中，如有同事朋友在场，可请其作为证人，力求维护自身的合法权益。

⑤使用暴力进行反抗：当其他非暴力方法已经失去作用时，暴力反抗就成了最后的、迫不得已的自卫手段。当然，在暴力反抗过程中，还应注意策略，最大限度地保护自己。a.抓住要害，趁势攻击：当遭到性骚扰且无法脱身时，应伺机自卫。自卫时要抓住对方的薄弱环节进行反击。比如，可用手指突然猛戳、抠对方的眼睛，或就地抓起泥沙攻其眼睛；可用拳头或头部猛撞击对方的鼻部，或猛咬对方的鼻子、嘴唇或舌头，对于女性受害者来说，可猛捏或猛击男性的睾丸或小腹，使其产生剧烈疼痛而四肢无力，乃至休克，而无法继续进行性骚扰行为。b.利用地形，就地取材：可以选择便于脱身或隐蔽的地形进行自卫；利用身边的一切可利用的物品，如泥沙、石头、棍棒等进行反击。c.留下证据，以便识别：在反抗时，应当注意给性骚扰者留下一些痕迹，例如撕破衣服、抓坏皮肤等，以便作为以后破案的线索和证据。

(3) 被骚扰后的自我保护：遭到性骚扰（特别是严重的性骚扰）后，应及时采取相应的补救措施，把危害降低到最低限度。

①寻求法律救助：许多人在遭受长期性骚扰后，姑息迁就，不敢做声、不敢张扬。其结果会使性骚扰者以为受害者怯懦可欺，进而变本加厉实施性骚扰。因此，在遭受性骚扰后，受害者要克服心理障碍，及时、主动地通过法律途径维护自身的合法权益。

②减轻或消除性骚扰造成的不良后果：被侵害后，应及时处理机体损伤，积极调适自身情绪，减少因受害事件所带来的生理、心理和社会伤害损失。如：及时到正规医疗机构接受治疗；通过热线咨询电话、性骚扰救助组织等寻求帮助；通过向家人、好朋友倾诉，书写日记或其

他形式宣泄消极情绪,等等。

③防止再次遭受性骚扰:在遭受性骚扰后,要从自身角度出发,分析被害原因,并针对自身薄弱环节,及时采取措施,防止再次遭受性骚扰。如:进一步加强被害防范意识,提高自我保护的警惕性;改变不得体的衣着打扮,注意言行举止;避免在易发生性骚扰的危险场合单独或长时间逗留;警惕金钱和利益诱惑,慎重结交朋友等。

第四节　大学生性侵害的自我防护

一、性行为的分类

性行为是一种自然的生理现象,它具有追求性满足的生物属性,是具有高尚情感的行为。世界上每一个人都与性行为有关。性科学研究按照性欲满足程度的分类标准,将人类性行为划分为三种类型:一是核心性性行为,即两性性行为;二是边缘性性行为,如接吻、拥抱、爱抚等;三是类性行为。狭义的性行为特指性器官的结合,即性交;而广义的性行为则并不只意味着性交,观看异性裸体、观看电视色情节目、接吻、自慰、阅读色情小说等,都属于性行为。

二、性侵害的概念

性侵害,又称性侵犯,按严重程度可分为:①性骚扰:以口头(语言、电话、短信、网络聊天)的性语言对异性评头论足,使用带性色彩的不礼貌语言,甚至带挑逗倾向的淫秽语言伤害他人;通过挑逗、猥亵、调戏等行动伤害他人;或者布置人为环境骚扰异性。②性犯罪:以性行为伤害他人,如:侵犯抚弄少儿身体、暴露下体给儿童看、强迫儿童进行性交和手淫等,淫乱、强奸、轮奸、奸淫幼女,组织、强迫、引诱、容留、介绍他人卖淫,传播淫秽物品,故意传播严重性病等。

受到性侵害的绝大多数是女性,少数是男性。有资料表明,超过10%的男童在13岁之前曾受过性侵害。

性骚扰和性犯罪严重摧残受害者的身心健康,特别是少年儿童。因此,一定要学会保护好自己,不受坏人欺侮、凌辱。不得让他人随意观看或触摸自己身体的隐私部位。据统计,那些施虐者或强迫别人的人,70%～80%可能是受害者熟悉的甚至是爱戴的亲属、师长和朋友,当然也可能是陌生人。我们不可能从外表判断出哪些人会有性侵犯行为。任何阶层、职业和身份的人皆有可能是性侵犯者。必须时刻牢记:身体是属于你自己的,要自我防护好!

三、自我防护

一般来说,女性生性胆小、害羞、柔弱,当她们遇到性骚扰和性犯罪时往往被动、胆怯、恐惧。有些因为受到威胁而害怕,惊慌不敢声张;有些是受到金钱物质引诱或哄骗,而听任坏人摆布;还有的受害女性可能根本不知发生了什么事。这就让犯罪者有可乘之机,甚至逍遥法外。因此,女性们一定要洁身自爱,学会自我防护,同时,要让坏人受到法律的严惩。

1. 女性自我防护20条　根据下文内容规范言行,可以避免和减少受性骚扰的危险。

(1)提高警惕性,防范作恶多端的坏人,同时也要警惕以"善意"出现的"好心人"。遇上坏人时,一定要冷静沉着,随机应变,机智地将坏人引到人多的地方,适时地大声呼救,使自己脱险。

（2）上学、放学或外出游玩要结伴而行。

（3）不独自一人到河边、山坡、树林等偏僻地方读书、写生。

（4）一个或几个女生不要到僻静或没有人的地方去，也不要随意招手搭车，尤其是夜晚。

（5）深夜不要独自一人在偏僻小巷行走。

（6）不要单独去营业性歌舞厅、酒吧；若无家长陪同，不要去宾馆、饭店、旅社。

（7）晚上不要单独出门，更不要到异性的单身宿舍，不要同不熟悉的异性在一起待很久、很晚。

（8）与父母闹别扭时，切不可赌气离家出走。离家出走的少女十有八九会落入不良环境或坏人身边。

（9）不要贪图小便宜，不轻易接受异性的食物、饮料、礼物等。既要警惕陌生人的花言巧语和小恩小惠，也要对熟人的过于殷勤和慷慨保持清醒。要记住可能欺侮你的人不仅是陌生人，也包括你并不完全了解的"熟人"，甚至长辈、亲友。

（10）不要穿过紧或太暴露身体隐私部位的衣服（如露背装、超短裙等），以免引起异性的非分之想，或被坏人误以为你是"同类"而进行骚扰。

（11）不要和已暴露出在性行为上有不检点的异性交往，更不能和有过性犯罪的男女单独来往。

（12）在陌生的地方问路时，不要独自跟着愿意带路的人走。

（13）应该记住，在没有家属和女医护人员在场的情况下，女患者尤其是少女，不应随便接受男医生触摸、检查阴部或医治阴部的疾病。

（14）到男教师家去学习功课、学琴、学画时，要尊重教师，不应对教师有过分亲昵的举动和言谈，也要警惕教师中可能有个别品行不端的人。如果骚扰者要强行非礼，应不受威逼利诱，反抗挣扎喊叫，并设法逃跑。事后要立即告诉父母，若胆小怕事和忍气吞声，则可能再次遭受非礼和侮辱。

（15）在公共场所（如公交车上、电影院、小街道等）如受到坏人引诱威逼，要奋力跑向人多的地方并大声呼救，最好是跑向警察，以寻求保护。

（16）不要在同学家过夜，哪怕是女同学家。不要一个人去没有女性家长的男同学家，也不能在没有女性的亲戚家过夜。

（17）不看黄色淫秽色情书刊，更不能和熟识男性一起看"少儿不宜"的黄色影片、光碟、书刊等。

（18）不要过度迷恋异性，不要长久、单独和男性待在一起；不随便与不知底细的男性主动搭讪，更不要随便与校外的男青年约会。

（19）独自一人在家，拒绝陌生成年异性进门。

（20）应坚守圣洁的身体不容任何人侵犯的人格信念，当遇到熟识男性向自己提出非分要求时，应保持镇定，理智拒绝，并尽快离开。

女性要排除异性的骚扰，很重要的一点就是要自尊自重，言行举止端庄、正派。面对异性的非分要求，要敢于说："不！""住手！""别这样！""你再这样动手动脚，我就报警！"千万别胆怯、畏惧而任由坏人为所欲为。少女不能因为好奇、迷恋或打赌而放纵自己，过早地与异性发生性行为，这将对身心健康及个人前程造成严重的危害。

2. 男性同样需要自我防护 男性有可能在同性恋者的引诱和威迫下进行鸡奸、口交、手淫,偶尔也可能受到成年女性的性诱惑。因此,男性也需要自我防护。

(1) 在拥挤的公交车上或电梯里,在空旷的荒郊或单独在家中无他人时,性攻击的人大部分会趁此机会对你下手。所以要处处留意你周围的人,保持警觉心。虽然怀疑别人不是件好事,但也只有这样,才能知道你是不是处于危险的环境中。

(2) 在电影院里,旁边有人伸手过来触摸你的性器官时,不可任其摆布,更换座位也不行,要马上严词拒绝。放映中跑到厕所去是最危险的(一般影院厕所设在拐角或地下室,不利呼救)。

(3) 千万不要单独一个人走黑暗的小巷,即使费时也要选人多、明亮的街道走。

(4) 碰到陌生人问路时,不可过分热情或坐陌生人的车为其引路。如果有人前来与你搭讪,说是你哥的朋友或是你爸爸的朋友,你可千万别太相信。

(5) 在公园里或陌生区域,不要单独去厕所,一定要等到人多时再去厕所。记住一定要勇敢地拒绝他人(男性和女性,熟人和陌生人)强迫自己做暴露身体或不愿意的事情。

(6) 不要因贪图小恩小惠而上当,不要随便接受陌生人送的小礼物,不跟陌生人走。

(7) 当遇到有人哄骗或强迫自己做不应该做的事(暴露身体隐私处或触摸对方的私处等)时,一定要敢于说"不!""这是违法的,我要报警!"迅速跑向周围成人或警察求助。

3. 性侵害所造成的恶劣影响　这种影响可能会跟随受害者一辈子,致使受害者今后的生活、心理及行为等多方面出现隐患或障碍。如:莫名的焦虑,性行为与年龄不符;性格暴烈、孤独、自闭症、人格障碍、反社会心理、精神病;自杀行为、药瘾、酒瘾等。由此可见,性侵害带来的后果将是长期的,甚至是终生的困扰和身心伤害。

无论是男性还是女性,假如歹徒目的得逞,侵害已成事实,千万别闷在心里,一定要对你所信任的人、父母、师长说出来,即使有人警告你或威胁你要保守秘密,你也应该说出来。要记住,在你身边有许多人真切地关心着你们的成长,并希望你们身体健康、安然无恙。

万一遭遇歹徒强暴时,一定要先沉住气,可以采取正当防卫十招。

(1) 喊。大声呼救,求得旁人救助。

(2) 撒。就地抓一把沙土,或口袋里准备好一包食盐,撒向歹徒脸上,抓紧时间逃跑后,再向人求助。

(3) 撕。撕烂歹徒衣裤,令其丑态百出,并扯下一块烂衣裤、纽扣等作为物证带到公安局报案。

(4) 抓。向歹徒的脸部或要害部位抓去,狠抓,抓破,留在指甲里的血或皮可作为受侵害的证据。

(5) 踢。踢其致命器官,削弱其加害能力。

(6) 变。若遭跟踪,不要害怕,见机变换行走路线,甩掉歹徒。

(7) 认。受到侵害,要牢记对方相貌、衣着、口音及体态特征,以及案发的时间、地点,多记线索,以便报案。

(8) 咬。若双臂被缚,应抓住时机咬住其肉体不松口,迫使其松手。

(9) 套。哭骗歹徒第二天晚上再谈情说爱,然后报公安局将其抓获。

(10) 刺。遇歹徒手中有凶器,仍要沉着,胆大心细,不要慌乱。适时夺过凶器,正当防卫。

大多数女性胆子较小,反抗信心不足,"敌强我弱"的意识往往先入为主,强烈的心理定式制约了防范的主动性。如果女性不勇敢地与之斗争,难免会失身,甚至致死。女性应在面临性侵害时临阵不乱、临危不惧,迅速调整自己的心态,镇定,沉着,冷静,在同歹徒的斗争中充分利用场景、时空等条件的转换,争取优势,以智取胜,以谋取胜,以勇取胜,以快取胜,最后赢得防范的成功。可采取对策的基本思路包括时间拖延术、空间转移法、外界求助法、出其不意地还击等。

主要参考文献

[1] 《男性生殖遗传学检查专家共识》编写组.男性生殖遗传学检查专家共识[J].中华男科学杂志,2015,21(12):1138-1142.

[2] 世界卫生组织.人类精液及精子-宫颈粘液相互作用实验室检验手册[M].5版.北京:人民卫生出版社,2010.

[3] 崔胜利,刘春玲,董洁.泌尿生殖道感染不育男性与精子活率、抗精子抗体的关系研究[J].中国性科学,2015,24(8):90-92.

[4] 李兰娟,王宇明.感染病学[M].3版.北京:人民卫生出版社,2015.

[5] 王宇明,李梦东.实用传染病学[M].4版.北京:人民卫生出版社,2017.

[6] 熊承良,顾向应.生殖健康与避孕节育研究进展[2016][M].北京:中华医学电子音像出版社,2018.

[7] 田雪原,陈胜利.生育文化研究[M].北京:中国财政经济出版社,2006.

[8] 熊承良,商学军,刘继红.人类精子学[M].北京:人民卫生出版社,2013.

[9] 孙慕义.医学伦理学[M].3版.北京:高等教育出版社,2015.

[10] 王应雄.生殖健康学[M].北京:人民卫生出版社,2007.

[11] 琼斯.人类生殖生物学[M].3版.北京:科学出版社,2007.

[12] 徐晓阳.性医学[M].北京:人民卫生出版社,2007.

[13] 郎景和,陈映竹.女性生殖健康与疾病[M].郑州:郑州大学出版社,2003.

[14] 中华医学会男科学分会.中国男科疾病诊断治疗指南与专家共识(2016版)[M].北京:人民卫生出版社,2017.

[15] 马晓年.现代性医学[M].2版.北京:人民军医出版社,2004.

[16] 刘继红,熊承良.性功能障碍学[M].北京:中国医药科技出版社,2004.

[17] 夏术阶,吕福泰,辛钟成,等.郭应禄男科学[M].2版.北京:人民卫生出版社,2019.

[18] 侯建全.实用泌尿外科学[M].3版.北京:人民卫生出版社,2019.

[19] 贾明远.大学生安全教育[M].北京:人民邮电出版社,2014.

[20] 夏新颜,杜智娟,赵辉.大学生健康心理学[M].南京:南京大学出版社,2018.